UN GRAIN DANS LA MACHINE

DU MÊME AUTEUR

TÉMOIN EN AFGHANISTAN (Éditions Stock)

ALAIN GUILLO

UN GRAIN DANS LA MACHINE

ÉDITIONS ROBERT LAFFONT
PARIS

ISBN 2-221-05919-0

A Jean Guillo, mon père.

Avant-propos

En 1945, la première bombe atomique testée sur des êtres humains réduisait en cendres le clan des Kuramoto, à Hiroshima. Une branche de ma famille maternelle disparaissait. Cette bombe, par contre, sauvait la vie d'un homme, Jean Guillo, mon père, le côté breton de mes racines. Détenu par les Japonais au Camp des Calcaires, dans le nord du Viêt-nam, sa vie, comme celle des rares survivants affaiblis par la dysenterie, ne tenait qu'à un fil.

Ce squelette de trente-cinq kilos avait tenu dans des conditions inhumaines grâce à sa détermination, grâce, diront certains de ses camarades, à son foutu caractère. Les Japonais lui avaient intimé l'ordre de retirer ses galons, il avait refusé. La France me les a donnés, leur avait-il répondu, seul le gouvernement français peut me les retirer. Les gardiens l'avaient roué de coups, il s'était relevé. Personne n'avait osé lui arracher ses insignes. Ce comportement lui avait valu des conditions de détention très dures, mais lui a sans doute sauvé la vie. Certains gardes, gagnés par le respect, lui glissaient quelquefois des boulettes d'opium, seul remède disponible contre la maladie qui le rongeait. Ces boulettes lui ont permis de tenir, de durer. Survivre dans de telles conditions s'apparente à une course contre la montre dont on ignore le point d'arrivée. Cette course, mon père l'avait gagnée.

Entre-temps, ma mère avait disparu sous les décombres d'Haiphong, un port de mer que l'US Air Force tenait pour stratégique et pilonnait avec application. Les bombardements en tapis présentent la caractéristique de réduire le civil en bouillie, mais d'épargner le militaire qu'il soit au sol ou dans les airs. Au sol, les soldats savent s'organiser pour s'enterrer ou se mettre à l'abri, ce qui n'est pas inné chez le pékin. En l'air, peu d'hommes suffisent pour raser une ville, ce sont des spécialistes qui coûtent cher à former, on essaie de leur assurer une raisonnable sécurité. Luxe de nantis dans la débauche de matériel et d'explosifs, ces manifestations de l'art militaire témoignent d'un respect certain pour la vie en uniforme.

J'ai pu apprécier, en Afghanistan, le sens de l'économie des stratèges soviétiques. On y pratique l'attaque aérienne de précision. Les objectifs sans défense se volatilisent sous les piqués des Mig. C'est éblouissant. De dessous les villages écrasés, on ressort des vieillards, des femmes, des enfants, ce qu'il en reste. Les combattants, pas fous, sont dans la montagne. Dans le fini de la destruction — paf, dans la maison, repaf, dans la chambre à coucher —, on lit la satisfaction du pilote pour l'ouvrage bien fait.

Je fus retrouvé par la Croix-Rouge, contre toute probabilité, dans un petit village au bord du Mékong, adopté par une famille vietnamienne qui avait tout risqué pour me soustraire aux Japonais. Sans cette organisation, j'aurais sans doute fini mes jours dans la peau d'un combattant viêt-cong.

Le destin avait choisi ma nationalité, et je gagnai la France à bord du même convoi sanitaire que mon père. Ce même destin avait aussi décidé que je connaîtrais bien peu cet homme, qui, toujours militaire, se déplaçait beaucoup. L'éloignement aidant, un personnage mythique allait le remplacer dans ma tête de gamin. J'avais appris à vivre seul.

La nouvelle de sa mort me parvint au Canada. Nous habitions, ma femme et moi, sur la rive sud du Saint-Laurent, près de Montréal. J'avais alors trente ans. Dehors, une récente tempête de neige avait masqué l'entrée des garages et le froid cinglant de février n'incitait pas à la balade. C'était le soir, je m'en souviens, peut-être nous apprêtions-nous à dîner. Une sonnerie de téléphone, une voix de femme chargée d'émotion :

— Jean est mort.

— Je serai en France demain.

C'est à peu près ce que j'ai dû répondre. Dans ma tête, du coton, et dans les tripes une sensation de vide. Je reportais ce voyage depuis plusieurs mois, aujourd'hui c'était trop tard. Par-delà les difficultés qui nous séparaient, nous avions développé une sorte de complicité qui venait de s'évanouir sur un seul coup de téléphone. Un froid intérieur me glaçait. J'ai échangé quelques mots avec mon épouse, je l'ai vue pâlir, je connaissais l'affection qui s'était établie entre eux. J'ai été pris d'un impérieux besoin de marcher.

Dans mon agitation j'ai oublié d'enfiler un manteau. Mes pas s'enfonçaient dans la neige. En bras de chemise, je ne ressentais pas la température ambiante qui, pourtant, devait friser les quinze degrés en dessous de zéro. Combien de temps ai-je marché ? Dix minutes, quinze minutes ? Je ne garde en mémoire que le tumulte de mes pensées.

Puis un phénomène étonnant. La sensation physique d'un bras autour de mes épaules, d'un bras léger, mais chaud. Et, dans mon oreille gauche, une voix, nette, une voix d'homme, me semble-t-il :

— *Alain, la mort, il ne faut pas en faire une maladie.*

Et immédiatement la chaleur m'a envahi, et le calme. Au tourbillon de pensées noires a succédé comme une bouffée de paix. Je notai la neige autour moi, je remarquai ma chemise. Sans me presser, j'ai regagné la maison. J'y retrouvai une femme sereine avec du rose aux joues.

— Je pense que Jean est venu me parler, lui ai-je dit.

— Moi aussi, me répondit-elle, il m'a rendu visite.

Nous n'avons rien échangé d'autre. Nous avons fait sauter un bouchon de champagne, et nous avons vidé nos coupes à la santé du disparu.

Depuis, je sais.

Je sais qu'il y a autre chose que l'apparence qui nous entoure. Je ressens nos limitations, notre incompréhension de nous-même et de notre univers. J'ai conscience de ne pas connaître grand-chose, mais de ce soir de février j'ai tiré une certitude : je ne suis pas seul.

Jusqu'à ces derniers temps, j'ai cru qu'il s'agissait là du dernier cadeau de mon père, d'un mécréant à un autre mécréant. Ma vie a poursuivi son cours, avec des hauts et des bas, plus de bas que de hauts d'ailleurs. J'ai quitté ma femme. J'ai beaucoup voyagé. J'ai sillonné l'Afrique, l'Asie, l'Afghanistan.

Le récit qui suit concerne mon quatorzième voyage dans ce pays. Un tel intérêt a de quoi étonner, et je me suis moi-même souvent demandé ce que pouvait m'apporter ce coin perdu. J'y ai peut-être cherché la mort. J'y ai trouvé autre chose. Mais est-ce vraiment autre chose ?

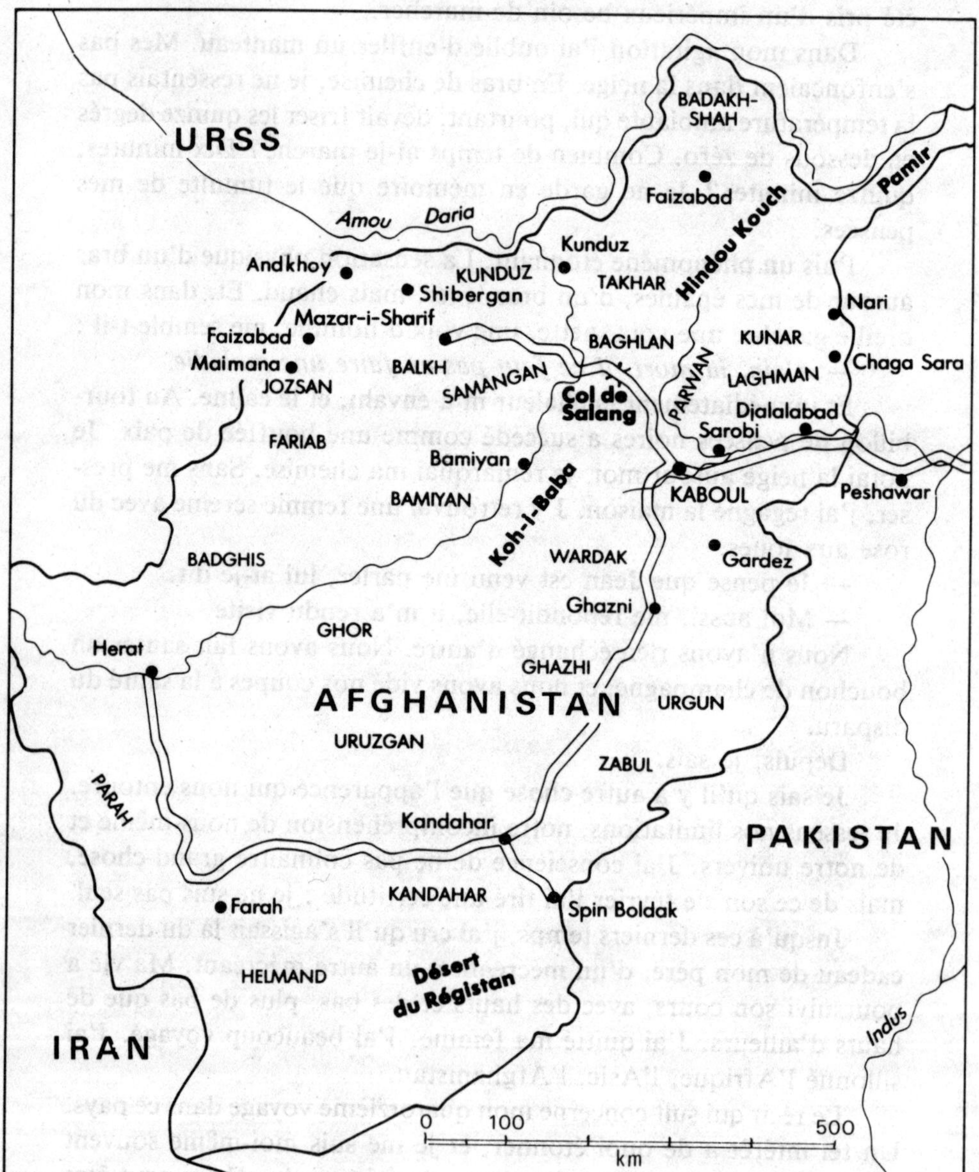
URSS
BADAKH-
SHAH
Pamir
Faizabad
Hindou Kouch
Amou Daria
Kunduz
Andkhoy
KUNDUZ
TAKHAR
Shibergan
Nari
Mazar-i-Sharif
Faizabad
BAGHLAN
KUNAR
Maimana
BALKH
Chaga Sara
JOZSAN
SAMANGAN
PARWAN
LAGHMAN
Col de
Salang
Djalalabad
Sarobi
FARIAB
Bamiyan
Peshawar
KABOUL
BAMIYAN
Koh-I-Baba
WARDAK
BADGHIS
Gardez
Ghazni
GHOR
Herat
GHAZHI
AFGHANISTAN
URGUN
URUZGAN
ZABUL
PARAH
Kandahar
PAKISTAN
KANDAHAR
Farah
Spin Boldak
Désert
du Régistan
HELMAND
Indus
IRAN
0
100
500
km

1

Le soir tombe. Dans cette caverne où nous avons passé quinze jours, le rayon de lumière au-dessous de la porte nous indique l'heure. Ils nous ont fauché nos montres, ces salauds.

Chopan, l'assistant cameraman, sommole dans un coin. Les gardes nous ont balancé trois paillasses immondes en guise de mobilier. Notre odeur s'y est imprégnée, elles sont notre territoire, notre refuge. « Chopan » signifie « le berger », il a vingt ans, la bouille ronde. Dans son sang se superposent les aléas de l'Histoire telle que l'a traversée l'Asie centrale. Un peu de Turkmène, pas mal d'Ouzbek, une chouille de Tadjik [1], il a même, peut-être, du Russe dans les veines, celui-là. Il est timide, réservé, rêveur. Quelques poils témoignent des efforts qu'il produit pour ressembler à un vrai musulman.

La barbe d'Abdul Samat, par contre, s'étale largement sur ses pectoraux, noire et touffue. De trois ans plus âgé que Chopan, son statut de saïd [2] et son éducation lui confèrent une maturité hors de proportion avec l'âge. Les Arabes du coin l'appellent le « Mollah [3] ». C'est mon interprète. Il passe de longues heures à méditer. Certains gardiens viennent le voir, pour apprendre quelques bribes de Coran.

Je passe successivement de la rage à la léthargie. Nous sommes enfermés à l'intérieur d'une colline calcaire, dans un trou creusé de main d'homme. Les gonds et les ferrures ont été spécialement forgés

---

1. Ethnies d'Asie centrale.
2. Les saïds font remonter leurs origines à la famille du prophète Mahomet.
3. L'équivalent du curé chez les musulmans.

pour la porte. La serrure, grossière, est renforcée par un cadenas. Ce trou a déjà servi de prison.

Non loin, un groupe de maisons troglodytiques s'accroche à la colline. C'est de là que nous viennent nos repas. Les gens du coin, nous en avons vu une demi-douzaine, sont d'origine arabe, simples — sans doute des bergers —, terrorisés par les hommes de Rassoul qui nous gardent. Des molosses rôdent, trois d'après les aboiements. Ils représentent le danger le plus sérieux pour l'évasion que je projette.

Nous sommes en pleine zone semi-désertique, à quinze kilomètres environ à l'est de Faizabad, dans un paysage de collines arrondies, couvertes de bouquets d'herbe sèche. Pour nous repérer, il nous faudra prendre le massif d'Astana en point de mire. Au bout de quinze jours dans ce tombeau, j'ai l'impression d'avoir suffisamment abusé de l'hospitalité de Rassoul. J'en ai ma claque.

Le nom seul du personnage suffit maintenant pour me foutre en boule. Je lui garde un chien de ma chienne pour le coup qui m'a fendu la lèvre, alors que ses sbires me maintenaient. Dans l'obscurité où nous croupissons, j'hésite encore sur le qualificatif qui convient à l'ordure. Abdul Samat penche pour le con, moi pour le salaud. Chopan lève les yeux au ciel, il ne qualifie pas. Pour lui, ce n'est qu'un autre aléa, à subir en silence. J'ai de bonnes accointances avec l'aléa, mais en la matière, je trouve que mon assistant fait fort.

Nous n'avons jamais réussi à savoir s'il était le fils de quelqu'un, et en Afghanistan, c'est rare d'être le fils de personne. Chopan, un mec sorti de nulle part, poussé par le vent. Un ballotté de l'existence. Il a une famille, que nous pensons adoptive, du côté d'Andkhoy [1]. Pour la rejoindre, il a accepté d'apprendre à manier une caméra vidéo et de m'accompagner.

Il n'a jamais fréquenté l'école. Abdul Samat lui a montré comment écrire son nom, le sol de terre à peine battue est recouvert de tentatives de signatures. C'est un déserteur. Il roupillait, un jour, à l'ombre d'un mûrier. Les moutons autour de lui vaquaient. Il n'a pas entendu la colonne motorisée qui s'approchait. Nous avons effectivement été témoins de sa capacité de sommeil, un gros sommeil solide, fermement décidé à ne pas se laisser influencer par les événements.

Saisi par des pognes rugueuses, il s'est illico retrouvé incorporé dans un bataillon motorisé, en même temps que quelques-uns de ses

1. Ville du nord de l'Afghanistan, proche de la frontière soviétique.

moutons, amélioration de l'ordinaire oblige. Les aléas de l'existence militaire l'ont envoyé, avec son unité, garder des marches afghanes du côté du Pakistan. Pour comble de déveine, y avait rien que des Pashtounes dans ce foutu bataillon. Le Pashtoune, c'est un peu du Corse de là-bas avec un sens de l'entre-nous développé et une instinctive méfiance pour les couches superposées dans Chopan. Il ne faut pas parler à un Pashtoune de Tadjik, d'Ouzbek, de Turkmène, c'est à peine si on peut lui causer d'un autre Pashtoune. Il prend tout ça très mal.

Comme Chopan est tout ça en même temps, il se sentait mal à l'aise. C'était une armée communiste, mais de cela il n'avait rien à faire. Non. Il ressentait plutôt le fait de n'avoir pas droit à une Kalachnikov, comme les copains, d'être privé du symbole de puissance à cause du job que l'armée populaire lui avait attribué : faire le thé pour le bataillon. Unique faiseur de thé dans une meute de soiffards, sa responsabilité s'étendait aussi à trouver du bois pour le feu. Chopan était l'unique ramasseur de bois d'une unité exceptionnellement frileuse. Pour être sûr qu'il ne s'embête pas, on l'avait aussi désigné comme porte-bagages des officiers.

Lassé par ce rôle de Cendrillon, Chopan a profité d'une commande express de thé pour franchir la frontière et aller faire des tapis à Peshawar.

Les aléas politiques ayant incité le gouvernement afghan à décréter que les réfugiés étaient bienvenus s'ils rentraient au pays, avec garantie d'amnistie et tout, Chopan s'est joint à mon convoi, avec l'intention de retrouver ses moutons survivants. Pour l'heure, l'ombre de la caverne l'aide à perdre son teint cuivré, il lève les yeux vers les mouches qui tapissent le plafond lorsque nous évoquons Rassoul.

En y réfléchissant, je trouve que Rassoul s'est plutôt bien défendu, ces dernières années. Illettré comme Chopan, c'est un Ouzbek plus ou moins pur jus, avec une grande stature, des os épais, une démarche d'orang-outang. Son surnom de « Palawan » — le Lutteur — provient d'os cassés à ses petits camarades. A vingt-huit ans, dans des conditions économiques terribles, il est parvenu à accumuler maisons et chevaux de *bouskashi*[1]. J'en ai filmé quatorze, de ces bourrins,

1. Le bouskashi est le sport national des populations turcophones en Afghanistan. C'est un genre de rugby à cheval, avec les règles en moins et un cadavre de chèvre à la place du ballon.

qu'il m'a montrés avec fierté : dix millions d'afghanis. Beaucoup d'argent ici. Il a fait le plein de femmes — quatre —, et considère le pays qui entoure Faizabad comme sa propriété.

Lorsqu'il nous a arrêtés, c'était le vingt-huit août, il s'est personnellement intéressé à mon argent pendant que ses hommes se partageaient nos dépouilles. Nous nous sommes laissé piéger avec une relative candeur. J'avais entendu parler de lui au Pakistan, comme d'un ancien officier qui s'était rallié à la résistance avec ses hommes. J'avais envie de comprendre, cet homme connaissait les deux bords, j'avais entrepris de l'interviewer.

J'avais déjà été chez lui. Bien des détails m'avaient surpris, son entourage n'était pas net, de fâcheuses rumeurs circulaient, mais l'hospitalité afghane est une tradition si forte, que ni Chopan, ni Abdul Samat, ni moi-même, ne nous sommes méfiés lorsqu'il nous a invités une deuxième fois.

Lui et ses hommes nous sont tombés dessus alors que nous franchissions le seuil de sa porte. Après nous avoir ligotés, il nous a expliqué qu'il nous prenait en otages pour monnayer la libération de son frère, détenu au Pakistan.

— Je ne vous livrerai pas au gouvernement, dès que mon frère est libre, vous l'êtes.

Quelques rares journalistes ont déjà été retenus en Afghanistan, dans un but purement lucratif, par des tribus arriérées qui sévissent sur les frontières. Après des négociations locales, ils ont été libérés moyennant rançon. Rassoul, ancien officier de l'armée afghane, est riche. Il prétend adhérer à la résistance. Or la résistance ne mêle pas les étrangers à ses problèmes internes.

Si nous étions vraiment des otages, pourquoi nous frapper, pourquoi nous dévaliser ? Abdul Samat, pourtant, refuse de croire que Rassoul soit un traître. Après tout, il nous a été présenté par une haute autorité spirituelle du Fariab.

Ses hommes ne ressemblent pas aux moudjahidin [1]. Ils sont rasés, ils ne pratiquent pas, ils sont trop bien équipés. Miliciens, ils ont suivi leur chef lorsqu'il a changé de camp, mais ils ont conservé leur manière d'être. On sent chez eux une lourdeur de comportement générée habituellement par le port de l'uniforme. Leur matériel roulant, impeccablement entretenu, suggère un accès facile à des stocks

1. Résistants.

de pièces détachées. C'est une situation enviable, ici, trop exceptionnelle.

Si Rassoul est un infiltré aux ordres des Services secrets, nous sommes dans de sales draps.

Au pire, nous serons exécutés. Le gouvernement de Kaboul en fera porter la responsabilité à la résistance pour la déconsidérer. Au mieux, nous serons livrés au gouvernement qui nous utilisera alors à des fins politiques.

Le ronronnement d'un moteur nous tire progressivement de notre somnolence : une visite !

Chopan, le seul parmi nous à comprendre l'idiome local, se colle contre une fente de la porte.

— C'est le Balafré, l'adjoint du commandant, nous annonce-t-il.

Je n'aime pas ce type-là, c'est un faux derche. Une large cicatrice sur la joue gauche lui fait une sale gueule, dans le genre silencieux. Il ne quitte généralement pas Rassoul d'une semelle, lui sert de porte-flingue et vraisemblablement d'exécuteur des basses œuvres. Je flaire le tueur chez cet homme.

Dehors les gardiens s'animent. Ils sont une douzaine. Une brève conversation s'échange.

— Ils disent qu'on va à Faizabad, que Rassoul nous rend les caméras pour qu'on puisse travailler...

Nous poussons un soupir de soulagement. Pas trop tôt ! Un garde ouvre la porte et nous fait signe de nous préparer.

Il doit être sept heures du soir, la nuit tombe, le moteur de la Gaz[1] tourne en contrebas. Le Balafré évite notre regard, il s'empare du seul sac que j'ai réussi à récupérer et le fouille. Ceci ne me plaît pas. Un gardien me fait signe d'enlever ma veste de photographe. Deux hommes me prennent les bras, me ligotent, Abdul Samat subit le même sort.

On nous pousse vers la voiture. Chopan n'est pas du voyage. Mêlé aux gardiens, il nous regarde partir sans comprendre. Quatre hommes nous surveillent, Kalachnikov vaguement menaçantes. Le chauffeur, habituellement grande gueule, reste muet.

1. Jeep soviétique.

Au détour du chemin, à cinq minutes de la grotte, Rassoul attend sur une moto. Lui aussi détourne le regard. Il lance un ordre, le chauffeur m'arrache les lunettes. On m'aveugle avec un turban.

Nous savons à quoi nous en tenir. La nuit est tombée. C'est l'heure des exécutions. La jeep redémarre.

Le souvenir de Thierry Niquet me traverse l'esprit. Un jeune Français, chargé d'une mission humanitaire. Il a disparu à une centaine de kilomètres d'ici, exécuté par de prétendus résistants. Sans mon blouson, j'ai froid. Je demande un patou, une couverture qui sert de manteau.

— Tu n'en as pas besoin, nous sommes bientôt arrivés.

J'échange quelques mots avec Abdul Samat. Le ton de sa voix confirme qu'il se prépare, lui aussi. La plupart des hommes préfèrent mourir dans la dignité. Je puise dans toutes mes ressources, et je prie, que force me soit donnée de ne pas trembler. Si tout va bien, ils vont nous vider un chargeur dans le dos. C'est un mauvais moment à passer.

J'ai une pensée pour mon père :

— Prépare une place à table, j'arrive.

Je m'attends au pire, mais quelque chose, Dieu sait comment, me dit que tout va s'arranger. Un son bizarre attire mon attention.

Par-delà le ronronnement du moteur, je perçois comme un cliquetis, un rythme régulier qui bat, pas très loin. La zone serait-elle habitée ?

Ce bruit se précise, c'est un groupe électrogène. La voiture s'arrête, on me pousse dehors, des mains me guident, on m'oblige à baisser la tête. Lorsqu'on m'enlève le bandeau, je suis assis dans une tente militaire.

Ce qui suit confine au gag. Dans la tente, trois personnages me rassurent :

— N'ayez pas peur, nous faisons partie de la résistance.

Ils ont mes caméras, m'affirment-ils, demain je vais pouvoir filmer. Ils prétendent appartenir au Jamiat. Or ce groupe ne possède pas de bases dans le coin. Il ne demanderait pas mieux que de découper Rassoul et ses sbires en rondelles. C'est une vieille vendetta, riche en péripéties sanglantes, qui interdit entre eux tout contact pacifique. Un gros civil, trop propre pour être honnête, bien rasé, replet dans des vêtements afghans d'une extrême finesse, me taille la bavette.

— Je suis *malim*, instituteur à Faizabad, me dit-il.

Deux hommes dans des uniformes de bonne qualité, sans insignes, regardent et écoutent. Le gros me les présente, l'un comme Pakistanais, l'autre comme Bangladeshi.

— Des alliés dans le combat héroïque que nous menons.

Aucun observateur n'a jamais vu traîner de Pakistanais en uniforme par ici. Quant au Bangladeshi, si c'est un vrai, c'est un scoop. Je réclame la présence d'Abdul Samat pour être sûr que je ne rêve pas.

Un échange de regards nous suffit. Il sait, lui aussi, entre quelles mains nous sommes tombés. Pour la forme, nous jouons le jeu. La mise en scène, pendant et après le voyage en jeep, est destinée à profiter du soulagement que nous ressentons d'être encore en vie. Sait-on jamais, des défenses peuvent s'effondrer en de telles circonstances. Mais là, franchement, ils en font trop.

— Vous avez une très belle capitale. A mon avis, Calcutta est l'une des plus belles villes du monde.

— Vous connaissez ?

— J'en ai entendu parler...

Le citoyen du Bangladesh ignore que Calcutta est aux Indes. On nous apporte un repas de riz, pendant que le civil gémit que la France envoie des armes partout, mais rien pour eux, ici, dans le Fariab. C'est pas juste !

— Pourquoi, mais pourquoi demande-t-il ?

Je m'étonne qu'il parle d'armes françaises, car ici, en Afghanistan, je n'en ai jamais vu. De l'aide humanitaire, soit, mais des armes ? Non, à moins qu'il ne sache des choses que j'ignore... Il ne sait rien, le pauvre. Un Turkmène d'un certain âge, turban et barbiche grise, pénètre dans la tente. On nous le présente comme l'un des beaux-pères de Rassoul. Il réclame le gilet d'Abdul Samat et le fouille méticuleusement couture par couture. Il trouve des billets de banque qui avaient échappé à son gendre. Je m'amuse à le voir les examiner un à un à la lueur de la lampe à pétrole.

— Il vérifie si les billets sont authentiques, me dit le gros, il y a beaucoup de faux qui circulent.

— Tiens, qui peut avoir intérêt à imprimer de faux afghanis ? Des dollars, d'accord, ça peut valoir la peine, mais des afghanis...

— Vous savez mieux que moi qui les imprime !

Je ne sais rien du tout et je commence à les trouver antipathiques. Je demande où sont les toilettes.

Avant de me faire sortir, on m'aveugle avec une couverture et on me conduit par la main jusqu'à des latrines on ne peut plus militaires. C'est bizarre cette manie qu'ils ont de vous bander les yeux. Je passe la nuit en compagnie d'un garde.

Au petit matin, le civil a revêtu un uniforme :

— Je vous annonce que vous êtes officiellement entre les mains des Services de sécurité de la République démocratique d'Afghanistan.

C'est le nouveau nom du KHAD, le KGB afghan.

Un hélicoptère va nous conduire jusqu'à Mazar-i Charif, de là nous prendrons l'avion pour Kaboul. Pour nous distraire, le gros, c'est un colonel, nous présente un des mouchards qui nous a repérés dans un bazar de la région, un brave garçon au sourire éclatant. Abdul Samat se souvient d'avoir bu le thé avec lui.

En attendant, on nous sert du raisin. Nous sommes dans le désert, il n'y a pas d'eau pour le thé, explique le colonel entre deux va-et-vient. Il entre en coup de vent, nous pose une question, dont il répète les réponses à voix forte, puis ressort vérifier le magnétophone planqué à l'extérieur. Dans le mouvement, je parviens à distinguer, dehors, de grosses paluches au bout de bras immenses. Elles tombent à hauteur des genoux, perpendiculaires au corps, paumes vers l'arrière. Seul Rassoul possède une telle démarche. Son œil vient se vriller contre une ouverture d'aération, mais il n'ose pas pénétrer dans la tente.

Un air enfantin sifflé par un inconnu me fait dresser l'oreille : « *Il était un petit navire...* » Perplexe, j'envisage toutes les hypothèses qui peuvent expliquer cette musique en plein cœur d'un désert d'Asie. Un grand gaillard en treillis militaire, sans galons, fait son apparition. Il porte la barbe et s'exprime en persan. Les yeux bleus confirment ce qu'il annonce :

— Je suis un citoyen soviétique...

Il porte de vieilles chaussures de ville, sans chaussettes, trouées au couteau, sans doute pour s'aérer les panards.

— C'est vous qui siffliez, dehors ?

— Oui, vous connaissez ? Moi j'ai appris à l'école.

Tous deux, en chœur, nous entonnons : « *Il était un petit navire qui n'avait jajaja...* » Il chante aussi faux que moi. Compte tenu de la situation, je trouve cela cocasse. Il éclate de rire lui aussi, puis me pose quelques questions pour s'assurer de ma nationalité.

— Vous avez entendu parler de l'escadrille Normandie-Niémen ?

— Oui, des pilotes français sur le front russe, pendant la dernière guerre.

— A cette époque nous étions du même bord...

— Tiens, y aurait-il une guerre entre votre pays et le mien dont je ne sois pas au courant ?

— Mais non, tout va bien. Votre Premier ministre, Jacques Chirac, vient d'être reçu au Kremlin, et les conversations se sont bien déroulées. Vous n'avez pas à vous inquiéter. Un hélicoptère va venir vous chercher.

Je comprends les précautions prises pour m'empêcher de voir que nous sommes dans un camp soviétique. Mais, au fait, sommes-nous en Afghanistan, ici, ou en URSS ? Faizabad est tout proche de la frontière. Je contiens l'envie de poser la question.

— Rassoul m'a confisqué mon passeport, je vous serais reconnaissant de me le rendre.

— Vous retrouverez tout ça à Kaboul...

Mission accomplie, il disparaît alors que le colonel vient nous avertir que l'hélico arrive et qu'il faut s'accrocher à la tente. De fait, dans un vacarme de fin du monde, la bête nous tourne autour, puis nous pique dessus. La tente, prise dans le tourbillon, choisit de s'en aller. Nous l'accrochons par où nous pouvons, elle s'effondre. Des secours nous dégagent, on nous balance un patou sur la tête, on me boucle des menottes aux poignets. Sous les pieds, je sens les cylindres de métal [1] de l'aire d'atterrissage. Des mains me hissent dans une carlingue.

Des banquettes courent le long du fuselage. Un énorme réservoir occupe le quart arrière de l'appareil, un MI 8. Les pilotes, en civil, portent jean et chemisette blanche. L'un d'entre eux arbore une vieille casquette, qu'il a rejetée en arrière. Avec un bout de chewing-gum on en ferait presque des Américains, tellement ils décontractent dans la dégaine. Je soupçonne ces deux-là d'avoir chopé, sur magnétoscope, un virus modèle Actor Studio. Ils n'ont pu résister à la tentation de jeter un coup d'œil sur le prisonnier impérialiste. Déçus, ils se bouclent dans leur cabine.

Je vois mes sacs photo, sur le plancher, mais pas mes affaires personnelles. En plus d'Abdul Samat, six hommes s'installent autour

1. Renforts de terrain provisoires pour éviter que l'appareil ne s'enlise.

de nous. Soviétiques ou Afghans, allez savoir ? Parmi eux, le Russe siffleur et le gros colonel.

Nous décollons très vite. Une courte étape à Maïmana, vers le sud, nous débarrasse de Normandie-Niémen. Puis nous prenons vers le nord. Nous embarquons deux inconnus à Shibergan, où les Soviétiques exploitent le gaz naturel afghan. C'est ce gaz qu'ils nous revendent. Des ouvriers amassés sur la piste cherchent à prendre l'hélicoptère d'assaut. Ils sont refoulés à coups de rangers dans la gueule.

La panique de ces hommes me fait penser à l'évacuation de Saigon. Bien que Mazar soit proche, prendre la route pour des collaborateurs du régime est une proposition hasardeuse. La froide détermination des Soviétiques à écraser la tronche des hélico-stoppeurs dénote un manque de tendresse vis-à-vis du petit peuple.

A Mazar, on nous transfère à bord d'un Antonov frappé de l'étoile rouge. L'hélicoptère que nous abandonnons ne porte ni cocarde, ni marque distinctive. Nous sommes accueillis par un gorille blond, dépoitraillé mais vaguement militaire, qui nous affecte des places dans la soute. J'ai été placé sous la responsabilité d'un civil élégant, en costume d'été, qui ne semble pas vraiment afghan et refuse d'ouvrir la bouche. Il a l'air content. Autour de nous, six soldats en armes — ceux-là doivent être afghans — constituent notre escorte.

Une dame entre deux âges, boudinée dans une robe à fleurs, pénètre par la rampe arrière. Le gorille l'aide à passer dans le compartiment avant. Une vingtaine de civils, tous à peu près soviétiques, suivent et se répandent autour de nous.

Le vol sur Kaboul est bref. Tous les passagers ont enfilé un parachute, moi excepté *because* menottes. Abdul Samat, assis sur le sien, me dépasse d'une tête. En approche de Kaboul, nous perdons de l'altitude en spirales serrées. Des détonations à répétition nous avertissent que nous entrons dans une zone à risque. L'avion largue des leurres au phosphore, des trucs censés détourner les missiles.

Nous descendons les premiers. On m'engouffre dans un fourgon beige, Abdul Samat me suit. Des grilles intérieures se referment sur nous, puis les portes arrière. Trois gardes sans armes nous dévisagent comme s'ils nous trouvaient sympathiques.

Nous venons d'être avalés par la machine.

2

A Sadarat bat le cœur, si je puis m'exprimer ainsi, des Services secrets afghans, le KHAD. Différents départements, calqués sur ceux du KGB soviétique, cohabitent dans un immeuble de cinq étages, de conception moderne. De larges surfaces vitrées dominent un empire, constitué de bâtiments bas enclos dans des murs d'enceinte. Les grilles et les portes sont gardées par des agents en uniforme, et surveillées par des hommes armés perchés sur des miradors.

Une forêt d'antennes, à proximité du bâtiment principal, rappelle la vocation première du KHAD, qui est le contrôle de la population, partout où l'armée de Kaboul a réussi à prendre pied. Sur l'ensemble du territoire, les effectifs de ce service sont estimés par les Afghans eux-mêmes à deux cent mille hommes. Cet effectif comprend des hommes en uniforme, des agents en civil, et une foule d'informateurs infiltrés dans la population et au sein des organismes gouvernementaux. C'est un État dans l'État.

Le morceau de la bête qui me concerne, lorsque claquent derrière nous les portes qui nous séparent du reste de l'humanité, c'est la prison. Une flopée de gardiens nous fait franchir plusieurs portails en plein air, nous sommes entourés de murs gris, nous pénétrons dans une cour intérieure.

Un parterre de fleurs s'étiole dans la grisaille, c'est très joli. Les fenêtres du bâtiment sont occultées par des plaques de tôle, il y a des barreaux partout. Un gardien maigre, sans doute un officier, tambourine sur une porte blindée en expliquant quelque chose. Nous poireautons un peu, puis on nous propulse à l'intérieur. Dieu que c'est moche là-dedans !

Devant nous, un couloir sombre, avec des portes percées de judas de part et d'autre. Ça sent l'humidité et quelque chose d'autre qui ne m'est pas familier. Des gardiens se pressent autour de nous, je perds de vue Abdul Samat que l'on pousse dans un couloir, à gauche. Nous dépassons une cage d'escalier protégée par des grilles. Dans un fracas de verrous, une porte est ouverte, l'officier maigre me fait signe d'entrer.

J'ai toujours des menottes aux poignets, une brave âme s'enquiert des clés. La douzaine de gardes qui m'entoure se dévisage, interloquée, puis se meut les bras en signe d'impuissance. On a oublié les clés à Mazar-i Charif… Le groupe m'abandonne pour aller aux nouvelles.

Six mètres carrés de gris autour de moi. L'humidité, nous ne sommes pourtant qu'en septembre, me donne le frisson. Un bout de carton traîne sur le sol en guise de tapis. Le seul meuble, un lit à deux étages avec des couvertures grises, est de facture récente, métallique, de couleur triste. Je tâte le sommier — des planches à peine équarries —, le matelas est mince, il sent mauvais. Une bassine de plastique vert égaie l'un des coins.

Comme je l'avais noté de l'extérieur, une plaque de tôle occulte une moitié de la fenêtre. Deux fentes étroites laissent passer un peu d'air, elles ont été découpées de telle sorte qu'on ne puisse pas voir dehors. Une vitre peinte en jaune couvre l'autre moitié. Je m'allonge sur la paillasse du bas et attends la suite des événements.

Ça ne dure pas trop longtemps. Après une cavalcade dans le couloir suivie de claquements de verrous, la meute envahit la chambrette. L'officier maigre, c'est un lieutenant, porte une lame de tournevis. Un autre, équipé d'un clou, demande un marteau. Il n'y en a pas, mais un sbire brandit un gros caillou. Le lieutenant, qui me donne de prime abord l'impression de faire la gueule — je m'apercevrai plus tard qu'il s'agit de tristesse existentielle —, attaque le cadenas des menottes. L'assaut durera plus d'une heure.

C'est un cadenas d'origine chinoise, peint en gris. L'officier semble connaître ; dans ce métier on apprend la serrurerie. La peinture masque des trous, qui doivent contenir des clavettes. L'art consiste à dégager tous ces trous et à en extraire les petits bouts de métal qui maintiennent tout le mécanisme.

Comme je suis solidaire du champ de bataille, le déroulement des opérations me contraint à des acrobaties du poignet dont je ne me savais pas capable. Les premières tentatives ont lieu à même le sol, ce qui n'est confortable pour personne. Le lieutenant à la longue figure fatigue, les assistants agglutinés autour pompent notre oxygène et nous empêchent de voir. Les débats se poursuivent sur un montant du lit, qui ajoute sa résonance au boucan.

La clavette chinoise, c'est quand même quelque chose. La Chine populaire, en froid avec Moscou, semble inspirer l'esprit de résistance du cadenas. Il tient le bougre. Les gardes tapent dessus à tour de rôle. On le trifouille avec le clou, on le secoue dans tous les sens — moi avec —, les clavettes restent en place. Le caillou éclate.

Un homme se présente, équipé d'une masse. Je frémis. L'officier triste paie de sa personne : il tient la lame du tournevis, pendant que l'autre donne du marteau. Freiné sans doute par les égards dus à la main fine du lieutenant, l'homme retient ses coups, mais parvient à tordre la lame. Le châssis du lit est en train de plier.

Le cadenas héroïque finira pulvérisé sur le sol. Mes poignets prendront plusieurs jours pour retrouver leur couleur initiale.

Pour souffler, on me fait mettre à poil, le lieutenant m'examine les fesses — je commence à m'en méfier de celui-là. Il me tend une sorte de pyjama rayé jaune, gris et noir, avec un élastique en guise de ceinture. C'est trop petit pour moi, ce machin, mais ça n'a l'air de choquer personne. La veste s'enfile comme une camisole, elle n'a pas de boutons. On enlève mes derniers vêtements, maintenant je n'ai vraiment plus rien. Ils m'ont tout piqué.

On me transfère. Nous franchissons des grilles et grimpons au premier étage. La nouvelle cellule, identique à la précédente, contient des traces de vie. Il y a des brosses à dents, des serviettes, une couverture et une paillasse supplémentaire sur le sol. Le soleil donne sur la vitre jaune, ce qui me met un peu de baume au cœur.

Un vacarme de cris, de grilles, de loquets, précède l'entrée des occupants de la chambrée. En tête, pénètre un grand mec mince, mal rasé, avec des cheveux plutôt longs et frisés. Derrière, un être court sur pattes, replet, les yeux globuleux. Ils sont revêtus d'une tenue afghane classique.

On me dévisage avec curiosité. Le grand s'assied contre le mur, en face de moi, l'autre s'installe sur une paillasse. Je les salue en dari. Mohamat, le plus grand, s'étonne d'apprendre que je suis français, car, le hasard fait bien les choses, il se trouve que lui-même parle ma langue.

— Ça fait longtemps que je n'ai pas pratiqué. Je suis content que vous soyez là, car ça va me permettre d'améliorer mon français.

— Où avez-vous appris ?

— J'ai fait mes études au lycée Istiqlal [1], et j'étais guide touristique. La plupart de mes clients étaient français...

Il a trente-trois ans, et huit mois de tôle derrière lui. Nous nous extasions sur le concours de circonstances qui, à Kaboul, place deux francophones dans la même cellule de la même prison. Sa sincère stupéfaction me confirme dans l'idée qu'il s'agit d'un sacré faux jeton.

Le deuxième compagnon ne parle rien du tout, il ne paraît pas très éveillé.

— Il est pashtoune, explique Mohamat. Il vient de se marier, il est triste d'être ici. Hein, t'es triste pauvre chéri, tu penses à ta petite femme. Il n'a même pas eu le temps de lui dire au revoir...

Le bougre a été embarqué voilà quinze jours. Il tenait une boutique dans le bazar, le KHAD l'a enlevé en pleine rue. En sa qualité de Tadjik [2], Mohamat manifeste un complexe de supériorité vis-à-vis de son collègue, aggravé ce me semble par son rang social et son niveau d'éducation. Il se fout ouvertement de sa gueule. Le petit Pashtoune se recroqueville sur la paillasse, plus malheureux que jamais.

— Il trafiquait dans la cassette pornographique. Le KHAD veut avoir la liste de ses clients...

Horreur, je pressens l'agonie qui ronge le pauvre homme. A Kaboul, seuls les nantis du régime possèdent un magnétoscope. Livrer ses clients, c'est se mettre à dos des puissants, des rancuniers. Se taire, ce sont les emmerdes assurées, car le KHAD veut ces petits détails. Ça donne de la couleur aux fichiers.

Un petit calcul mental m'aide à envisager une deuxième hypothèse. Ce type aurait été incarcéré il y a quinze jours, date de mon arrestation par Rassoul. Ne serait-il pas l'un de ces informateurs qui

---

1. Lycée français de Kaboul.

2. La population afghane comprend nombre d'ethnies, dont les principales sont les Pashtounes, les Tadjiks, les Hazaras, les Ouzbeks, les Turkmènes et les Baloutches. Les idiomes sont variés. Le moins que l'on puisse dire est que, au sein de cette mosaïque, la cohabitation manque souvent d'harmonie.

grouillent dans le bazar ? Qui pouvait savoir que je ne parlais pas pashtoune... En tant que Français, ne peut-on présumer que je porte un vif intérêt aux histoires de cul ? Ce commerçant n'aurait-il pas été embauché pour me tenir compagnie ?

J'en suis là de mes réflexions lorsque la porte s'ouvre pour laisser place à un personnage important. C'est un bel homme d'âge moyen. Il porte un uniforme d'officier, sans insignes. Mes deux compagnons se mettent au garde-à-vous. Je reste assis contre le mur.

— C'est le commandant, m'explique Mohamat.

L'homme se retourne vers les gardiens qui se pressent derrière lui et critique la position de cette cellule, trop près des chiottes à son gré. Puis il lance quelques ordres, que Mohamat résume :

— On va te transférer. Le commandant te demande de choisir parmi nous un compagnon qui te suivra dans ta nouvelle cellule.

Comme dans un hôtel, les cellules sont numérotées. Celle qu'on me destine porte le numéro cinq, en caractères persans. Ça ressemble à un cœur à l'envers. Copie conforme de celle que nous venons de quitter, avec un matelas en moins, on sent qu'elle n'a pas été habitée depuis un certain temps. Je cherche instinctivement l'emplacement des micros, sans succès.

Puisque choix m'était donné, Mohamat s'imposait en vertu de ses talents linguistiques. Heureux propriétaire d'une couverture rouge et d'une bouteille thermos, il ne tarde pas à me rejoindre chargé de tous ses trésors. En trois coups de cuillère à pot, il vire les couvertures qu'il trouve trop rêches et se fait livrer un thermos supplémentaire, du dentifrice, des brosses à dents, du savon, une serviette, des cigarettes bulgares, un pot à eau et tout un fourbi qui s'avérera indispensable. Je regarde et admire. Un gardien chargé de couvertures de laine douce repart à la recherche de draps et de lattes de bois supplémentaires. Mohamat estime en effet que mon lit est inconfortable.

Avec la couverture rouge étendue sur le sol, le matelas du lit supérieur redisposé comme un sofa, la cellule prend un aspect coquet.

— Tu es étranger, ici, tu as le droit à des égards.

Oh ! le brave garçon. Petit à petit, nous obtiendrons le droit d'aller pisser quand ça nous chante.

Comme j'estime qu'il n'est pas nécessaire de reporter une conversation lorsqu'elle s'impose, je décide de mettre les points sur les i.

— Mohamat, on va certainement vous demander de faire des rapports sur les conversations que nous tiendrons ici.

— …

— Ça m'est égal, voyez-vous, à condition que vous racontiez la vérité. Ça me chagrinerait si j'apprenais que vous dites des conneries sur mon dos.

— Je ne sais pas s'ils vont me le demander, mais je vous promets que je dirai la vérité…

Ceci établi, je décide de discuter normalement avec ce garçon. Ce qui ne regarde pas le KHAD ne le concerne pas non plus.

— Autre chose. Nous sommes condamnés à vivre ensemble pendant un certain temps. Tu peux me tutoyer.

— Le plus dur, tu sais, ce sont mes filles, elles me manquent. Il y en a une que je ne connais pas, elle est née il y a trois mois.

Certaines tranches, dans la vie de Mohamat, sont obscures. Il m'affirme avoir passé huit mois en prison, être interrogé. Il n'a pas encore été jugé.

Mais il me dit avoir été malade à Pul-i Charki, la grande prison centrale.

— J'ai beaucoup maigri, là-bas.

Il me décrit Pul-i Charki en détail. Les cellules où l'on entasse cent détenus, les clans qui prennent les leurs en charge, les cours dans lesquelles les prisonniers peuvent faire un peu de sport…

Or, à Pul-i Charki, on y envoie des condamnés purger leur peine, ou se faire exécuter. Si Mohamat n'a pas encore été jugé, s'il est détenu, ici, au secret, pendant qu'on instruit son procès, je m'explique mal ce séjour à l'extérieur. Il y a de l'incohérence quelque part.

— Ils me reprochent d'entretenir des contacts avec le Panshir [1]. Nous avons là-bas un terrain. Ils ont capturé un carnet sur lequel mon nom figure. Ils disent que je cotisais au Jamiat, le groupe du commandant Massoud [2].

Le KHAD s'emmêle les pédales. Mohamat touche un petit loyer pour la location d'un verger, mais il est environné de copains, dont

1. Le Panshir est une vallée de montagnes, dans l'Hindu-kush, bordée de sommets de cinq ou six mille mètres. Ses habitants sont réputés pour leur caractère tenace et rustique à la fois. C'est un bastion de la résistance.

2. Ahmad Shah Massoud est le chef charismatique du Panshir. Son groupe de résistance couvre aujourd'hui le nord-est de l'Afghanistan.

certains ont été arrêtés en même temps que lui, et qui font rien qu'à lui casser du sucre sur le dos.

Il a étudié au lycée français, un peu à l'université. Embauché avant le coup d'État par le ministère du Tourisme, il a travaillé comme guide.

— J'emmenais des groupes à Istalif, dans le Panshir, à Bamian. Il m'arrivait d'accompagner des chasseurs jusque dans le Pamir. On traquait le mouton de Marco Polo, le grand mouflon. C'était la belle vie, il y avait plein de filles dans les groupes.

« J'avais acheté une Chrysler qui avait appartenu au roi. On faisait des virées sublimes, d'autant que je ne payais jamais l'hôtel. Un jour, j'ai accompagné un gros industriel belge du côté des lacs à Bamian. Son truc c'était la pêche, et surtout la bière. Je n'ai jamais vu personne boire autant de bière.

« Mon père était chef du protocole du palais royal. Nous avions des terres au Panshir. Daoud[1] venait souvent chez nous. Ça c'était quelqu'un Daoud !

Pour Mohamat, Daoud, le prince-président, a été le chef le plus honnête que l'Afghanistan ait connu. Il avait refusé d'émarger au budget de la République, il conduisait lui-même sa propre voiture, une Toyota blanche :

— Un jour, j'allais vers le nord avec un groupe de Français. J'ai repéré la Toyota au bord de la route. Il y avait une tente de nomades plantée pas très loin. J'ai fait arrêter le minibus, c'était bien Daoud, tout seul. Il discutait avec les nomades. Lorsqu'il nous a vus, il est venu vers nous, nous a tous serré la main. En repartant, certains touristes pensaient encore que je m'étais foutu de leur gueule, que ça ne pouvait pas être le président...

« Au moment du coup d'État, les communistes l'ont tué. Avec lui ils ont exécuté toute sa famille, femmes et enfants compris. Ils ont écrasé la tête des bébés contre les meubles.

Pourquoi me racontes-tu ça, Mohamat, si tu travailles pour le KHAD ? A la réflexion, cela se passait à l'époque de Taraki[2]. Les crimes de Staline salissent-ils Gorbatchev ? Je hoche la tête en écoutant, et je choisis de parler tourisme.

— Tu sais, me dit encore Mohamat, tu es étranger ici. Je connais la loi, ils doivent avertir ton ambassade dans les trois jours.

---

1. Cousin du roi Zaïr, Daoud l'a renversé lors d'une révolution de palais en été 1973 pour instaurer une république. Il est assassiné le 27 avril 1978 lors du coup d'État communiste.

2. Premier chef d'État communiste, en Afghanistan, assassiné par son successeur, Amin.

3

Sadarat, côté prison, c'est un peu le gésier d'un système. On y prédigère de l'âme et de la chair humaine, ce qui implique des règles. Des sucs, dosés à Moscou, interviennent à Kaboul dans le processus d'attendrissement du prisonnier. Sorte de fast-food franchisé, les recettes comme la disposition de la boutique ont déjà fait leurs preuves ailleurs. Les cellules ordinaires mesurent six mètres carrés, deux mètres sur trois. On y entasse jusqu'à six personnes. Pour des raisons qui m'échappent l'architecte a aussi conçu quelques cellules doubles, lesquelles, il est vrai, permettent d'augmenter sensiblement la densité de la clientèle.

Le prisonnier doit se sentir isolé, et tout est mis en œuvre pour lui faire sentir son impuissance face à une machine, impitoyable certes, mais qui n'usera de cruauté que pour gagner du temps. Pour créer un efficace sentiment d'isolement, chez des hommes qui ne sont jamais seuls, il faut instiller la méfiance. Pour cela le KHAD dispose d'une pléthore de moutons, mouchards professionnels, intégrés dans la hiérarchie, ou simples prisonniers contraints ou volontaires. Leur objectif prioritaire est de saper le moral du détenu. Ils peuvent exercer parmi leurs camarades grâce à la galaxie de groupes concurrents pour ne pas dire hostiles qui empêche toute solidarité de se développer. Un maoïste cohabitera mal avec un fondamentaliste musulman, et un suppôt du régime tombé dans quelque chausse-trappe tendue par ses amis éprouvera un certain inconfort en présence du paysan qui a perdu sa famille sous les bombardements. L'administration prend soin d'encourager la différence.

Le captif est seul avec lui-même. Il ne peut attendre, en théorie, aucun soutien moral de ses voisins. Pourtant, dans la pratique, point n'est besoin de confidences pour que des hommes s'entraident. Un bon mouchard professionnel doit, dans de telles circonstances, signaler à l'autorité la formation de ces sympathies, et l'on procède alors aux changements de cellules qui s'imposent.

Aucun droit pour les salauds. D'ailleurs à quoi bon, ce ne serait que perte de temps. L'accès aux textes de lois est interdit. L'interrogateur peut, quand ça l'arrange, faire référence à un article numéroté dans un bouquin à l'origine mal définie. Il n'est pas tenu d'en dévoiler le contenu, seul le numéro a de l'importance. J'ai rencontré des condamnés qui en avaient pris pour longtemps :

— Qu'est-ce qu'ils te reprochent ?

— Je ne sais pas, mais je suis 162, 224 et 245. Ils m'ont condamné à vingt ans.

— Mais ça correspond à quoi tes numéros ?

— J'en sais rien, moi. J'ai un frère à Peshawar, alors tu comprends...

Les livres, journaux, revues, papiers, crayons et toutes sources ou moyens de communication sont formellement prohibés. Quelques-uns, que leurs familles ont pu retracer, reconnus en quelque sorte par le régime, peuvent bénéficier, deux fois par mois, de linge propre et d'une quantité d'argent qui frôle les quinze francs. Ils peuvent signer un reçu, seule preuve pour les proches que l'homme est encore en vie. Pour entrer dans cette catégorie, il faut avoir des parents à Kaboul, influents et suffisamment courageux pour entreprendre de longues recherches. Le détenu a été enlevé dans la rue par des agents en civil, ou invité, sous un quelconque prétexte, à effectuer une démarche officielle, au cours de laquelle on l'arrêtera, discrètement, sans témoin. Il s'agit de ne pas donner l'alerte à d'éventuels complices.

Les règlements de la prison sont aussi mal définis que le code de lois. Le directeur de la prison n'est pas là pour expliquer la marche à suivre, mais pour sévir lorsque feu vert lui est donné. Les compagnons de cellule — on les tient pour collectivement responsables — dressent le nouveau. Comme rien n'est a priori établi, l'arbitraire pur et dur règne sur Sadarat. Les simples gardiens, ceci n'est pas caractéristique de cette prison, cherchent à éviter les emmerdes. Ils appliquent leurs consignes, gueulent sur les faibles et respectent ceux qui leur en imposent. La plupart sont des conscrits pistonnés, prisonniers comme leurs pensionnaires, mais qui évitent ainsi d'aller au feu. A côtoyer des hommes qu'ils voient progressivement sombrer, certains n'arrivent plus à cacher leurs émotions. Aussi les relève-t-on tous les mois.

Les déplacements dans les couloirs procèdent d'un cérémonial soigneusement étudié. Pour s'assurer que nul regard ou oreille indiscrets ne traînent — les prisonniers sont tenus au silence absolu —, les gardiens s'alertent mutuellement en criant : « *Peyrador*[1] ! » On vide les gêneurs, les portes claquent, les grilles se referment. A l'écoute du prisonnier solitaire extrait de sa cellule, triste raclement de savates, les oreilles se tendent : « Ce n'est pas moi. » Deux gardiens, en général, accompagnent l'élu vers ses interrogateurs, vers les pressions, les menaces, les coups, les tortures. Dans le souci d'éviter la routine, et d'empêcher que le prisonnier ne se prépare mentalement, on lui impose un rythme d'interrogatoires irrégulier, de jour comme de nuit, entrecoupé d'attentes, pour lui permettre de mariner dans l'angoisse.

La soupe, allons disons-le honnêtement, est adéquate, sinon gastronomique. Il s'agit d'un bouillon, avec de la graisse, quelques légumes, parfois des épices et un bout de viande, accompagné d'une quantité suffisante de pain noir. On le sert le soir. A midi, on mange plutôt du riz, ou une ragougnasse de légumes. Pas vraiment fameux, mais supérieur en tout cas à ce que la résistance mange dans les montagnes, ou à ce que je goûterai plus tard, lorsqu'on aura décidé de mon sort. Quelques prisonniers m'ont affirmé qu'on mangeait mieux à Sadarat que dehors, à Kaboul.

Les gardiens partagent la même pâtée. Ce souci de nourrir le pensionnaire traduit un besoin : l'interrogateur préfère travailler sur un matériel robuste, capable d'endurer physiquement les aléas de l'inquisition. Un personnel d'infirmiers distribue assez généreusement des pilules, fortifiants et psychotropes. Un prisonnier iranien, que j'ai côtoyé plus tard, m'a dit s'être fait vertement engueuler lorsque son organisme a craqué sous des décharges de deux cent vingt volts. Atteint d'une hémiplégie, incapable d'articuler quoi que ce soit, on l'a battu. Ah ! la frustration du bourreau devant un corps qui flanche avant d'avoir servi. Il faut comprendre ce que représentent ces heures investies pour extorquer une signature en bas de pages d'aveux préparés à l'avance, ou la dénonciation d'innocents. La machine tourne à la chair fraîche, et le bourreau, petit rouage, participe à la préparation des menus.

---

1. « Garde ! »

J'avais entendu bien des échos sur les prisons de Kaboul, auxquels je ne prêtais, à l'époque, qu'une confiance relative tant certains récits me paraissaient invraisemblables. Je savais cependant qu'on n'y faisait pas dans la dentelle. Aussi, pendant les premières heures de détention me suis-je fixé quelques règles auxquelles j'ai tenté de m'accrocher jusqu'au bout : — Défendre, envers et contre tous, le droit d'informer, qui justifiait ma présence dans ce pays — Conserver l'univers mental du voyageur, à la découverte d'un monde étrange, rester, dans ma tête, un homme libre — M'attendre à tout, surtout à l'imprévisible — Garder un profil bas, observer dans la discrétion, prétendre ignorer l'environnement — En cas de contact obligé avec les gardes-chiourme, les considérer comme des êtres civilisés — Ne pas me laisser marcher sur les pieds — Profiter de cette période de calme pour effectuer un retour en moi-même — Et surtout m'ancrer dans la certitude d'être ici de passage.

Je bénéficiais de plusieurs atouts par rapport aux malheureux Afghans encagés tout autour. D'abord un passeport. Rassoul me l'avait confisqué, mais il y avait toutes les chances qu'il l'ait remis à ses protecteurs. Quel que soit le niveau de secret qui protège Sadarat, j'estimais qu'il était un peu tard, maintenant, pour me tuer. Le bon moment était passé. L'expérience me soufflait que la nouvelle de ma disparition ne tarderait pas à atteindre Peshawar, et qu'à partir de là, peut-être, quelque chose se mettrait en mouvement. Des précédents existaient. Missen, son photographe, Augoyard, Abouchard, journalistes et médecins qui, certes, avaient passé de sales quarts d'heure, mais s'en étaient sortis.

Contre moi jouaient les changements récents survenus au sein de l'équipe dirigeante du pays. L'homme fort, désormais, s'appelait le docteur Najib. Excellent élève du KGB, il avait créé et dirigé le Service secret dont j'étais désormais la proie. Or une organisation policière n'aime pas, en général, laisser échapper une victime sous des pressions diplomatiques. C'est frustrant. Je prévoyais que Najib, le grand patron, tout nouveau au sommet, serait plein de prévenance pour le KHAD qui l'avait conduit au pouvoir. Il avait plus que jamais besoin du soutien de son ancien bébé.

Je détenais, qui plus est, suffisamment d'informations collectées sur le terrain pour dénoncer sa politique de « réconciliation nationale » comme une mystification. Le KHAD avait en main mon carnet de notes. Or toute la propagande de Kaboul s'articulait autour de cette « réconciliation nationale ». Considéré comme dangereux, je risquais de le payer cher.

J'avais aussi un autre point faible dont je n'étais pas vraiment conscient à l'époque : en tant qu'indépendant, j'avais toujours refusé de m'intégrer à une structure de presse. Ceci allait rendre la tâche difficile à mes amis, qui connurent beaucoup de difficultés pour mobiliser les médias.

Ce jeu valait ce qu'il valait mais, à mon corps défendant, une partie s'engageait. Ce n'était pas le moment de se laisser aller. Bien sûr, en face, il y avait une machine, sous-produit d'une machine plus monstrueuse encore. Il fallait maintenant rassembler toutes mes tripes. Eh bien, ça, ce n'est pas marrant tous les jours.

Trois jours après mon arrivée — l'oignon de Mohamat indique neuf heures du matin — Selim, le lieutenant maigre, vient me chercher. Son masque triste s'anime d'une ombre de sourire, il me fait signe de le suivre. Il marche à petits pas rapides en serrant les fesses, comme un cavalier ankylosé, ou une qui voudrait se mettre la croupe en valeur. J'ai déjà remarqué que les gestes de ses mains sont emprunts d'une certaine langueur. Je suis donc conduit à pas menus dans une autre cellule en tout point identique à la mienne, avec une table à la place du lit. Il y a aussi un bureau d'écolier et quelques chaises. Deux personnages se lèvent à mon entrée, nous nous saluons, Selim se retire en fermant la porte derrière lui.

L'un, maigre, de taille moyenne, a sans doute hérité sa peau sombre de quelque parent tamoul. Le visage en lame de couteau, le nez acéré, il me scrute avec l'œil d'un vautour famélique. L'autre, plus replet, plus âgé aussi — modèle Gorbatchev enrobé, avec carte de géographie en moins —, voudrait se donner une apparence bonhomme derrière des lunettes d'écaille. Tous deux portent costume et arborent une belle cravate rouge.

Les deux hommes me saluent en dari mais, devant mon incompréhension, passent bien vite à l'anglais :

— Nous sommes vos interrogateurs, et nous allons mener l'enquête à votre sujet. Veuillez prendre place ici.

— Quelle langue pensez-vous utiliser ?

Leur anglais est aussi approximatif que mon dari. Un interprète de français va se joindre à nous, me rassurent-ils. Quelques coups frappés à la porte annoncent l'arrivée d'un jeune frisé, plutôt beau gosse, dont le teint clair me fait irrésistiblement penser à l'Europe.

Lui ne porte pas de cravate, et ne parle pas un mot d'anglais. Un autre membre de l'équipe d'interrogation, me dit-on. Pour ne pas lui faire de peine, je ne lui demande pas sa nationalité, d'autant que le plus âgé, pour conclure les présentations, m'affirme qu'ils sont tous fonctionnaires des Services de sécurité de la République démocratique d'Afghanistan.

Comme dans toutes les cellules, la vitre jaune laisse filtrer une lumière pisseuse, ça sent l'humidité. Ces messieurs se sentent un peu à l'étroit, et je comprends de leurs échanges qu'ils vont essayer de trouver un local plus agréable. Le tueur tamoul nous quitte, investi de cette mission.

Ça ne lui prend guère de temps. Nous sommes conduits par des gardiens, au rez-de-chaussée, dans une pièce claire, le bureau du gros sous-chef qui récupère quelques affaires dans un affolement de fanons et disparaît. La scène fait douze mètres carrés, les accessoires comprennent trois bureaux avec chaises, un sofa de skaï défoncé et une table basse pour faire intime. Dans le fond, il y a aussi une petite bibliothèque, avec une œuvre de Marx en persan, quelques traductions de brochures soviétiques sur la marche triomphante du prolétariat et sur l'amitié entre les peuples; au-dessus de la bibliothèque une colombe piégée dans un beau poster bleu. La colombe bouffe un épi de blé, et une légende en caractères arabes affirme que le socialisme, c'est la paix.

Sur une étagère, un soldat en mie de pain peine sous un invraisemblable barda. Il a perdu une fesse quelque part. Autour de lui, deux Mig, et une petite Kalachnikov, également en mie de pain, témoignent du talent créatif des gardiens de la prison. Une ampoule de cent watts pendouille au-dessus de nous. La porte est blindée, un vieux tapis éculé rebique sous la table à café.

Lénine, punaisé, en noir et blanc, au-dessus de la bibliothèque, semble parfaitement inconfortable comme un dieu lare pincé dont la barbiche étriquée n'arriverait plus à faire rire. Il va subir, quatre mois durant à raison de huit heures par jour, une mauvaise pièce, interprétée par des acteurs minables.

A sa place, moi aussi j'aurais fait la gueule.

Un détail me frappe : ici, il n'y a ni portrait de Karmal, ni portrait de Najib. Le premier, récemment déboulonné pour raison de santé, a disparu quelque part en Union soviétique. Ses portraits ont dû le suivre. Quant à Najib, petit nouveau, il n'a sans doute pas eu le temps de se faire photographier. A moins que l'occupant habituel de ce local, le sous-chef, ne soit un mauvais sujet. Il n'y a d'ailleurs pas, non plus, de portrait du grand frère Gorbatchev. A moins qu'entre eux, KGB et KHAD soient à peu près d'accord pour s'en foutre de la tronche des leaders maximo. Somme toute, je m'en fous aussi, et Lénine est bien suffisant pour présider la bouffonnerie sinistre que nous allons entamer.

4

Nous n'attendrons pas Monsieur Vince, l'interprète, très longtemps. Escorté par un gardien, un grand personnage costumé de gris pénètre dans le bureau et salue tout le monde avec déférence. La main qu'il me tend est moite, l'homme a le teint jaune, il est très poli avec les trois mousquetaires. Tout suinte la peur, ici. Monsieur Ali, le plus âgé, fait les présentations : le Tamoul charognard sera Monsieur Ahmed, le frisé beau gosse Monsieur Abdul. Ce dernier est le seul à faire preuve d'aisance ; Ahmed cache sa tension derrière des yeux furibards, et sous le masque qu'il voudrait enjoué, Ali laisse percer une certaine crispation.

Il manque deux tailles environ au pyjama rayé fourni par l'administration. Je l'imagine signé Pierre Cardin, et décide qu'il met ma personnalité en valeur.

— Fécilications, vous avez une très belle cravate, dis-je à Monsieur Ali.

Mohamat, dans la cellule, m'avait expliqué que les fonctionnaires aimaient copier les goûts vestimentaires du potentat en place, et que l'observation des cravates pouvait être riche d'enseignement. Ali, instinctivement, resserre son nœud, imité par le Tamoul et l'interprète. Abdul, le Frisé, semble rigoler intérieurement.

— Monsieur Alain, êtes-vous bien dans la cellule ? traduit Monsieur Vince.

Prise au premier degré, la question est cocasse. Je réponds par la négative, tout en réalisant que mon dossier doit être classé sous la lettre A, ce qui expliquerait le choix des surnoms dont se sont affublés les mousquetaires. AAA&A, les quatre A, A & Co... Monsieur

Vince se débat avec les concepts d'inconfort, se désole de la part de Monsieur Ali que je ne trouve pas le gîte à mon goût. Il pratique un français sommaire et s'emberlificote dans la grammaire.

— Monsieur Alain, il faut dire, longtemps j'ai parlé en français.

Monsieur Ali émet un petit gloussement lorsque j'explique, qu'à mon avis, ce n'est pas en mettant les journalistes en prison qu'ils vont pouvoir démontrer leur bonne foi et leurs pures intentions au reste du monde, et que personnellement, si je trouve un certain intérêt à jeter un coup d'œil dans leur univers carcéral, ma place n'est pas vraiment ici, et que je suis allergique aux barreaux...

— Vous êtes entré sans passeport sur le territoire de la République démocratique d'Afghanistan, et vous êtes un espion. En France aussi vous mettez les espions en prison !

En pointant un doigt menaçant, Ahmed le Sombre remet péremptoirement les choses à leur place. Ses yeux jettent des éclairs, il contient difficilement la fureur qui l'étreint. Il tient dans ses serres l'Ennemi de la Démocratie, de la Révolution, du Prolétariat, du pauvre monde, l'Empêcheur de tronçonner en rond... A ce propos, je suis content qu'il n'ait pas eu de tronçonneuse en main, il m'eût réduit en rondelles sur place, le désagréable individu.

En rassemblant toute mon hypocrisie naturelle, je parviens à le regarder droit dans les yeux et à prétendre trouver son humour sublime, ce qui le désarçonne quelque peu. Comme je ne peux pas vraiment compter sur la finesse de traduction de Monsieur Vince, je m'applique à soigner ma gestuelle, à faire en sorte que mon corps exprime ce que la parole ne dit pas. Mon attitude et le ton de ma voix, pour l'instant, jouent « Guillo dans un salon ». En me tournant vers Monsieur Ali, je demande si Rassoul a oublié de leur remettre mon passeport.

— Voyez-vous, monsieur Alain, Monsieur Ali dit que c'est eux qui posent les questions ici.

— Bien sûr, bien sûr, mais Monsieur Ahmed, là, celui-là voyez-vous monsieur Vince, vient de me dire qu'il pensait que j'étais entré en Afghanistan sans passeport. C'est inexact, voyez-vous monsieur Vince, mais Monsieur Rassoul, dans le Faryab, me l'a confisqué, alors je voudrais être sûr, voyez-vous, que ce document a bien été remis, et d'ailleurs je leur serais reconnaissant, voyez-vous monsieur Vince, de bien vouloir me le rendre, car c'est un document personnel et important, qu'en pensez-vous monsieur Vince ?

Monsieur Vince s'excuse, et me demande de parler en phrases courtes, car il a perdu la pratique du français, et c'est une langue très difficile, voyez-vous Monsieur Alain... Dans un coin, les yeux d'Abdul le Frisé pétillent, comme s'il trouvait la situation drôle. Monsieur Ali me fait savoir qu'ils ont entre les mains des documents et des indices prouvant que je ne suis pas ce que je suis et que mes faits et gestes au cours de mes différents voyages ont été soigneusement surveillés. Ils savent tout en ce qui me concerne, je ne peux espérer une relative clémence qu'en échange d'une absolue sincérité. Il faut dire la Vérité, voyez-vous Monsieur Alain.

— Voyons monsieur Ali, si vous savez tout en ce qui me concerne, qu'attendez-vous pour me libérer sur-le-champ ?

— Vous êtes en prison, monsieur Alain, et nous vous garderons aussi longtemps que nous en aurons décidé.

— Je suis un citoyen français, et je demande à être mis en rapport avec mon ambassade.

— Voyez-vous, monsieur Alain, Monsieur Ali dit qu'il transmettra votre demande aux autorités concernées.

Monsieur Vince se débat avec un petit dictionnaire de poche persan-français et vice versa, édité en Iran. C'est un cauchemar. Il lui faudra deux mois avant de mettre la main sur un Larousse, ouvrage interdit par la censure.

— Voyez-vous, monsieur Alain, depuis la Révolution, je travaille au Comité paix et solidarité, m'a-t-il avoué un jour. Je ne fais pas partie du KHAD, vous savez.

Je ne sais pas grand-chose, ni même ce qu'est le Comité paix et solidarité. Je comprends vaguement qu'il s'agit d'un organisme du Parti chargé d'établir des relations avec les partis frères. Le choix de Vince comme interprète d'un journaliste étranger détenu au secret à Sadarat ne doit pas être dû au hasard. Serait-il l'œil du Parti ? Ou un quelconque mouchard du KHAD infiltré dans une autre administration ? Son comportement, sa sirupeuse déférence à l'égard des honorables fonctionnaires qui s'occupent de moi laissent à penser qu'il s'agit d'un mouchard contrôlé par les services secrets.

Il a trente-trois ans, c'est un ancien élève du lycée français de Kaboul. Il serait marié. Comme il me parle parfois de sa petite fille, je mets un point d'honneur à transmettre des bises.

— Elle ne doit pas être rassurée, la pauvre chérie, de savoir que papa est en prison.

— Je n'ai pas le droit de lui en parler, vous savez monsieur Alain, mais c'est vrai que ce n'est pas drôle de travailler en prison.

Nous nous glissons ces confidences lorsque d'aventure — le cas est rare — nous nous retrouvons seuls. Comme ces tête-à-tête ne sont vraisemblablement par fortuits, je ne les consacrerai qu'à la famille de Monsieur Vince.

Ahmed le Noir me donne une pile de feuilles blanches, avec consigne de les remplir :

— Il faut tout mettre, tous les détails sur votre vie, depuis votre naissance, tous vos parents, tous vos amis, tous les détails, il ne faut rien oublier.

Monsieur Vince traduit l'essence des recommandations d'Ahmed, pendant que celui-ci vrille son regard dans le mien. Il s'applique vraiment à avoir l'air méchant. Je lui demande son âge, histoire de faire la conversation, et à ma surprise, comme à la sienne, par automatisme sans doute, il m'avoue trente ans. J'exprime quelques réserves quant à mon autobiographie, en avertissant que cela risque de prendre du temps. Monsieur Ali me rassure sur ce point, le temps n'est pas compté, il faut tous les détails.

— Voyez-vous, monsieur Alain, il faut commencer par votre père, votre mère, vos grands-parents, vos frères, vos sœurs, vos oncles, vos tantes, vos cousins, votre femme, ses parents... Tous les détails sur eux, il ne faut rien oublier.

Au secours ! Mais je suis breton, moi ! Je m'apprête à maudire le sort qui m'a collé une généalogie indébroussaillable, quand soudain je réalise : ça ne les regarde pas !

Armé de ce principe de base, je décide d'élaguer. Pendant quinze jours, je m'appliquerai à gratter de la feuille blanche, en mêlant sobrement le véritable à la plus extrême fantaisie simplificatrice. Comme il ne fait aucun doute sur la destination finale de ces documents, j'essaierai de m'arranger pour ne fournir au KGB que les noms et les renseignements qu'en toute logique ils détiennent déjà.

Le plus dur sera de me mettre en mémoire tout ce que je raconte. Je m'appliquerai à retenir des lignes directrices simples, et à ne faire intervenir, en personnages imaginaires, que des noms faciles à retenir. J'occuperai une partie de mes soirées à m'imprimer tout cela dans la tête.

La parentée d'abord. Je les tue tous. C'est simple, efficace, éminemment élaguant. Très proche de la vérité, aussi. Tous les conflits de l'histoire moderne ont apporté leur écot. Il y a bien sûr quelques survivants, mais ce n'est pas de leur faute. Ils ont droit de vivre en paix, je ne cafterai pas. Pour éviter que la descendance des tontons n'ait un jour à payer mes frasques, j'inventerai une flopée d'oncles et de tantes morts dans les ordres ou dans la fleur de l'âge. Tout Hiroshima a disparu. J'attribuerai encore aux Américains une mère, ce qui est vrai, et quelques Lorientais, ce qui l'est moins.

Ces putains de bombardiers de l'USAF les ont quand même cassées, nos maisons, à Lorient. Je charge un bon paquet de disparus sur le dos des Allemands, de la grippe espagnole et des courants d'air qui sévissent dans nos monastères. Là-dedans il y a du vérifiable. Par respect pour sa mémoire, je simplifie la vie privée de mon père — que certaines dames veuillent bien m'en excuser —, et j'affirme que si autre descendance il a eue, je n'ai, pour cause de séparation et d'aléas de l'existence, jamais été mis au courant. Je sais bien peu de chose sur sa carrière militaire. Cet autoportrait finit par vous avoir une certaine gueule de victime des impérialismes nippo-germano-américains d'une part, et du clérico-militarisme français. S'ils ne me décorent pas sur-le-champ c'est qu'ils n'ont rien compris.

Eh bien parfaitement, ils ne comprennent rien, surtout Monsieur Vince qui continue à patauger dans son dictionnaire. Je poursuis donc avec mes malheurs, mon divorce, les contacts brisés avec ma femme et sa famille.

Puisqu'il me faut attaquer mes amis et raconter ma vie, je garderai ce même souci de simplification. Comme preuve de ma bonne volonté, je recommande avec chaleur les œuvres de mes amis. Je cite Gérard Chaliand, Olivier Roy, Mike Barry, Christophe de Pontfilly, Jean-Christophe Victor, qui tous ont abondamment couvert l'Afghanistan et doivent avoir des dossiers quelque part à Moscou. La triplette ne sait pas, ne connaît pas, n'a pas entendu parler. Sont-ce des ouvrages interdits ? Quelle erreur ! La somme d'expériences accumulée dans ces bouquins pourrait éclairer la politique du régime et lui éviter bien des bourdes.

Comme ils ne connaissent pas du tout, ils me demandent les adresses, les numéros de téléphone, je n'ai rien de tout ça avec moi. Et de toute façon... Mais ça ne les regarde pas !

Je me lance alors dans une tentative d'états d'âme. Voyons, il s'agit de citoyens français, libres, honorablement connus, ils font un travail magnifique. Messieurs, ai-je le droit, moi, victime certes d'une erreur d'appréciation des autorités en place, mais homme d'honneur au demeurant, de fournir des renseignements à des gens sans doute bien intentionnés, mais, qui, vous en êtes conscients, risquent d'alimenter des dossiers du KGB soviétique ?... Oh ! que ceci me paraît malhonnête ! Ces pauvres amis devront, leur vie durant, payer les conséquences de mes indiscrétions. Le KGB, vous connaissez, Messieurs, le KGB, c'est gros ce truc-là. Tenez, pas plus tard qu'il y a quelques jours, un officier russe, sans doute un type du KGB, eh bien, il me disait que son pays et le mien n'étaient pas du même bord. C'est de la trahison, ce que je fais là, je souffre, rendez-moi les copies, monsieur Vince, dites-leur de me rendre les papiers...

Monsieur Vince traduit tout ce qu'il peut, triste comme si je le battais. Monsieur Ali, l'air satisfait, range la bibliographie dans sa serviette et fait appeler un gardien pour me raccompagner à la maison. Je prends l'air aussi abattu que possible.

Pendant quinze jours, je noircirai du papier, Monsieur Vince trimera, écrasé par un retard qui ne fait que s'accumuler. En me référant à ma crise de conscience, je refuserai désormais de parler de ce qui, à mon avis, ne concerne pas la République démocratique d'Afghanistan. Monsieur Ali ne sera pas d'accord, Monsieur Ahmed fera le regard laser, Abdul le Frisé continuera à se fendre intérieurement la pêche, mais un statu quo finira par s'établir : la France est en France, et ce qui s'y passe concerne les Français. Ici, j'accepte de parler d'Afghanistan pour résoudre mes problèmes avec le gouvernement afghan. Par contre, si un organisme de presse sérieux décide de me commander un article sur la France, je me ferai un plaisir d'obliger...

Je reconnais neuf voyages en Afghanistan. Un peu moins que la réalité, mais un instinct me souffle qu'une totale sincérité ne peut que m'attirer des emmerdes. Pour des précisions géographiques, je demande des cartes. Les triples A pouffent devant le déraisonnable de mes exigences. Comme en URSS, les cartes sont des affaires d'État.

— On a transmis votre demande d'entrevue avec des diplomates français, m'affirme Monsieur Ali. L'affaire suit son cours, ce n'est plus de notre ressort.

Alors que l'autobiographie touche à sa fin, les triples A me prient de tout dire, en expliquant bien, sans rien omettre sur mes contacts avec les services officiels français. J'avais été invité, il y a longtemps, à participer à une cellule de crise au Quai d'Orsay, peu de temps après l'intervention soviétique. Il n'y avait là que du beau monde qui cherchait à comprendre ce que l'Union soviétique pouvait bien chercher en roulant les mécaniques dans cette région du globe. De mauvais esprits peuvent être au courant de ces sessions d'études. Je décide donc de risquer la confidence. Cela éveille l'intérêt de mes interlocuteurs et assombrit Monsieur Vince qui ne comprend pas ce qu'est une cellule de crise. Du coup j'en pique une.

Il s'agit d'un mécanisme interne au ministère des Affaires extérieures, qui permet d'étudier des situations confuses en réunissant des experts appartenant à différentes disciplines. Maintenant, en ai-je trop dit ? Est-ce vraiment à moi de dévoiler ce qui ne m'appartient pas ? Pourquoi ne se renseignent-ils pas auprès des instances officielles françaises ? J'ai besoin de voir mon ambassadeur, de lui demander conseil. Je me bats la coulpe, m'arrache quelques cheveux, m'assène deux ou trois coups convaincants sur l'occiput.

Monsieur Vince commence à avoir mal à la tête. Monsieur Ali, magnanime devant ma déchéance, interrompt les débats. J'insiste pour écrire une lettre à l'ambassade, qui sera transmise, promis, juré. On me laisse au repos deux jours dans la cellule pendant que Monsieur Vince, de son côté, équipé de marxisme-léninisme et d'un lexique iranien, médite sur les subtilités qui différencient Publicité, Propagande et Information.

Pendant ces quinze premiers jours de prise de contact, j'ai traversé des périodes d'angoisses, de fureurs, de fous rires et de découragement. Je me suis appliqué à tout intérioriser, à ne laisser filtrer que ce qui me convient. Ces gens attendent de moi — je suis un Occidental — une certaine fragilité morale. J'ai essayé de conforter leurs certitudes sur ce point. Ces adversaires servent de paravent à des adversaires plus redoutables encore. Imbus de leur importance, assurés de leur force, habitués à inspirer la terreur, ne serait-il pas possible de les prendre à contre-pied ? Je bénéficie d'un atout : la vie m'a appris à ne pas trop la prendre au sérieux, et par la même occasion, à ne pas trop souvent me prendre au sérieux moi-même. En puisant dans ces capacités à voir le monde sous un angle loufoque, ne vais-je pas pouvoir jouer avec la machine ?

En attendant, je suis seul, et risque de le rester longtemps.

5

L'interrogatoire m'occupe environ huit heures par jour, il en reste seize avec pas grand-chose sous la main pour meubler les temps morts. Il y a bien Mohamat, d'accord, assez bavard, mais il faut aimer. L'ambiance générale n'incite pas aux confidences. J'écoute parfois ce qu'il dit, puis je me renferme dans un mutisme méditatif en position allongée, pour laquelle j'ai toujours manifesté un don.

J'ai réussi, en empoisonnant Monsieur Ali, à me faire confier deux bouquins, extraits Dieu sait comment de la bibliothèque de la prison. Cette bibliothèque existe sur le papier, mais l'accès en est si difficile que je doute encore de son existence. Les prisonniers n'ont pas le droit de lire. En neuf mois j'ai vu trois gardiens tenter de déchiffrer quelque chose, et encore était-ce des quotidiens locaux. Enfin, profitant de mon statut spécial, j'ai passé quelque temps avec une vie d'Engels, éditée en anglais par une maison de Moscou, et un excellent manuel américain d'économie, qui a peut-être trouvé grâce aux yeux des censeurs, parce qu'il ne portait pas de jugement de valeur sur le système économique marxiste.

J'ai donc amplement le temps de réviser mes connaissances sur l'économie, et j'ai retenu d'Engels, que, victime comme Marx de la censure, il s'affiche comme un partisan de la libre expression. Mais, au fil des jours, j'aurai de plus en plus de mal à me concentrer sur mes lectures.

Par contre, de l'étage inférieur du lit, le visage tourné vers le mur, je me laisse aller aux rêveries et à la réflexion. Un thème, en particulier, ne me lâche pas : l'Afghanistan. Curieux pays, que j'aime définir comme un sacré sac de nœuds. Sur une carte, il s'inscrit au croisement de deux courbes tracées entre l'Europe de l'Ouest et l'Australie d'une part, de la mer de Béring au cap de Bonne-Espérance d'autre part. J'y ai trouvé des chevaux anglais, arabes, chinois. Certains même vous ont des gueules de Grecs, tels qu'on les voit galoper sur les poteries. On y trouve des monnaies d'Alexandre le Grand et des oliviers sauvages qui remontent à la même époque. Situés au carrefour des routes commerciales terrestres de l'Ancien Temps, les habitants du cru n'ont cessé d'envahir et se faire envahir. Un assortiment d'ethnies représentatif de la planète s'y côtoie, influencé par tous les courants de pensée qui nous ont agités. Comme presque partout ailleurs on ne peut pas voir le voisin en image et chacun ici prend l'autre pour un con.

Récemment, ces peuples ont subi un tournant de l'Histoire. Un peu figés dans des traditions ancestrales, ils viennent de recevoir une claque dans le groin. Les exégètes délicats parlent de choc de culture. Le grand voisin du nord, venu semer les germes de la modernité, y laisse une omelette de plusieurs millions de victimes. L'Union soviétique n'a jamais donné dans la délicatesse, certes, mais le bilan de cette intervention militaire et civilisatrice a de quoi faire baver d'admiration les mânes d'Attila. Puisque les Russes s'amusent, qui peut empêcher les Américains de venir les embêter ? Même les ayatollahs, qui pourtant n'aiment personne, veulent venir jouer ici.

L'Afghanistan entre donc de plein fouet dans l'ère moderne, et déjà des tendances contradictoires se font jour. Communisme et capitalisme, démocratie et dictature, fondamentalisme religieux et laïcité, le tout sur un fond de misère et de destruction de l'acquis culturel. Que c'est beau, pour un aussi petit pays ! Retournez ça dans tous les sens, et vous verrez grouiller ici les vers qui rongent le reste de la planète.

Je passe le temps à démêler ces vers. Philippines, Viêt-nam, Afrique, Amériques... Les sales bêtes se renouent sous toutes les latitudes.

Une autre distraction majeure consiste à étudier les graffitis gravés dans la chaux. Une étude attentive des strates qui couvrent les murs dévoile trois périodes, dans l'histoire de la cellule. Une période jaune, une période verte, et la période contemporaine qui a été blanche. Ces périodes se chevauchent sur un fond de béton, très dur à attaquer pour des artistes qui ne connaissent pas le métal. Les repas sont servis dans des gamelles d'aluminium, peu pratiques pour la gravure, que les gardes récupèrent après usage et comptabilisent avec soin. J'ai bénéficié à titre exceptionnel d'une cuillère que, malgré bien des tentatives, je n'ai jamais pu faucher. Les gobelets sont en plastique, les seuls outils disponibles sont, à ma connaissance, l'allumette, le chiffon humide et la peau de banane. Je classe les œuvres répertoriées dans la cellule numéro cinq en trois catégories : le graphisme, la symbolique et le calendrier — que j'ai, pendant un temps, contribué à enrichir, en décomptant les jours avec des bâtons. Certaines dates, difficilement lisibles sous les couches de peinture, laissent à penser que cette cellule était en service en 1979, et que ce bloc carcéral est l'une des premières manifestations architecturales issues du coup d'État communiste. Dans la catégorie symbolique, j'ai noté des piafs stylisés, dans toutes les positions de vol, environnés d'arbres et de petites fleurs.

Mais le plus riche sans conteste se découvre dans le graphisme. Nous sommes en terre musulmane, la tradition interdit la représentation de la personne humaine. Les lettres qui courent sur les murs — elles sont de dimensions variées — parlent de Dieu dans tous les styles, manière rustique de l'illettré aux gravures léchées d'un chi'ite anonyme. Dieu, ou Allah, se présente en écriture arabe comme des W imbriqués, un gros en bas, et un petit au-dessus qui sert d'accent de liaison. C'est ce petit bidule qui tient le reste ensemble. Comme ces W sont arrondis à la base, j'y lis des omégas grecs, et il m'arrive de méditer sur cette quantité d'omégas qui m'entourent. Il y en a un gros qui me fait face lorsque je suis allongé sur le dos, tracé au chiffon humide et rehaussé de banane — ça donne un ton sépia enrichi de vieil or —, auquel je ne peux échapper.

On peut lire aussi quelques versets du Coran, une maxime : « Ne sois pas triste, tout passe », quelques robustes déclarations : « J'encule ta femme shuravi [1] », et des noms, Ali Shah, Kader, Rudah Nazar...

Un calcul approximatif, basé sur une rotation d'un mois par tête et une densité de trois personnes, me donne *grosso modo* trois cents êtres humains, qui, dans un monde comme dans l'autre, partagent le privilège d'avoir été pensionnaires de la cellule numéro cinq à Sadarat. Parmi eux, des bons, des méchants, des neutres, des pauvres, des riches, perdus dans les entrailles de la machine, espérant sans trop y croire que les caprices de cette dernière leur seront favorables. L'angoisse accumulée suinte de partout.

---

1. Soviétique.

— Tu sais, me dit Mohamat, c'est dur aussi pour les familles. Il y a beaucoup de réfugiés à Kaboul qui ont fui les bombardements ou la pression des moudjahidin dans les villages. Ils sont pauvres, et quand le chef de famille est arrêté, eh bien tout le monde crève de faim.

« Ces dernières années la population de Kaboul a triplé, la prostitution, la délinquance des gamins progressent de façon géométrique. Il y a un marché, connu sous le nom de Bazar des Gamins, qui se spécialise dans la revente du butin volé par les enfants.

« Je connais une famille comme ça, poursuit Mohamat. Deux des filles font les putes dans une boîte pour Russes. Lorsque l'homme qui avait trouvé un petit boulot de maçon a disparu, sa femme s'est retrouvée seule avec dix gosses, plus deux vieux. Ils venaient de Samangan et ne connaissaient pas grand monde. Elle a cherché son mari, et les flics lui ont dit qu'il avait dû se faire enlever par des moudjahidin. En réalité il est ici, et il ne peut rien faire pour communiquer avec les siens.

— Comment sais-tu qu'il est ici ?

— Il est connu. Il a essayé de se couper les veines dans les chiottes. J'ai passé trois semaines avec un de ses compagnons de cellule.

— On l'a envoyé à l'hôpital ?

— On l'a descendu au mitard. C'est ici qu'il a appris que ses filles faisaient les putes, par un interrogateur, sans doute. Ce sont des salauds, ces mecs.

— Pourquoi est-il en tôle ?

— Ils n'ont pas besoin de raisons pour t'embarquer. Il a peut-être été donné par un copain de travail. Tu sais, quand ils t'arrêtent, ils te demandent la liste de tes amis. Après, ils arrêtent tes amis...

C'est une des techniques du KGB. Avec ce système, toute une population se retrouve fichée. On procède à des arrestations, on relève les noms des connaissances et ainsi de suite. Tout le monde a quelque chose à se reprocher. Un parent qui travaillait pour l'ancien régime, un copain de classe dans les rangs de la résistance, un voyage à l'étranger, une magouille...

Être arrêté, c'est être coupable. Je n'ai jamais entendu parler d'un prisonnier relâché sans condamnation. Cinq ans pour un droit commun, dix, seize ou vingt ans pour un politique. Au-delà, c'est la peine de mort. La formalité qui consiste à passer devant un juge n'est pas vraiment nécessaire, il suffit souvent d'une signature du chef des Services secrets.

Un prisonnier qui moisit depuis cinq ans en prison m'a raconté : sa famille, des commerçants d'origine pakistanaise, était installée à Kaboul. Son père, un jour, a disparu. Arrêté alors qu'il entreprenait des démarches pour le retrouver, il a subi pendant un an les interrogatoires du KHAD. On le battait régulièrement pour qu'il avoue être un espion étranger. En désespoir de cause, il a comparu devant le docteur Najib en personne.

— Tu vois, lui a dit le bon docteur, je n'ai même pas besoin de te battre. Ma plume me suffit.

La signature de Najib valait vingt ans de prison.

Régulièrement, des amnisties ouvrent les portes des prisons. Ces amnisties ne concernent pas les prisonniers condamnés pour terrorisme, espionnage, intelligence avec l'ennemi, activités contre-révolutionnaires. Les politiques — ici il faut entendre ceux qui ont un niveau d'éducation suffisant pour constituer à terme une menace pour le régime — tombent tous sous les coups d'une ou plusieurs de ces accusations. Les droits communs, les petits membres du Parti en délicatesse avec leurs chefs forment le gros du troupeau des amnistiés, une condamnation suspendue cependant au-dessus de leur tête. Le régime augmente ainsi le nombre de sympathisants qui ne peuvent rien lui refuser.

— Les chiottes sont le meilleur endroit pour se suicider. Là tu peux t'isoler pour quelques minutes.

Mohamat traverse ainsi des moments de déprime. Dans ces cas-là, je sais qu'il pense à sa fille, et au bébé qu'il ne connaît pas, il est coincé dans un système dont j'apprendrai qu'il a été un rouage. Parfois, il se lève et frappe le mur en gueulant, généralement un anathème salé dirigé vers quelque cul soviétique. Les gardiens ont l'habitude, ils ont besoin de lui pour garder un œil sur moi, alors ils n'interviennent pas. Peut-être même sont-ils d'accord avec lui.

Pour avoir une idée des mouvements de la prison, les hommes communiquent en relayant des coups contre les cloisons. On se compte régulièrement. Ces bruits sourds qui avertissent des arrivées ou des départs sont pourchassés par les gardiens lorsque des officiers rôdent, mais, en général, ils laissent pisser. Un Qari, dans une cellule voisine, entonne, dans la soirée, quelques versets du Coran. Mohamat, et beaucoup d'autres, écoute et mémorise. J'attribue l'état lamentable des chiottes — on patauge dans la flotte — aux ablutions rituelles, preuve de soumission aux impératifs religieux.

Tourné vers le mur, au rez-de-chaussée du plumard, j'essaie d'entrer dans la peau du mec coincé entre ces putains de murs, dont la famille est à la rue. Je suis un privilégié. Ces machines à écraser les pauvres types, c'est nous qui les avons inventées, nous les Occidentaux. Autrefois, on massacrait certes, mais à l'inspiration, à l'humeur, sous couvert de guerre. Attila ne s'en prenait pas à ses propres sujets. Les premiers systèmes à inspirer la terreur en temps de paix, au sein de peuples souverains, ont été mis au point par l'Église catholique, à l'époque de l'Inquisition. Depuis, ces belles mécaniques imparables, huilées par nos savants, nourries par nos techniques, ont évolué, mais elles gardent leur caractéristique d'origine : être exportables clé en main. Qu'importe l'étiquette, de droite, de gauche, d'en dessous, nous sommes les développeurs de ces machins à broyer les idées et les âmes. Moi, dans cette cellule, j'appartiens à ceux qui ont mis ces cochonneries au point. Quoique jaune, je suis Blanc, donc hors normes pour ces colonisés qui prétendent mener le bal. Derrière, les « grands frères » évaluent en quoi je puis leur être utile, et qu'on le veuille ou non, ils me pensent plus proche d'eux qu'ils ne le sont de leurs sauvages. Je suis protégé.

Pendant ce temps, des gosses risquent leur peau pour faucher un carburateur. En pensant à eux, je me surprends à prier. Un mécréant qui prie, après avoir oublié ses prières — je pense avoir été l'un des seuls élèves des jésuites à m'être fait dispenser, par eux, de tout service religieux —, ce n'est pas piqué des vers, mais de précédentes expériences m'ont appris qu'il y avait « autre chose ». Alors, à ma façon, pour ce peuple qui souffre, pour ces mômes qui se perdent, pour ces femmes au désespoir, et pour les mecs, ici, qui cherchent à se trancher les veines, je prie.

J'invoque une entité, qui, pour celui qui n'a jamais connu de mère, représente un symbole : Marie, la Mère Universelle. Je passe un bon bout de temps à dénoncer la merde qui nous entoure, et lui enjoint à elle, que je n'ai jamais crue pucelle, de faire quelque chose. Je sens que mes appels, s'ils manquent un peu de formes, sortent du fond des tripes. Marie, la mère qui a souffert. En priant, une sensation m'étreint. Peut-être ne suis-je pas seul à prier. Au fil des jours, au fil des nuits, je finirai par penser qu'il y a, avec moi, un sacré paquet de monde.

Comme j'ai pensé à elle, en remplissant le curriculum exigé par les interrogateurs, je passe mentalement ma famille en revue. Et puisque j'y suis, eh bien, je prie pour elle, pour les vivants et pour les morts. Qu'on leur donne la force de surmonter les épreuves, s'ils en traversent... Qu'on... Je pense que concevoir la notion de divinité, c'est déjà avoir Dieu en soi, mais comme on n'est jamais trop sûr, j'invoque une autre entité qui n'a pas dit que des conneries : Jésus, ce traîne-latte révolutionnaire, qui a marqué l'Histoire, et s'est démerdé pour me marquer aussi. S'il en est un qui porte des responsabilités dans l'élaboration de machines à écraser la pensée, c'est lui. Alors je prie pour qu'il veuille bien nous aider à les faire sauter, ces machines, ou mieux, qu'il les aide à se désintégrer d'elles-mêmes, un peu comme pour l'Église catholique.

Paix aux hommes de bonne volonté, qu'Il a dit. Je ne sais pas trop bien qui sont ces hommes de bonne volonté, mais dans mes crises métaphysiques je commence à mélanger et les hommes et les âmes. J'y ajoute même quelques nanas pour faire bonne mesure. En me disant, et si...

Si les bonnes volontés se manifestaient par un désir profond, sincère, de travailler à résoudre les problèmes posés par ces sacs de nœuds dans lesquels nous nous débattons, ne vaudrait-il pas la peine de prier pour qu'elles se trouvent, qu'elles aient la possibilité de bosser ensemble ? Malgré des probabilités de succès que j'évalue proches de zéro, comme je n'ai rien de mieux à faire, j'occupe un peu de mon temps à prier comme un bœuf.

Et puisque je suis environné d'omégas et que ça me rappelle vaguement un bout d'*Apocalypse* de saint Jean, je me mets à délirer intérieurement sur la possibilité d'être l'oméga du troupeau, le petit con derrière, auquel il serait donné la possibilité de faire quelque chose.

6

Une nuit, une dizaine de jours après avoir pris possession de la cellule numéro cinq, un machin bizarre nous est arrivé. Nous nous appliquions à roupiller, lorsque j'ai été tiré du sommeil par une voix cristalline :

— *Alain, Alain...*

En ouvrant les yeux, j'ai été surpris par l'obscurité ambiante. La nuit les cellules sont éclairées en permanence lorsque la résistance ne fait pas sauter les lignes électriques. Dans ce dernier cas, un groupe électrogène prend le relais, car les gardiens ont horreur du noir.

Mohamat, installé sur une paillasse à même le sol, s'agite :

— Tu m'as appelé, Alain ?

— Non, pourquoi ?

— J'ai entendu une voix qui m'appelait par mon nom français : Mohamat.

— Voix d'homme ou voix de femme ?

— Je crois que c'était une voix de femme...

Mohamat n'est pas son vrai nom, qui est imprononçable. Des touristes français, à l'époque où il faisait encore beau, ici, lui ont donné un nom plus facilement mémorisable.

— Quelle heure est-il ?

Mohamat gratte une allumette, trouve son oignon. Il indique minuit.

— J'étais en train de rêver, me dit-il. Nous étions tous les deux avec ta famille.

— On en parlera demain, j'ai sommeil.

Je suis troublé. Une voix, l'obscurité, minuit...

Inexpliquablement, je me rendors. Une dernière pensée me traverse l'esprit. Je n'ai jamais parlé de ma famille à ce compagnon de cellule, et j'ai décrit aux interrogateurs une généalogie fantaisiste. Si Mohamat est un agent du KHAD, il a peut-être pris connaissance des dossiers. Nous verrons comment il « voit » mes proches. Demain, on risque de s'amuser.

Le lendemain matin, relâche côté interrogatoires. Selim, le maigre lieutenant à la démarche ondulante, décide de nous conduire « au soleil ».

Le soleil, ça se passe à l'extérieur, dans des cages en béton — il y en a une dizaine —, avec un grillage en guise de plafond pour empêcher les prisonniers de s'envoler. Ce grillage permet à un gardien de surveiller du haut des murs, et au soleil de pénétrer. Dans notre cage nous en avons une flaque de deux mètres carrés, dans laquelle Mohamat se met torse nu. D'énormes traces de pieds, sur les murs, à plus de deux mètres d'altitude dévoilent la présence parmi nous d'un géant en condition olympique.

— Cette nuit, j'ai rêvé de ta famille. Nous étions tous les deux des hôtes d'honneur, autour d'une grande table. Ça devait être en France.

— Raconte.

— La table était en plein air, sur un sol dur, comme dans une cour. A côté il y avait un jardin avec des fleurs blanches qui sentaient fort. Nous étions très nombreux.

— Ah oui, combien ?

— Je ne peux pas dire, trente, quarante...

— Tu te souviens des visages ?

— Oui, quelques-uns. En face de moi, j'avais un vieux monsieur, aux cheveux très blancs, avec des moustaches en crocs. Je crois qu'il avait des yeux très clairs, bleu pâle, il tremblait avec ses mains et il les appuyait sur une canne qu'il tenait entre ses jambes.

— Il avait autre chose de caractéristique ?

— Oui, une pipe, il y avait une pipe à côté de lui, avec un sac, peut-être pour mettre le tabac, un sac marron.

— Ça s'appelle une blague à tabac.

Le bougre me fait là une description assez précise d'un grand-père, Joseph, qui arborait des guidons de vélo sous les narines. Il avait des cheveux très blancs, les yeux clairs, il sucrait les fraises et fumait la pipe.

— Tu te souviens de quelqu'un d'autre.

— Il y avait une dame qui servait à table. Elle était très gentille avec toi et avec un monsieur qui avait une veste, un peu comme une veste militaire, avec des grandes poches...

Bon, le KHAD sait que mon père était militaire...

— La dame était habillée avec une robe noire, brillante, une longue robe, et elle avait des pantalons au-dessous. J'ai vu une rose rouge brodée sur sa poitrine. Elle m'a présenté un plat d'herbes.

— Des herbes ?

— Oui, c'étaient des petites herbes posées sur un plat. Elle avait l'air un peu turkmène.

Ma mère était métisse, et le sang japonais qu'elle m'a transmis me permet de passer inaperçu parmi les ethnies sinisées. Je reconnais la tenue de soie traditionnelle des Vietnamiennes, qu'au dire de mon père ma mère affectionnait. Un peu française, un peu japonaise, le Viêt-nam était son vrai pays. Quant aux herbes, je pense aux pousses de soja. Elles sont d'usage courant en Asie de l'Est, mais les Afghans ne connaissent pas.

Perdu dans ses descriptions, Mohamat me fait reconnaître plusieurs autres membres de ma famille, tous décédés et ignorés des gens d'ici. Je suis plutôt secoué. Il me parle entre autres d'une grand-mère d'adoption, une baronne russe... Bizarre.

Une ambiance méditative s'empare des occupants de la cinq. Mohamat reste prostré, plongé dans ses pensées. Pour ma part, je digère. Ces voix qui nous réveillent me replongent bien des années en arrière, le jour de la mort de mon père.

— La mort, il ne faut pas en faire une maladie, avais-je entendu.

Que dois-je en penser ? Je n'ai jamais vraiment été porté vers la parapsychologie, vers l'occulte. Un vieux fond de méfiance m'a toujours incité à prendre du recul vis-à-vis des prosélytes.

Pourtant, j'avais été témoin de choses qui dépassaient ma compréhension. Une personne, en particulier, m'avait ébranlé : mon ancienne femme, Noëlle, avait travaillé au Canada un certain don de guérison. Elle obtenait des résultats. J'avais insisté pour qu'elle interrompe ce genre d'activité, car il me semblait alors qu'elle y laissait sa propre santé. Mais, que je le veuille ou non, elle appartenait à la catégorie des médiums. Elle avait des prémonitions, et réussissait de temps en temps des expériences que je prenais pour de la télépathie. Un jour, en serrant ma montre dans ses mains, une vieille tocante que je traînais depuis longtemps, elle a énuméré une liste de prénoms féminins. Il m'a fallu un certain temps pour réaliser qu'il s'agissait, dans l'ordre d'ancienneté, de toutes mes petites amies. Je ne note pas les détails de ma vie privée. Noëlle, que j'avais connue en Angleterre, n'avait jamais côtoyé mes anciennes relations. J'en ai déduit sur le moment qu'elle avait « lu » dans mes pensées, tout en m'interrogeant sur la manière dont elle avait retrouvé des noms que j'avais déjà oubliés.

Ici, quelque chose de particulier se manifestait. Pour en comprendre les tenants et les aboutissants il fallait poser le problème en termes simples : j'étais en train de devenir fou, et avec moi le camarade Mohamat. Ou nous étions témoins d'événements singuliers sans doute, mais que d'autres avaient vécus. Une abondante littérature existe sur ces thèmes.

En observant Mohamat dans ses œuvres, je ne trouvais rien d'inquiétant. Il se comportait comme un être humain bien ordinaire, compte tenu des circonstances. Il tournait parfois en rond dans la cellule, un peu comme un gorille dans sa cage. Je n'ai jamais rien pu reprocher aux déambulations giratoires de ces singes. J'aurais eu mauvaise grâce d'en tenir rigueur à mon compagnon. Dans son apparence, comme dans son comportement, Mohamat me semblait bien tenir sur ses pattes. J'ai, pour ma part, traversé trop d'épreuves pour mettre facilement en doute ma résistance morale. Le stress que je subissais était tolérable. Pour le mental, je décidai donc de me décerner un satisfecit et de me considérer comme pas encore tout à fait givré.

Demeurait l'hypothèse de trucs incompréhensibles. Comme je tiens à mon petit confort intellectuel, il n'était pas question pour moi de coller à ces phénomènes une quelconque étiquette de paranormalité. Bon, j'étais témoin de quelque chose que je ne m'expliquais pas pour le moment. Viendra un jour où les manuels scolaires les plus élémentaires en démonteront les mécanismes. Je décidais, et c'est encore ma position aujourd'hui, que j'abordais là une partie négligée de mes facultés naturelles.

Lorsque je compris que le KHAD ne me mettrait pas de sitôt en contact avec le monde extérieur, je me suis mis à jouer avec la notion de télépathie. Quelle excellente farce à faire que de pouvoir, à leur insu, briser la chape de silence dans laquelle ces messieurs des Services secrets prétendaient nous enfermer.

Je ne risquais pas grand-chose à essayer.

Alors imaginez un Français moyen, plutôt rationnel, tenter de se concentrer pour saturer l'éther de messages télépathiques. Coucou Jojo, je suis là, ils m'ont foutu en tôle, grouille-toi, fais quelque chose...

Comme je n'avais pas la moindre idée de ce qu'était la « concentration » dont tout le monde parle dès qu'on aborde ces matières, je forçais comme un désespéré, avec au bout du compte l'impression que la matière grise allait me sortir des oreilles. Mohamat par bonheur était dans son truc lui aussi, et ne s'apercevait pas que par moment, le teint de son compagnon virait aubergine.

Un jour, il me dit :

— Ce soir, c'est le jour des morts. Toutes les semaines, les musulmans prient pour les morts, mais il nous faudrait une bougie.

En prétextant les pannes d'électricité, et en affirmant que le Français, là, avait peur du noir, il parvint à extorquer aux gardes un bout de chandelle. Nous avons passé une soirée de veille, jusqu'à ce que meure la bougie, à penser à nos disparus, en rajoutant pour faire bon poids les collègues morts dans cette prison.

Le lendemain matin Mohamat m'annonce qu'il a rêvé de son grand-père :

— Il était dans son verger, près d'Astana, dans le Panshir. De son vivant, la porte du verger restait toujours ouverte, pour que les voyageurs puissent se servir en passant. Lorsqu'il est mort, l'oncle qui en a hérité a fait fermer les portes. Aujourd'hui ce verger a disparu. Il a été détruit par la guerre. Des membres de ta famille sont venus aussi. Je les ai reconnus, les mêmes que dans mon premier rêve. Toi tu n'étais pas là. Ils m'ont dit que tu faisais une promenade à vélo.

Bon d'accord. Je fais du vélo dans ma tête, mais ce n'est pas une raison pour laisser tomber. Y aurait-il une fraction de chance pour que ça marche, je serais bien con de ne pas essayer. Je revire aubergine en faisant allô Jojo...

La routine des interrogatoires a repris, mais le soir, je m'acharne dans la communication sans fil. Puis, un jour, je pense à l'écriture dite « automatique ». C'est un truc marrant, qui consiste à laisser flotter un crayon sur une feuille de papier. Chez certains, le crayon se met à bouger tout seul. J'avais vu des experts à l'œuvre, j'en avais même tâté, mais chez moi, ça n'avait rien donné, sinon des syllabes sans queue ni tête, ou des graffitis illisibles.

Comme nous n'avons ni papier ni crayon, c'est en laissant traîner l'index sur la couverture qui nous sert de tapis que je me lance dans l'expérience. J'oriente alors mes pensées vers Noëlle, et je trace son nom du bout du doigt.

Dans la foulée, à ma grande surprise, ce doigt s'anime, comme pris d'une vie indépendante. Il se déplace lentement, trace des lettres larges et bien formées que je n'ai aucun mal à enregistrer. L'ensemble de mon bras droit est complètement détendu, ce n'est pas moi, mon « moi » conscient, qui le dirige.

— Je suis là, écrit le doigt.

— Comment vas-tu ?

On peut être taulard et avoir des manières. J'ai l'impression d'être sur un réseau Minitel.

— Bien, qui es-tu, demande le doigt ?

— N'avais-tu pas un mari qui s'appelait Alain ?

— Non.

Le doigt est catégorique. Merde, qui c'est, au bout ?

— Comment t'appelles-tu ?

— Noëlle.

Bon, alors ça c'est un peu fort de café. Voilà qu'on s'embrouille dans les correspondants avec ce système. Je me suis trompé d'homonyme.

— Écoute, Nono. Si c'est toi, arrête de rigoler. C'est grave ce qui se passe !

— C'est bien toi, tu es le seul à m'avoir jamais appelé Nono.

Le doigt écrivain va son petit bonhomme de chemin, sans s'occuper de personne. Je le regarde, mi-étonné, mi-affolé par la liberté que manifeste cet appendice. Mohamat, dans son coin, m'observe sans rien dire.

— Je m'exerce à tracer des lettres anglaises, lui dis-je. Si ça continue comme ça, ici, je risque d'oublier l'écriture.

Il hoche la tête, compréhensif. N'empêche qu'il faut faire gaffe, ce n'est pas le moment d'attirer l'attention. Je décide d'interrompre la communication et de ne la reprendre que lorsque je ne serai plus observé.

— Je suis en prison à Kaboul, je reprendrai plus tard.

— OK.

Aussi simple que ça. Je trouve bien vite une façon discrète pour émettre : allongé, sur le lit, j'utilise le mur, ou un coin de la paillasse. Là, personne ne peut me voir. Avec l'habitude l'écriture prend de la vitesse. Je n'ai pas besoin de voir pour enregistrer ce que trace mon doigt ; il m'arrivait autrefois, pour jouer, de dessiner ou d'écrire les yeux bandés.

Au fil des jours, je développerai le réseau. En plus de Noëlle, je parviens à établir des contacts avec plusieurs copains, en prenant des précautions pour m'assurer de leur identité. C'est dérisoire de facilité. Je jubile, lorsque, confronté aux interrogateurs, je pense à ces communications. Je me risque même, à leur insu, à envoyer à mes « correspondants » des reportages en direct sur ce qui se passe dans cette pièce. Le top secret n'existe plus. Lorsque je reçois les réponses j'ai du mal à garder mon sérieux.

— Alain, sois chic, envoie-nous des images mentales, fais-nous voir la gueule des bourreaux du KHAD...

Eux, bien sûr, ne comprennent pas pourquoi je les fixe avec une telle intensité.

Tout cela serait très excitant si une petite note discordante ne venait me troubler l'euphorie : parfois, dans le fil des conversations une phrase se glisse, que je ne m'explique pas :

— Alain, tu ne peux pas communiquer ainsi avec des vivants.

7

Les habitants de Sadarat gardent une oreille attentive aux événements. Pour nous ça se traduit par un trafic aérien, faible le jour, intense la nuit. Nous apprenons très vite à identifier, au son, les vols réguliers d'Aeroflot, d'Indian Airlines ou de la Compagnie nationale afghane. Les Tupolev ou autres Boeing sont des oiseaux diurnes, les transports militaires, Stingers[1] obligent, vaquent plutôt de nuit. Nous suivons les crises à l'ouïe. Il nous arrive même de repérer le décollage de l'avion présidentiel lorsque, nuitamment et dans le plus grand secret, Najib va chercher l'inspiration à Moscou.

Le vacarme de ferraille des hélicoptères, en patrouille sur Kaboul endormi, fait aussi partie de notre univers nocturne, avec le cliquetis des chars qui s'installent en position dès la tombée du jour. De temps à autre, un ronronnement trahit un blindé tout proche, en train de recharger ses batteries. Nous nous sentons en sécurité, Sadarat est bien gardé.

Les moudjahidin balancent des roquettes sur la ville. Tirs sporadiques, mais bruyants. Les engins qu'ils utilisent sont les munitions d'un multitube chinois qu'ils appellent BM 12. Les tubes pèsent lourd, les véhicules sont rares et peu pratiques dans la montagne. Ils installent donc les roquettes à même le sol et les tirent une à une, en direction d'un objectif gouvernemental. Pour éviter d'être repérés par l'aviation, ils font ça de nuit. Les tirs manquent de précision et s'écrasent n'importe où.

Nous suivons ces séries d'explosions, trois, quatre, cinq, parfois

1. Missiles antiaériens d'origine américaine, livrés depuis peu à la résistance.

plus quand le cœur y est. Les multitubes et les canons soviétiques répondent, les avions d'observation décollent. Les prisonniers savent alors que des groupes de résistants opèrent à moins dix-huit kilomètres, portée maximale de ce type de missile. Certains jubilent. D'autres pensent aux pauvres bougres désintégrés par ces cochonneries et tremblent pour leurs proches.

Nous sommes réveillés quelquefois par des hurlements inhumains : un homme, pas très loin, que l'on torture. La vie poursuit son cours...

En analysant ces cris, j'en arrive à conclure que l'électricité est moins bruyante que le reste. En poussant le voltage, un bourreau adroit parvient à bloquer les cordes vocales en plein milieu du cri, ce qui donne des effets sonores intéressants, mais de courte durée.

Par intermittence une bombe explose en ville. C'est une détonation grasse que les collines répercutent en écho. Mon mentor en la matière est Mohamat.

— Les résistants font sauter des bombes en ville?

— Quelquefois. Ils en mettent dans les ministères, dans les bases militaires. Dernièrement ils ont fait sauter le plus gros dépôt de munitions de la ville. C'était joli, ça a duré toute la nuit et toute la journée.

— J'ai entendu parler de voitures piégées, ça explose dans la foule ces trucs-là.

— Tu sais, me dit-il, le KHAD est très fort pour la provocation. Je vais te parler du petit Indien...

Il faut savoir que Kaboul compte une forte communauté de commerçants indiens qui craignent l'installation en Afghanistan d'un régime musulman extrémiste. Le gouvernement fait beaucoup pour entretenir cette crainte, et compte sur cette minorité pour raffermir ses liens avec New Delhi.

Ce petit Indien avait été arrêté pour vol de sucette à l'étalage ou semblable monstruosité. Il avait douze ans. Le KHAD, des hommes semblables aux clowns que je vois tous les jours, lui ont mis le marché en main : tu es dans un sale pétrin, petit saloupiot, tu vas finir ta vie en prison. A moins que...

... A moins que tu n'acceptes de nous rendre un service. Si tu es gentil, on te relâche et on oublie tout. Voilà, on veut que tu déposes ce paquet dans ton temple, à l'heure du service.

Le petit Indien, arrivé près du temple, a eu peur. Il a glissé le paquet sous une voiture en stationnement. Juste après l'explosion, qui avait été chronométrée pour faire disparaître le coupable, les agents du KHAD lui sont tombés dessus et l'ont renvoyé à Sadarat. Le petit a disparu — disparu signifie ici exécuté — sans tambour ni trompette, et les journaux afghans ont mis l'attentat sur le dos des moudjahidin.

Les bombes des uns explosent, celles des autres aussi, la machine avale sa ration de viande hachée.

J'ai passé quinze jours à gratter du papier. J'ai tout dit, presque tout, sur mes ancêtres, moi, mes copains... J'ai « reconnu » neuf voyages sans l'aval de la République démocratique d'Afghanistan. J'ai dit qu'un journaliste avait le droit d'aller chercher l'information dans les zones de guérilla avec ou sans l'accord des groupes en présence. J'ai soutenu que le gouvernement de Kaboul ne contrôlait qu'une partie du pays, et que s'il n'en avait pas été ainsi, je n'aurais pas pu circuler aussi librement. J'ai expliqué que l'ambassade d'Afghanistan à Paris m'avait refusé le visa, et que de toute façon, en pénétrant dans le pays par l'aéroport de Kaboul, je n'aurais pas pu me faire une idée exacte de la situation.

Avec ces « aveux » en main, je pensais, gros naïf, qu'ils avaient de quoi me condamner à la pendouillerie électrique à perpétuité, et que ces fonctionnaires seraient heureux d'avoir aussi rapidement emballé un client.

Eh bien, pas du tout ! Monsieur Vince est jaune comme d'habitude, Monsieur Ali est brique de colère, Monsieur Ahmed, toujours noir, affûte mentalement sa tronçonneuse.

— Nous ne croyons pas un mot de ce que vous dites, dit Monsieur Ali comme un qui se retient la détonation. Nous avons des preuves, des indices, que vous êtes un espion. Alors arrêtez de « résister » et signez cet acte d'accusation !

— Vous voyez, monsieur Alain, il faut arrêter de « résister » et il faut signer, renchérit Monsieur Vince.

Sans un mot, glacial comme la justice, le sombre Ahmed me colle un bout de papier sur le bureau. L'absence d'Abdul le Frisé confirme que nous ne sommes pas là pour rigoler. Avec l'index, j'inscris discrètement sur ma cuisse « ils me font chier » à destination d'un correspondant que je crois réceptif. Ils sont légion à être branchés, mes « correspondants » : une agence photo qui maintient une permanence, des copains à Paris, Londres, Montréal, New York, Tokyo,

Manille... J'en ai même un au Viêt-nam, proche du Comité central.

Voyons ce papier. L'écriture indécise de Monsieur Vince explique qu'il s'agit d'un acte d'accusation et que le dénommé Alain Guillo est un espion, un terroriste, un trafiquant d'armes...

— Pourquoi pas un violeur de vieilles dames tant que vous y êtes ?

Monsieur Vince ne comprend pas le mot violeur. Monsieur Ahmed, le doigt impératif, m'enjoint de signer.

— Non.

Je tends la feuille à Ahmed, en essayant de prendre l'air de celui qui comprend la plaisanterie. Monsieur Ali, tout rouge, m'assène Sa vérité.

— Vous êtes un menteur, nous avons les preuves, les documents, les indices, vous êtes un espion, signez !

— C'est la vérité ce que vous dites là ?

J'essaie d'afficher un visage horrifié.

— Oui c'est la vérité, nous avons les preuves...

— La vraie vérité communiste ?

Ahmed le Noir s'insurge :

— Nous ne sommes pas communistes !

La propagande du régime trouve ce terme contre-productif auprès des populations. Elle lui substitue l'adjectif « populaire ».

— Alors, monsieur Alain, puisque vous résistez, l'interrogatoire va maintenant commencer — Monsieur Ali vire officiel. Et vous savez, nous avons tout notre temps.

— Eh bien, moi aussi, Monsieur Ali, j'ai tout mon temps !

Il y a en moi ce côté franchouillard qui ne sait pas fermer sa grande gueule.

En cherchant à convertir le calendrier afghan, Mohamat s'aperçoit que nous sommes le premier octobre. J'aurais pu le deviner en prenant la peine d'inscrire des dates sur le mur. Je me contente d'y graver des bâtons.

— Demain, c'est mon anniversaire, dis-je pour meubler le temps. Si nous étions libres, je t'aurais invité à la fête.

Les anniversaires n'ont jamais été le fort de ma famille. Dans mon enfance, ça tombait toujours en début de premier trimestre, et lorsqu'on est en pension, on a d'autres chats à fouetter. Pour compenser, et protester contre la disparition du sens de la fête, je ne rate plus une occasion pour la faire.

C'était dit sans intention de nuire, mais Mohamat prend l'affaire au sérieux. Il tambourine contre la porte. Au garde ouzbek venu aux nouvelles, il ordonne :

— Va chercher le commandant.

Nous avons plusieurs gardes ouzbeks. J'ai été capturé chez eux, dans le nord. Ils me manifestent tous de la sympathie. Le garde disparaît sans discuter, et dans les cinq minutes qui suivent, Selim, le lieutenant flottant, nous rend visite.

Chassez le naturel... Mohamat refait dans le guide pour touristes. Aussi souligne-t-il ma qualité d'hôte, d'honorable visiteur, dont la fête tombe précisément demain, voyez-vous.

Selim voit, car il hoche la tête et disparaît à petits pas, une grosse barre de soucis imprimée au-dessus des sourcils.

Dans la soirée Monsieur le Commandant nous fait l'honneur d'une visite officielle. Très propre sur lui avec plein d'insignes sur les épaules — c'est la première fois que je le vois dans cet état —, il m'annonce que la République démocratique d'Afghanistan est heureuse de me faire la fête. Diable diable. Est-ce le fait d'être accusé d'espionnage qui me vaut cet excès d'estime ?

Ces messieurs des Services secrets me prennent sans doute pour un collègue...

Le lendemain soir, après une longue journée d'interrogation — les trois A se sont montrés tout sucre et tout miel —, Selim la Douce préside en personne au service d'un gâteau rose tendre, et se retire discrètement pour nous laisser seuls avec un commandant plus étincelant que jamais.

C'est un gâteau pur sucre, écœurant, ce que Kaboul a de mieux à offrir. Ils y ont même planté une bougie. Je découpe cinq parts, Mohamat sert le grand chef et s'interroge devant les deux portions supplémentaires.

— J'ai un interprète et un assistant ici. Je serais reconnaissant au commandant de bien vouloir les leur faire parvenir.

L'étonnant, je l'apprendrai plus tard, est qu'Abdul Samat et Chopan en recevront chacun un petit bout.

Le commandant assiste aux festivités en silence. J'essaie de le brancher sur sa famille, sur la situation de son pays, sur l'environnement international... Le pauvre homme mastique son sucre comme si je lui faisais de la peine. Il n'a pas le droit de causer, chacune de mes avances le coince un peu davantage.

— Monsieur Alain, me dira-t-il quand même en partant, en France, ce n'est pas bien. Pourquoi mettez-vous les communistes en prison ?

8

Une série de rêves me tombe dessus. Je retiens rarement un rêve. Parmi ceux qui m'ont marqué, dans mon enfance comme dans ma vie d'adulte, un thème majeur se dégage : voler librement, sans artifices, aidé par ma seule volonté, posséder la capacité de me déplacer facilement par la voie des airs. Gosse, je ne craignais qu'une chose, les fils électriques. Plantés dans le paysage pour faire moche, ils exerçaient sur moi une terrible attraction. L'idée de m'entortiller dedans me terrorisait.

Une prison c'est un endroit où on a du temps libre, le moindre détail y prend une proportion démesurée, le petit fait fortuit devient un événement. Si le loisir est un luxe, les prisonniers devraient être tenus de se déclarer au fisc.

Dans cette cellule où nous sommes réticents à raconter notre vie, il arrive que la conversation s'étiole. Cette avalanche de rêves nous permet des analyses, des supputations, meuble nos temps morts. Les miens, vous le verrez, se terminent bien. Je m'y accrocherai pendant un certain temps, pour espérer.

Le premier rêve dont je me souvienne, à Sadarat, me met en cause. Des Soviétiques me poursuivent. L'ambiance est menaçante, mais j'ai de l'avance. Dans le paysage des colonnes se dressent autour de bassins pleins d'eau. Avec la soudaineté qui leur est propre, deux avions piquent dans un feulement infernal.

J'ai vu suffisamment de Mig bombarder des villages pour ne pas aimer l'allure de ces deux-là. Je me jette dans une piscine et m'abrite sous l'eau. Le milieu est tiède, confortable, on y respire sans problème. Au lieu des explosions que j'appréhende, deux petits bruits ridicules, comme des pets, parviennent jusqu'à moi. Méfiant, cependant, car je pense à des bombes à retardement, j'imagine les colonnes en train de s'effondrer dans la piscine. Rien. L'eau est calme, le monde extérieur semble paisible, je suis bien, si confortable que j'ai peine à émerger.

Je reprends la route. La menace des poursuivants demeure, mais je la vois lointaine. Aussi suis-je surpris lorsque soudain, sortie d'on ne sait où, une nuée de forbans en casquette et uniforme m'entoure, Kalachnikov au poing. Ils m'embarquent après m'avoir ligoté.

Je suis embêté, mais, touriste parmi des sauvages, la curiosité me pousse à leur emboîter le pas sans me débattre. Nous faisons un bout de route, lorsque crac, nouvelle embuscade.

Cette fois-ci, les hommes en uniforme sont encerclés par une nuée de civils, genre Afghans, équipés d'engins redoutables. Parmi eux je reconnais des copains qui rigolent comme s'ils trouvaient la farce drôle. En un tour de main, je suis extrait du groupe de méchants qu'on emballe en vrac, comme sous un filet. Des civils en armes le prennent en charge. Quelques amis se retrouvent ligotés parmi mes assaillants, mais ils manifestent une humeur joyeuse. Cela n'inquiète personne.

Ce rêve résume-t-il mon aventure ? S'il faut y porter foi, avec une libération à la clé et des méchants roulés dans la farine, je trouve l'ensemble de bon augure.

Un autre songe s'enchaîne. Des universitaires discutent de la situation en Asie centrale. Je suis avec quelques experts qu'il me faut quitter pour je ne sais quelle impérative raison.

Cahotés dans une carriole, voici mon père et Mohamat. Des silhouettes familières s'installent avec nous. Nous croisons un enterrement... sommes-nous en terre chrétienne ou d'islam ? Nous nous posons la question mais elle nous paraît futile.

Mon père au volant de sa vieille guimbarde nous conduit à Monaco. Nous nous installons dans un grand hôtel que je trouve sombre, humide, comme une prison. Il y a cinq lits, nous nous les partageons. Comme Mohamat est malade, je décide d'appeler un médecin.

Instantanément, on frappe à la porte. Un curé en soutane fait son apparition.

— Il y a un malade, ici, je dois m'en occuper.

Avant que quiconque ait le temps de répondre, le curé se dirige vers le lit de Mohamat. Le rêve s'interrompt.

En disséquant ce songe avec Mohamat, nous en déduisons que nous ne sommes pas seuls, que l'expérience que nous traversons peut être comparée à un voyage organisé, avec de gentils organisateurs, ici-bas et dans l'au-delà, qui s'occupent de tout. J'ai horreur des voyages organisés. Qu'un curé s'occupe de la maladie de Mohamat indiquerait qu'il est en proie à quelques difficultés d'ordre moral.

Un jour, j'ai dit à Monsieur Vince que, dans ma cellule, j'avais un compagnon qu'il devait vraisemblablement connaître :

— Vous avez le même âge, vous êtes tous deux des anciens d'Istiqlal.

Les anciens élèves du lycée français forment à Kaboul une aristocratie fermée, ils ne se perdent généralement pas de vue. Monsieur Vince avait roulé des yeux affolés, il ne se souvenait pas, il ne connaissait pas. C'est terrible les pertes de mémoire. Mohamat ? le trou, dans la tête à l'interprète.

Armé de ce précieux renseignement, j'ai enquêté auprès de Mohamat.

Ben chez lui, itou. Pas de souvenir de quelqu'un ressemblant à Vince. Tous deux m'ont parlé de leurs professeurs avec du sanglot dans la voix, tous deux bénéficient, comme beaucoup d'Afghans, d'une mémoire en béton. Tous deux doivent avoir de bonnes raisons pour ne pas se connaître.

J'ai passé quelque temps à les embêter avec leurs trous de mémoire. A chaque fois le même sentiment de malaise en retour, comme si on leur avait fait la leçon : pas causer !

Un autre rêve me fait chaud au cœur, car je suis avec Jeanne, ma compagne. Nous nous promenons au bord d'une route, non loin d'un village indéterminé. Des amis autour de nous marchent dans la même direction. Soudain des explosions éclatent, nous sommes en plein sous un tir de mortier. Tous les amis filent en direction d'un bois pour chercher du couvert, nous restons seuls, Jeanne et moi. Je la prends par la main, en l'assurant que courir ne nous servirait à rien, car nous ne savons pas ce qu'« ils » visent. Nous poursuivons notre route en observant des impacts dans le village. Une monstrueuse mécanique, grondante, grinçante, chuintante, jaillie des entrailles de l'agglomération, nous prend alors en chasse. Elle ressemble à une grosse araignée de métal et fait un boucan d'enfer. Nous sommes plus rapides que la sale bête, nous accélérons le pas.

Dans un dernier crachouillis, la machine s'arrête. Les pattes, une à une, s'effondrent sous elle. Un homme en béret en jaillit, accompagné d'un chien noir. L'homme nous intime l'ordre de nous arrêter en brandissant une arme. Le chien nous flaire, nous le caressons, l'homme disparaît dans une cabane sans doute pour téléphoner.

Nous n'attendons pas notre reste et prenons les jambes à notre cou, accompagnés par le chien qui nous a adoptés.

Comme l'écriture automatique marche très fort, j'en profite pour faire part à Jeanne des signes annonciateurs de lendemains fleuris. Suis-je niais.

Avec cet index animé d'une vie propre, je suis en train de virer maniaque. Tous les supports sont bons, le sol, les murs, la couverture, la cuisse... Je communique à tout va. Avec l'entraînement, la vitesse d'écriture augmente. Mes conversations écrites s'étendent maintenant sur l'ensemble de la planète. J'ai des correspondants à Paris, bien sûr, mais aussi en province, en Europe, au Canada, aux Philippines, en Afrique, partout où mes guêtres ont traîné. On me cause indifféremment français ou anglais. Je reçois même de l'arabe auquel je ne comprends rien, je ne sais pas qui est au bout du fil. Cet arabe m'oblige à renoncer à la prudence, et à mettre Mohamat dans le coup.

En suivant mon doigt, il arrive à déchiffrer quelques versets du Coran, ce qui le rend tout chose. Puisque désormais, je ne me cache plus, les gardiens de temps à autre viennent dans la cellule me regarder bouger l'index.

Mohamat leur explique qu'il s'agit de pratiques religieuses des chrétiens, un truc, comme ça, qu'il ne faut pas chercher à comprendre... Ils regardent ce doigt qui s'agite à toute vitesse et manifestent une surprise de bon aloi.

Je m'interroge sur la teneur des rapports qui parviennent au KGB. « Le Français de la cinq bouge le doigt sur le sol, comme s'il écrivait. Il paraît qu'il prie. »

C'est tellement simple c't'affaire, comme me dit un copain du Québec, que j'incite Mohamat à essayer. Il s'échauffe longuement le doigt pour s'éliminer l'hésitation — pour lui il ne fait aucun doute qu'il y a diablerie là-dessous — et le pose sur le sol. Je lui conseille de se concentrer sur quelqu'un de proche, et de l'appeler mentalement.

Il s'y applique un certain temps, sans résultat, puis le doigt s'anime. D'abord il trace des ronds et des figures indéchiffrables. Puis, à notre grande surprise, nous voyons se dessiner des silhouettes féminines. Ce con est en train de couvrir le plancher de femmes à poil.

Nous rigolons, fascinés par le côté artistique de ces conversations.

— Ce n'est pas moi qui dessine, tu sais. Mon doigt fait ça tout seul.

Soudain, il s'arrête. Les traditions islamiques ont détruit par ici l'instinct créatif, ces silhouettes dénudées sont sûrement condamnées quelque part dans le Coran.

— Je ne peux pas faire ça, ce n'est pas bien, l'islam me le défend !

Il a l'air sincèrement révulsé. Il secoue le doigt coupable, fonce vers le pot à eau et entame des ablutions d'urgence. Puis il s'installe en position de prière.

Je ne l'ai jamais vu prier avec autant de force.

— Crois-tu qu'Allah ne m'en tiendra pas rigueur ? C'est interdit tout ça, chez nous.

Quelque chose me pousse à lui répondre que Dieu est beaucoup plus proche de lui qu'il ne se l'imagine. Pour ma part, je continue sur ma lancée, et, petit à petit, une évolution apparaît.

Tout d'abord faiblement, puis de plus en plus nettement, j'entends les voix de mes « correspondants » une fraction de seconde avant que l'index ne se mette en mouvement. Le doigt obéit à ce qui lui est dicté. Je me sens pâle tout d'un coup.

Ces « voix » n'ont rien à voir avec mes pensées, je suis en présence d'un mécanisme différent. Serais-je capable, mentalement, de me créer des voix dans la tête ? Je m'applique alors à me jouer des répliques de théâtre — ce n'est pas la même chose. Ce que « j'entends » est trop clair, trop précis. Je n'ai pas besoin d'articuler dans le fond de ma gorge, ce que je me surprends à faire lorsque j'imagine des répliques. Ces « voix » s'imposent, comme s'impose la voix d'un interlocuteur, je n'ai aucune possibilité de contrôle sur elles.

Une petite voix très douce me susurre :

— *Alain, tu ne peux pas communiquer ainsi avec des vivants...*

— Qui es-tu ?

Aucune réponse. Bon sang, mais je sens bien que je suis en conversation avec des amis, bien en chair, on nc peut plus vivants, alors...

— Nono, tu m'entends ?

— Oui, Alain.

— Tu es vivante ?

— Drôle de question, qu'est-ce qui te prend ?

— Rien, rien, ne t'affole pas...

Vous voyez bien ! Qui donc cherche à me faire passer pour un clown ? J'attendrai un certain temps la réponse.

— Vous voyez, monsieur Alain, vous avez déclaré au moment de votre arrestation que votre gouvernement livrait des armes aux bandes-groupes contre-révolutionnaires... Il faut écrire ici tout ce que vous avez dit.

Monsieur Vince traduit avec peine une question qu'Ahmed le Sombre vient de rédiger en dari [1] sur la moitié droite d'une feuille de papier. L'autre moitié m'est réservée.

— Je ne comprends pas très bien la question, monsieur Vince. Qu'est-ce qu'une bande-groupe contre-révolutionnaire ? En plus, je n'ai jamais fait de déclaration de ce genre.

Bon, nous n'avons pas le même vocabulaire. Lorsque j'écrirai « résistants », la traduction se lira langue de bois. Ahmed me fait dire que ma déclaration est corroborée par des tas de témoins et que je n'ai qu'à écrire « ma » version des faits. Il n'en a rien à foutre, l'affaire est dans le sac.

— Abdul Samat, votre interprète, nous l'a certifié. Vous avez déclaré qu'il était honnête, il ne peut donc pas mentir.

Je replonge un peu en arrière dans cette tente militaire, heureux d'être en vie après un trajet en jeep éprouvant. Le pseudo-*malim* [2] se plaint de ne pas recevoir d'armes françaises, je lui parle d'aide humanitaire...

1. Langue d'origine persane utilisée en Afghanistan.
2. Instituteur.

— Eh bien ! Abdul Samat se trompe.

A mon avis, il n'a rien déclaré de semblable. Le jeu des interrogateurs est de nous monter l'un contre l'autre, de façon à nous extorquer mutuellement des accusations.

J'essaie de contacter Abdul Samat par télépathie. Miracle, j'entends sa « voix ». Un bref échange nous met parfaitement d'accord. A partir de maintenant c'est nous qui allons mener le jeu...

Sur l'étagère le soldat en mie de pain passe un sale quart d'heure. Une petite souris grise achève de lui bouffer l'arrière-train. Elle est calmement installée à son affaire. Nous échangeons un clin d'œil de connaisseurs.

9

La conscience du temps, lorsqu'on ne peut rien en faire, est une torture. Le calendrier que je grave au mur s'allonge, bâton après bâton. Jusqu'à quand, bon sang ? Combien de jours, combien de mois vont-ils me garder enfermé entre ces murs ? Chaque bâton représente un jour, c'est long un bâton, interminable une semaine. Envisager un mois, un mois complet, me donne le vertige.

Pour tenir, il n'y a qu'une chose à faire : fractionner. Un peu comme dans ces cols interminables que l'on gravit, pas après pas, en jurant et pestant contre ces putains de nom de Dieu de montagnes afghanes. Un pas, puis un autre, puis un autre encore, en essayant de ne pas penser au sommet, inaccessible. Les jambes souffrent, la fatigue pénètre dans la tête, le corps ne veut plus suivre...

D'une façon ou d'une autre, on les franchit toujours. De là-haut, on domine la vallée, des chaînes de montagnes se perdent à l'infini. On baigne dans la lumière, dans l'air vif. Pour un peu on serait presque content d'être là ! Mais nous sommes en Afghanistan : après une descente qui n'en finit pas, une autre chaîne barre la route, un autre col nous attend. *Ad libitum.*

La surprise, c'est d'arriver quelque part. Et on y arrive toujours, enfin presque.

C'est ce que j'ai l'impression de vivre. Une épreuve interminable... En attendant d'arriver, mieux vaut découper la journée en tranches naturelles : les repas, le cycle des interrogatoires, le jour, la nuit. Ne pas penser à demain.

Je suis en bonne santé. Mon père, dans son camp japonais, crevait à petit feu. Le sens de la dignité, les efforts quotidiens pour ne pas montrer de faiblesses face à l'ennemi l'ont soutenu, l'ont aidé à franchir la montagne. Je m'applique à faire la même chose.

En espérant que ceci tombera dans les oreilles que je vise, j'explique à Mohamat une petite théorie sur les comportements humains. Face à la mauvaise foi caractérisée, comme celle que pratiquent quotidiennement les interrogateurs, il y a trois solutions : prendre les jambes à son cou — j'aimerais —, répondre par le mépris — je fais parfois —, ou se mettre en colère. Mais comme je subodore que c'est un peu ce que ces messieurs cherchent, me mettre en colère, je vais m'acharner à cultiver une sérénité qui finira par les user.

Mohamat hoche la tête, gravement. Il est en train de mal tourner, celui-là. Il bosse dur l'ablution, et, aux toilettes, passe de longs moments à m'expliquer comment l'eau doit couler, par où commencer, bref les gestes nécessaires pour que le rituel soit valable. J'ignorais avoir près de moi une telle autorité en gymnastique islamique.

C'est important, le geste, en islam. Si on se gourre dans la position du pied, si l'eau ne coule pas de la main vers le coude, crac, ça ne compte pas. Toute la prière est foutue. Ça me ramène bien des années en arrière, où des détails comme ceux-là pouvaient quasiment vous envoyer en enfer pour la vie éternelle. Dans notre coin de Bretagne, les tantes ne badinaient pas avec l'eau bénite et les génuflexions. Moi, à chaque coup, je me faisais engueuler. J'ai toujours été nul en rituel.

Nous théosophons souvent. Cette histoire de Dieu qui est moins loin de lui qu'il ne croit, l'a travaillé. Il en a rêvé, un saint personnage de ses ancêtres le lui aurait confirmé. Alors il œuvre dur pour se faire bien voir d'Allah. Cinq prières par jour, tout bien dans les formes, des ablutions à n'en plus finir, il a aussi réussi à se faire livrer un petit Coran.

Il ne veut plus parler des touristes françaises et glisse de l'assise féminine à des fondements plus philosophiques. Nous tombons d'accord sur l'intérêt que représente, en matière religieuse, l'étude des doctrines de base. Nous nous méfions des exégèses. J'apprends que Marie, une entité que je révère, est connue en islam sous le nom de Maryam mais qu'elle n'y a pas grand succès.

De mon côté, tout va bien. J'entends des voix de jour comme de nuit. Je ne me suis pas encore coiffé avec le pot à eau. Comme je suis très long à comprendre, je reste persuadé qu'il s'agit de manifestations télépathiques, de conversations avec des êtres vivants. J'ai beaucoup élargi mon champ d'action. Je discute aussi bien avec l'empereur du Japon — il veut m'acheter des photos —, qu'avec la reine d'Angleterre, qui est beaucoup plus marrante qu'on le croit. Ça va très bien, lorsqu'on bénéficie de lignes directes, pourquoi mégoter sur le correspondant.

Mon principal souci est d'éviter qu'on se doute, autour de moi, de la gravité de mon état. Comme il s'agit de dialogues purement cérébraux, personne ne m'a surpris en train de parler tout seul.

Je parviens ainsi à exprimer mes quatre vérités à l'attention de messire Gorbatchev — tonton Gorba à l'époque —, et à piedauculter d'abondance l'ignoble Najib, à distance hélas !

Je suis *of course* en contact avec l'ensemble de la classe politique française, ce qui me garantit une prompte libération. J'organise des échanges télépathiques entre Le Pen et Marchais, ça marche du tonnerre de Dieu. Je me poile.

Il m'arrive aussi d'être plus sérieux, de méditer sur la notion d'« hommes de bonne volonté », et de prier pour qu'ils aient à disposition un moyen de communication tel que celui que j'expérimente. Je ne suis pas encore très sûr de la définition des « hommes de bonne volonté », et je suis trop marqué par Sartre pour ne pas me méfier de certaines formes de bonté.

Ça marche mon truc. Je réussis à attirer les conversations de tous les emmerdeurs de la planète, y compris ceux que je connais trop bien. Au secours !

Je n'arrive pas à endiguer le flot de paroles qui se déverse dans ma tête. Je dors de moins en moins, ce n'est pas si rigolo que ça après tout. Le matin, par contre, même après une nuit agitée, je me réveille en pleine forme, la poitrine prise par une énergie subtile qui me rend euphorique. Ce n'est pourtant pas le moment.

Au bout de quelque temps, je décide d'arrêter de boire le thé qu'on nous sert à volonté — je bénéficie d'un traitement spécial, car ce n'est évidemment pas la règle dans le reste de la prison. Je réclame de l'eau chaude, que je flaire longuement avant de consommer. Je ne voudrais pas qu'on me bourre de psychotropes. Des experts, depuis, m'ont affirmé que si drogue il y avait eu, j'aurais été incapable de la déceler, même dans l'eau pure. Comme l'eau chaude c'est dégueulasse, je demande du café en poudre, et j'en obtiens.

Pour remplacer mes lunettes, victimes des pillards de Rassoul, l'administration me fournit une paire de Christian Dior en plastique marron, imitée on ne sait trop où. Ça tombe pile, car j'ai droit à une séance photo dans mon beau costume rayé. Je n'ai pas encore pu voir le barbier. Sur un fond de couverture grise, l'artiste a su dégager le malfrat qui sommeille en moi. Lorsque Monsieur Ali me montre les clichés, il a l'air de me présenter des condoléances.

Puis il me glisse une autre planche en me demandant d'identifier. C'est Abdul Samat, mon interprète. Je demande de ses nouvelles. On m'affirme qu'il va bien. Comme un qui montre des photos pornos, il me passe Chopan. Merde ! Je pensais qu'il s'en était sorti, celui-là [1]. En jubilant ouvertement il me tend un portrait que j'ai du mal à identifier : c'est l'homme qui m'a présenté Rassoul, une grande figure religieuse du Nord. Dans sa veste de prisonnier, amaigri, j'ai peine à reconnaître le gaillard éclatant de santé qui faisait la course avec moi, à cheval. Rassoul leur a livré aussi son ancien professeur.

Attendant ma réaction, Monsieur Ali me dévisage, l'air bonasse.

— Alors vous arrêtez aussi les vieillards. Rassoul est un beau salaud !

Monsieur Ali opine, ravi. Je me demande si ce n'est pas lui qu'on bourre de barbituriques.

Depuis un certain temps, les bons moments alternent avec des phénomènes désagréables. Je n'ai plus de vie privée. Des yeux voient par mes yeux, et commentent. Drôle, ça peut l'être, mais que j'aille aux chiottes, ou que je prenne une douche [2], certaines réflexions finissent par m'agacer. D'autant que ce sont des voix féminines qui s'expriment. Elles veulent voir mon zizi, et trouvent que je ne me suis pas bien torché. Les salopes se réfugient dans l'anonymat, je ne comprends rien à ce qui m'arrive.

Lorsque reprend la sensation d'euphorie, je me retiens presque

1. En relisant ce texte, je m'aperçois que j'emmêle la chronologie. Cette scène se joue avant mon anniversaire.

2. Autre traitement de faveur. Il y a un chauffe-eau, dans les chiottes, toujours en panne, sauf pour quelques privilégiés.

de faire des bises à tout le monde. On continue à me poser dix fois les mêmes questions, sous des formes différentes. Nous tournons en rond. On veut faire de moi un fonctionnaire de l'État français, un agent de la DGSE dans la mesure du possible. Je reste d'humeur égale.

Un jour, en désespoir de cause, le Tueur Tamoul me lancera :

— Vous avez dit que vous étiez journaliste, alors signez ici que vous êtes fonctionnaire !

Un collègue d'Antenne 2 qui m'a précédé en ces lieux a dû faire forte impression. Je prends un temps fou pour leur expliquer que nos médias ne sont pas comme les leurs, que les journalistes ne sont pas tous fonctionnaires, qu'il y en a même des indépendants... Allez-vous faire voir, ils ne croient pas un mot de ce que je leur raconte, et ne sont pas loin de prétendre que je maintiens ces positions rien que pour leur faire de la peine. Monsieur Vince, l'interprète, se débat avec des notions qui le dépassent. Depuis quelques jours il a viré du jaune au gris.

Monsieur Ali prend la mouche lorsque je lui demande d'arrêter de me poser des questions idiotes :

— *Don't idiot me !*

Ça l'a vexé, car il élève la voix en donnant du poing sur la table.

— Je vous idioterai à chaque fois que vous me poserez une question stupide !

Je ne me souviens plus du ton employé, mais il devait être de circonstance. Ma réponse cause comme un choc électrique. Monsieur Vince devient blanc en traduisant, Monsieur Ali reste sans voix, et le nez d'Ahmed le Noir pointe alternativement vers son chef et moi. Il attend une explosion, va-t-il enfin pouvoir œuvrer sérieusement ? Rien ne vient. Monsieur Ali a reçu des consignes, il faut rester poli avec l'espion impérialo-capitaliste. Le Frisé est absent, dommage, la déception d'Ahmed l'aurait fait rigoler.

La méconnaissance que ces gens affichent de notre société m'afflige. Tenez, il m'est arrivé de collaborer avec une agence de publicité :

— Qu'est-ce que c'est, une agence de publicité, c'est un « organe » ?

Deux heures d'explication, qui de toute façon n'aboutiront à rien. Leur idée est faite. L'agence de publicité est un organe de propagande à la solde de l'impérialisme.

— Qu'est-ce qu'il y a dans les journaux où vos photos paraissent ?

— Bof, des tas de choses.

— Il y a de la politique.

— Oui, ça peut arriver.

Alors on écrit organe de propagande à la solde d'un État ennemi du socialisme...

— Vous savez, même *Pravda* peut acheter mes photos.

Là, on n'écrit rien du tout parce que ça ne les regarde pas.

Lorsqu'on vous a posé vingt fois la même question pendant la semaine, vous avez envie de changer d'air. Ils veulent ma signature sur un bout de papier. C'est sans conséquence, me dit Monsieur Vince. Vous savez, monsieur Alain, il ne faut pas résister comme ça...

Ça vaut au mieux vingt ans de prison, un « aveu ». Parfois pire.

Alors, en regardant Monsieur Ali droit dans les yeux, je me fous en boule, posément, en insinuant le plus de glace qu'il m'est possible.

— Bon, vous avez un problème. De deux choses l'une, vous me faites exécuter, je vous le dis franchement, ça m'est égal. Et voilà pourquoi ça m'est égal : mort, je vais vous attirer des emmerdes. La mort, je l'ai côtoyée, suffisamment longtemps, je l'ai apprivoisée, je ne la redoute pas. Mais vous, avec votre petite cravate de fonctionnaire, dévoué à la mode du moment, vous en avez la trouille. Ici, vous la dispensez avec générosité, mais en ce qui vous concerne, c'est pas bon, c'est malsain, une mort de fonctionnaire. Et une vie gâchée, hein, une vie gâchée comme celle que je m'acharnerai à vous tricoter après ma mort, c'est pas drôle quand on a la puissance, quand on est du bord qui vous rend invulnérable. Alors, croyez-en ma parole. Si je meurs, ici, vous vivrez, et je vous y aiderai. Puis vous mourrez, je vous y aiderai également. Et puis vous pouvez me garder prisonnier, me faire « condamner », un peu comme ce médecin venu soigner les malheureux ici, ce docteur Augoyard, vous vous souvenez, huit ans de prison. Bon, ça a fait rigoler tout le monde, cette condamnation, ça prouve qui vous êtes. Comme ce collègue journaliste, Missen, vingt ans, vingt ans de réclusion pour avoir fait son métier, hein, vous comprenez comment vous êtes perçus, à l'extérieur. Alors je vis, vous me condamnez, vous me libérerez comme vous avez été obligés de libérer les autres, et je m'occuperai de vous. Je n'oublierai pas les secondes, les minutes, les heures, les jours que vous m'avez fait perdre. Je vous attirerai des emmerdes. Croyez-moi, Messieurs les fonctionnaires, vous avez un problème.

Personne ne rigole. Surtout pas Monsieur Vince, qui, de toute façon, a perdu le fil, et qui élague.

Je suis trop en forme, pendant ces longues séances, l'idée qu'on me bourre de drogues me tracasse. Il n'y a qu'un moyen d'en avoir le cœur net, un peu extrême, mais que faire d'autre ?

Ma décision est prise, je vais arrêter de manger et de boire aussi longtemps que je pourrai tenir.

10

Une grève de la faim constitue une arme efficace contre un pouvoir civilisé, lorsqu'on bénéficie de médias libres et d'une opinion publique. Dans une prison de Kaboul, vous n'avez rien de tout ça. Si Gandhi a utilisé le jeûne comme une arme, c'est qu'il affrontait la Grande-Bretagne. Le parti du Congrès servait de caisse de résonance, la presse indienne et britannique relayait.

Ici, vous êtes au secret. Au mieux, ils vous mettent sous perfusion, au pire, ils vous laissent crever. Comme personne n'en saura rien, vous aurez tout perdu. Si vous craquez en cours de route, que vous abandonniez, un point pour eux, vous avez baissé votre froc et c'est pas bon pour le moral. Si on se bat, c'est pour gagner.

J'avertis donc Mohamat que j'entame un jeûne pour raison religieuse, une sorte de ramadan, et qu'il vaut mieux éviter de me casser les pieds. Je cesse de manger et de boire, mais ne pose aucune condition. Ça va durer dix jours.

Du coup le KHAD est pris au dépourvu. On est gentil avec moi, on nous apporte des plats pantagruéliques, de la viande, des fruits, des yaourts... Mohamat s'arrondit d'une dizaine de kilos. Le commandant général essaie de m'impressionner. Il pénètre, un jour, dans la cellule avec un état-major à ses basques pour m'intimer l'ordre de manger.

Lorsque j'explique que je suis en plein ramadan, il se fâche. En souriant, je souligne que c'est une maladresse que de donner un ordre qui ne sera pas obéi, car j'ai pris la décision de jeûner aussi longtemps que ça me conviendra. En matière religieuse je ne reconnais à personne le droit de me dicter ma conduite... Il devient tout rouge, hurle en prenant l'air féroce. La gueule des gardiens, derrière, me fait éclater de rire.

Le commandant général bat en retraite, suivi de sa troupe. Désormais, il m'évitera. Par contre, dans les couloirs, de simples gardiens me feront le salut militaire. Mohamat me fout une paix royale. Il a mis la main sur un jeu de cartes et passe son temps à louper des réussites.

Lorsque je ne suis pas interrogé, je m'allonge, visage contre le mur. Pendant ces dix jours — j'aurais pu tenir plus longtemps —, je n'ai souffert ni de faim, ni de soif. Mon premier repas sera léger, un bout de pain, du yaourt, un verre de thé. J'ai peu maigri. Cette expérience élimine, à mon avis, les psychotropes comme explication à ce que je ressens.

Deux jours plus tard je serai pesé. Cinquante-huit kilos, pour moi un poids normal en Afghanistan. L'infirmier — ici on dit le docteur — me prend la tension. Il hoche la tête en connaisseur lorsque l'aiguille du tensiomètre dégringole sans le moindre temps d'arrêt. Son bidule ne marche pas.

— Tout va bien, affirme-t-il au gardien, il est en parfaite santé.

Critiquer un équipement soviétique serait afficher une position contre-révolutionnaire. Le docteur est un honnête homme.

Pendant ce jeûne les interrogatoires continuent. Je ne ressens aucune gêne. S'il m'arrive de flotter un peu en marchant, mes facultés intellectuelles s'affinent. Je déborde d'énergie, les questions, loin de me fatiguer, m'amusent. Pour un peu, c'est moi qui mènerais les débats.

Je constate que, le matin, l'interrogatoire tourne autour de mes précédentes déclarations. On cherche des précisions, on veut des confirmations. Mes pieds nickelés sont la partie visible de l'iceberg. Derrière, toute une équipe planche sur leur récolte, oriente la stratégie, prépare les tactiques. La façon dont ces questions sont cadrées, les buts qu'elles poursuivent, me font subodorer du Soviétique là-dessous.

Que cherchent-ils ? En premier lieu à alimenter un fichier : les questions saugrenues sur mes contacts officiels pleuvent. Ma mauvaise volonté ne les décourage pas. Monsieur Ali et Ahmed le Tamoul se relayent pour me les poser. Ils semblent se foutre de ce que je réponds. Le Frisé Abdul doit assurer un rôle de liaison, car je le vois de moins en moins.

Mais on s'excite sur certaines fréquentations, celles que j'entretiens avec l'ambassade de France à Islamabad, par exemple. Qui rencontrez-vous, pourquoi ? On cherche à étayer l'aspect fonctionnaire dans « Portrait d'espion ». Je suis bien placé pour admirer l'évolution de l'œuvre, car nous entamons un second dossier. Le premier, à vue de nez, dépasse le millier de feuillets. Cette volonté de m'accuser d'espionnage répond à un double objectif : justifier mon incarcération et produire une nouvelle « preuve » d'ingérence étrangère. C'est en se basant sur ce postulat, en effet, que les diplomaties soviétiques et afghanes légitiment l'intervention de l'Armée rouge et l'occupation du pays.

Alors ils s'acharnent. Mes cartes vont les occuper un long moment. J'en emporte toujours, et à tant faire, les meilleures.

— Pourquoi avez-vous des cartes ?

— Pour ne pas me perdre.

— Qui vous les fournit ?

— Je les achète, comme tout le monde.

— Vous mentez, ici, il n'y a pas de cartes comme celles-là.

En Union soviétique, les cartes sont fausses. L'orientation des routes, des chemins, la position des agglomérations, le cours des rivières et les élévations de terrain sont considérés comme des informations stratégiques. Mes cartes montrent aussi la position et l'altitude des aéroports : ce sont des secrets militaires.

— Dites-nous quelles indications vous avez portées sur vos cartes.

— Je trace mes itinéraires. Je griffonne lorsque je discute, je délimite les zones contrôlées par les moudjahidin, par les gouvernementaux, je porte les zones dangereuses, les postes qu'il faut éviter...

— Ce sont des renseignements militaires, ça, voyez-vous, monsieur Alain, vous venez en Afghanistan chercher des renseignements militaires !

— Je suis journaliste, je viens en Afghanistan pour suivre l'évolution de la situation. Pour être sûr de n'être pas influencé par la propagande, je ne me fie qu'aux renseignements récoltés sur le terrain...

— C'est de l'espionnage, monsieur Alain. Avouez que vous êtes un espion !

— C'est du journalisme, monsieur Ali, pourquoi mettez-vous des journalistes en prison, pourquoi nous interdisez-vous de travailler ?

Les jours s'écoulent, nous tournons en rond, les dossiers s'alourdissent.

— Je veux rencontrer un représentant de l'ambassade de France.

— Votre demande a été transmise, ce n'est pas notre responsabilité si l'ambassade de France ne veut pas vous voir.

— Il s'agit de demandes écrites, alors montrez-moi les réponses.

— Nous n'avons pas à vous les montrer.

— Alors, ne comptez pas trop sur ma coopération.

L'ambiance est à la guéguerre. Tout le monde suit le déroulement de mon ramadan avec curiosité. Monsieur Vince insiste pour que je prenne soin de ma santé.

C'est une énergie bienfaisante qui m'envahit, par flots, qui se déverse dans ma cage thoracique. Je baigne dans un environnement de lumière dorée. La cellule semble littéralement illuminée. Je suis comme un adolescent accroché par les tétons de sa première toupie [1], avec des trucs qui se passent au nord du plexus et incitent à la renverser dans l'herbe pour lui faire des horreurs. La sensation est intense et légère à la fois, durable aussi, elle frise l'euphorie. Malheureusement il n'y a pas de toupie.

Mohamat a également trouvé un monde à part. Il fait des réussites, ou s'enferme dans de longues méditations. Nous ne parlons pas. Je ne vois les gardes que lorsqu'ils m'emmènent aux interrogatoires. Je n'ai plus besoin d'aller aux toilettes, je refuse de sortir au « soleil ».

Coup sur coup, des choses bizarres vont m'arriver. En écriture automatique, j'avais constaté un décalage entre la perception des « voix », et le mouvement de la main. S'agissait-il d'une inertie du système moteur par rapport au système récepteur — le conducteur d'un véhicule freine une fraction de seconde après avoir enregistré un danger. Ou avions-nous affaire à deux modes de transmission, chacun affecté d'une vitesse propre ?

Puis tout va changer. Ce ne sont plus des voix que je reçois, plus de mots, plus de phrases. Quelque chose se débloque en moi et je suis soudain submergé par des « images-pensées ». Je ne trouve pas de meilleur terme pour décrire la réception d'une pensée non formulée, d'une pensée globale. On pourra aussi parler d'« inspiration ».

---

1. Petite nana, en bas breton.

La réception se situe, j'en ai la sensation physique, au sommet du crâne, à peu près au niveau de la fontanelle. Ces images-pensées exigent un certain temps de décryptage.

Ce phénomène se rapproche du « ne dis plus rien, j'ai tout pigé », avec cette sensation d'avoir compris sans pour autant être capable de clairement l'exprimer.

Les progrès de la communication nous ont aidés à évoluer. Si les totalitarismes les combattent, c'est qu'ils sont des facteurs de libération. Mais communiquer ainsi sous forme globale, en une fraction de seconde exprimer des concepts, alors là, il y a révolution. Car la maîtrise de cette forme de communication, outre le gain de temps, permettrait de franchir le barrage des langues.

Il existe en radio des compressions de messages. Un opérateur prépare le texte qu'une machine compresse, réduisant ainsi le temps de transmission. A l'autre bout une machine remet les choses en l'état. Mais ici, rien de semblable. Vous recevez de la pensée pure, à vous de la décoder en fonction de votre vocabulaire et de votre outillage conceptuel. Les prophètes traduisent leur inspiration sous forme de visions ou de paraboles. Des scientifiques aboutissent parfois simultanément à des résultats identiques en utilisant des démarches différentes.

Moi, je suis plongé dans la merde, l'Afghanistan est dans la merde, tous les modèles de merde s'y côtoient et s'y juxtaposent. Ce n'est pas par hasard si des femmes et des hommes de « bonne volonté », — des fouille-merde diront les détracteurs — s'acharnent depuis quelques années à comprendre. Ils viennent ici, bravant tous les dangers, tous les inconforts, ils reviennent et reviennent encore. Ce n'est pourtant pas, et vous pouvez m'en croire, un pays très marrant.

Nous vivons à l'échelle planétaire pendant que d'autres n'ont pas dépassé les limites du village. Nous tenons l'espace pour acquis, certains hommes en sont toujours à l'âge de pierre. Les pays riches évoluent et s'enrichissent, les pays pauvres s'enfoncent tous les jours un peu plus. Les femmes occidentales, si nous nous basons sur ce qui a, jusqu'ici, régi l'espèce, sont des mutantes. Les pays surpeuplés croulent sous la natalité. D'un côté la pauvreté, l'ignorance, le fanatisme, de l'autre les sciences de pointe et leurs apprentis sorciers, la fabuleuse capacité de destruction accumulée par nos industries, avec au bout du compte un autre type d'ignorance, d'autres modèles de fanatisme, voilà ce qui me dégueule dessus dans une succession de flashes.

Je prie. Le thème de mes prières tourne toujours autour de la notion d'hommes de bonne volonté. Qu'ils trouvent le moyen de se reconnaître, de communiquer, que leur soit donnée la compréhension des systèmes qui nous régissent, et qu'ils trouvent la force de résoudre ces problèmes.

— Et les âmes, Alain, et les âmes...

Je sens plus que j'entends, comme un bruit de fond, un leitmotiv.

Je reformule ma prière.

— Que les âmes et les hommes — et ça comprend les femmes ! — de bonne volonté se retrouvent, communiquent, comprennent, et les résolvent ces bon sang de problèmes.

Ce qu'il faut être formaliste, parfois !

— Qui est ton Dieu ?

— Bon, voilà une question judicieuse. C'est que je suis un mécréant, moi, alors Dieu, je me le suis un peu taillé sur mesure...

Comme on insiste, il faut approfondir.

— C'est une énergie. A l'intérieur de la notion divine, j'ai besoin de justice, d'intelligence, de bonté, de mansuétude. Rajoutez-y une grosse pincée de générosité... Voilà, en gros, à quoi j'aspire : rencontrer un Dieu comme ça.

— Et le côté terrible, le côté terrible de Dieu !

Les voix m'ont l'air branchées sur le tonnant et le tonitruant. Des séquences bibliques défilent, où l'infiniment Bon encourage son équipe à pulvériser les voisins, façon western-spaghetti à la napolitaine, sans tomate, au pur jus de viande. C'est absolument contraire à l'idéal bon-pépé-qui-a-beaucoup-vécu.

D'autre part, si justice il y a, évidemment un bon coup de gueule...

Je mettrai un bout de temps avant de concéder le côté terrible. Tempéré par le sens de la justice et le reste, mouais, ça peut servir. Si on n'a pas ce petit aspect très mauvais coucheur, on finit par se faire marcher sur les pieds, alors évidemment pour Dieu, serait-ce utile ?

— Nécessaire, Alain, nécessaire !

— D'accord, nécessaire.

Il y a en moi un bout d'anarchiste qui se méfie de la rétribution. Cependant, renvoyer Najib en Union soviétique à coup de pied au cul, l'idée est intéressante, presque belle. Là-dessus se superpose une image signée, une énorme paluche s'écrasant sur le groin du gros tas, avec des gouttes rouges qui giclent partout. Une signature grasse, comme une qui voudrait se faire remarquer : Reiser.

— OK, Reiser, mais avant d'en arriver là, il faut à Dieu une sacrée dose de sérénité, puissance oblige...

Reiser grommelle, on le sent intellectuellement porté vers l'expéditisme, côté judéo[1] sans doute, mais il concède. Va pour la sérénité.

Sont-ce ces anars rôdeurs qui m'interdisent de coller des majuscules aux qualificatifs dont j'habille ma divinité ? L'idée de Dieu est à ce point naturelle que je rue devant la sacralisation. De toute façon, je ne pense pas en majuscules.

Beaucoup de monde s'agite autour de moi. Je ressens comme un tourbillon invisible qui cherche à me faire comprendre quelque chose. Voilà que j'obtiens une image-pensée qui reste gravée dans mes neurones :

— *Dieu est une entité à tiroirs. Tu y mets ce que tu veux. Les esprits se groupent par affinité. Si ce qu'ils trouvent dans tes tiroirs leur convient, ils peuvent faire un bout de chemin avec toi...*

Cette histoire de tiroirs me ramène bien longtemps en arrière. Un prof de philo, le plus glandeur des profs de philo — c'est en soi une référence —, nous disait : « L'homme est un animal à tiroirs, on y trouve n'importe quoi. »

A force de les ouvrir et de les fermer, je plonge en plein délire mathématique. Voici le monde, de grands ensembles dans lesquels s'emboîtent, à la façon des poupées russes, des tas de sous-ensembles. Chaque sous-ensemble représente en soi un système, avec ses règles, ses modes opératoires. Tendez vers la limite du système, crac, vous êtes dans une autre poupée qui englobe la précédente. Là, le drôle, c'est que les règles ont changé. Les opérations ne marchant plus comme avant, vous avez changé de système. Et ainsi de suite.

Prenez le nombre de changements de systèmes que subit le petit bébé pour devenir un Mitterrand, par exemple, ou un tonton Gorba. Calculez les poupées qu'il a fallu à la Gaule pour devenir française.

1. Si je m'en réfère aux grands courants d'inspiration qui traversent la BD, force m'est de constater que l'un d'eux entretient des rapports bibliques avec la baffe et le coup de latte dans le groin. C'est fou ce que ça gicle, dans la Bible.

Voyez les transformations nécessaires au sein des deux systèmes pour que chrétiens et musulmans parviennent à se considérer comme des êtres humains, en toute simplicité.

Lorsqu'un garde vient me chercher pour l'interrogatoire, j'ai franchement envie de lui dire :

— Fous-moi la paix, je suis occupé.

11

L'évolution est brutale. Je passe huit heures par jour à répondre avec une raisonnable lucidité aux âneries des A associés. Pour le reste, je m'isole dans un univers intérieur, entre la veille et le sommeil. Pendant trois mois, je vais perdre la notion du temps, et je n'arriverai pas à vraiment fermer l'œil. Toutes les nuits, j'aurai conscience des événements extérieurs, des explosions, des hélicos, des hurlements. Mais je ne serai pas tout à fait là. Pendant la journée, soutenu par allez savoir quelle énergie, je jouerai mon rôle de journaliste. J'enquête, en effet, sur les mœurs et les problèmes de zombis-fonctionnaires qui me désolent par leur nullité. Ces hommes ont le pouvoir de vie et de mort sur leurs contemporains !

— Vous avez voyagé avec Olivier Roy ?

— Oui, un bout de chemin. Avec son épouse aussi...

— Où allaient-ils ?

— Vers le Panshir, je pense qu'ils allaient interviewer Ahmad Shah Massoud.

— Pourquoi allait-il interviewer Massoud ?

— Ça les regarde. Notez bien, c'est un personnage remarquable, le commandant Massoud. Il en faudrait plusieurs comme ça en Afghanistan, hein !, qu'en pensez-vous ?

— Par où sont-il passés ?

— Qui ?

— Vos amis, par où sont-ils passés ?

— Par la route, comme tout le monde. Au fait vous avez des

nouvelles d'Ahmad Shah Massoud ? Je l'ai rencontré autrefois, il m'a fait forte impression...

— Nous le tenons, c'est comme s'il était mort. Ça fait combien de temps que vous avez quitté Olivier Roy ?

— Pourquoi vous acharner à tuer ceux qui peuvent réellement contribuer au futur de ce pays ? On m'a dit que vous aviez exécuté pratiquement tous ceux qui avaient des diplômes. C'est intelligent, ça, pour un pays pauvre d'éliminer son élite intellectuelle ?

— C'était des contre-révolutionnaires. Ça fait combien de temps que vous avez quitté Olivier Roy ?

— Les massacres de nos élites ont été perpétrés par Amin et ses complices. C'était des agents de la CIA.

Monsieur Ali rectifie son subordonné. Ahmed le Charognard est à ce point absorbé par la piste d'Olivier qu'il en oublie la Ligne. Voyons ce qu'ils pensent d'Amin :

— C'est vrai ça, Amin, le président, membre fondateur du Parti, un agent de la CIA, vous vous rendez compte, on ne sait plus à qui se fier !

— Il avait une carte verte, vous comprenez, monsieur Alain, alors...

Je comprends.

— C'est quoi une carte verte ?

— Amin a étudié aux États-Unis. Il était président des étudiants à l'université, et il portait la carte des comités d'étudiants. Ce sont tous des membres de la CIA, vous comprenez.

Le secrétaire général d'un parti communiste qui s'empare du pouvoir avec une carte verte en poche, gonflé le mec. Et au temps pour moi. J'ai adhéré autrefois à l'AGEM, l'Association des étudiants de Marseille. Déjà à l'époque, c'était un carton jaune. Ne pas l'avouer, même sous la torture, les conséquences en seraient fatales.

Quant à Olivier, nous nous sommes quittés il y a trois mois. Il doit être en France, confortable dans ses pantoufles. Pour me venger je lui balance les sbires du Tueur Tamoul au cul, à travers l'Hindu-kush.

Une pression intérieure monte progressivement. Elle démarre dans le plexus, agréable, et m'envahit le cerveau. Côté pensée, je passe en surmultipliée.

Dans le cours de mes prières, j'interpelle quelqu'un pour qui j'éprouve beaucoup de respect, pour ne pas dire d'affection. Une vieille fibre iconoclaste me gêne, lorsqu'il s'agit d'affubler des célébrités de titres qui dénaturent l'être humain. Lui, je l'appelle Jésus, le contestataire, le premier révolutionnaire. La sympathie, l'admiration, va vers l'homme, pas vers le symbole. Trop de sang, trop de fanatisme, trop de connerie crasse, trop d'ignominies, trop de politique dans ce symbole. Il a pas arrêté de dire des trucs très bien ce type, que les intellos, par la suite, ont fait rien qu'à dénaturer. Trop simple, peut-être, ce qu'il enseignait.

On prend un cheveu, on le coupe en deux, puis en quatre. Quelqu'un trouvera le moyen de le partager en seize. Lorsqu'on en sera au cent-vingt-huitième, chaque portion n'aura plus rien à voir avec le cheveu initial, mais vous trouverez du monde pour s'entre-massacrer pour un cent-vingt-huitième. On est tellement content d'avoir trouvé son bon bout, qu'on est prêt à éliminer les autres, les tenants des faux bouts. Dans la mêlée, tout le monde a oublié le cheveu.

Alors il est là, Jésus, à côté de moi, surexcité. Je ne sais trop à quoi il veut en venir, mais je mets l'index contre le mur. Ce doigt s'anime avec une vitesse fantastique. Je reçois et j'écris. Est-ce de la pensée immédiatement traduite, ou des phrases transmises en accéléré, je ne peux le dire, mais nom de nom, elle est rapide, cette entité. J'accumule de l'énergie et je parviens, moi aussi, à émettre de l'image-pensée.

— *Je suis pressé, me dit-il, nous n'avons pas de temps à perdre...*

Je sens chez lui une énorme tension, et une volonté : me graver quelque part au burin URGENCE, URGENCE, URGENCE. Oui, la notion « d'hommes — ça comprend les femmes — de bonne volonté » est de lui. Oui, âmes et hommes (voir plus haut) de bonne volonté ont du pain sur la planche. Oui des moyens seront donnés pour qu'ils puissent bosser ensemble.

Puisque je tiens un Maître, je me permets d'abuser :

— Tu n'as jamais vraiment défini les « bonnes volontés ».

— *Regarde ta définition de Dieu, imbécile.*

Alors je reprends Dieu. On peaufine. On rajoute un zeste d'humour ici, il n'y a pas de raison qu'il soit chiant ; un chouia de rigueur dans la démarche intellectuelle, si on veut éviter le bordel ; beaucoup de simplicité ; et puis alors une dose, mais une dose maffflue de tolérance.

— *Banco*, qu'il dit. *Voilà comment se forment les entités de puissance, la première étape avant Dieu.*

Je reviens sur l'humour. Nom de nom ce que ça manque dans notre culture religieuse ! L'humour est noble, c'est une grâce, une arme et un bouclier. C'est en nous, pourquoi en priver Dieu ?

Si nous sommes tenants d'un Dieu unique, alors il y a dans cette notion tout ce que les hommes — et les autres ? — y ont mis. Rien ne se perd, tout évolue, se transforme. Le Dieu à tiroirs, façon meuble évolutif. Avec le meilleur, le pire, et derrière, une fabuleuse énergie.

Et d'un seul coup je comprends les philosophies polythéistes, affrontements incessants d'entités, alliées aux hommes d'ici-bas, qui règlent leurs différends par chair interposée. Je vois les grandes religions et leur dérive, les oppositions entre systèmes, les théoriciens de l'au-delà confrontant leurs hypothèses sur le champ de bataille de la terre...

Mohamat, cartes en main, s'acharne sur une réussite. Au bout du compte, le jeu consiste à assembler dans chaque couleur une suite complète, selon une distribution aléatoire. Les probabilités sont faibles, il se plante avec constance. J'ai essayé, je case ce type d'occupation dans les conquêtes de l'impossible. Absolument frustrant.

Cerveau alimenté au méthanol, corps oublié sur une quelconque paillasse, le pauvre mec que je suis se trouve embarqué dans un bien étrange voyage.

Vous êtes au cœur d'une masse plaintive, que vous distinguez sous forme d'ombres et de couleurs :

— *Aide-nous, aide-nous, gémissent les voix.*

Vous vous débattez. Vous ne comprenez rien à tout ça, pourtant vous sentez qu'on cherche à vous coller sur le dos des responsabilités auxquelles vous n'êtes pas préparé.

— Allez vous faire voir, je ne peux rien pour vous, je ne suis pas compétent.

Tenaces, les entités. Vous vous retrouvez ficelé dans une logique onirique contre laquelle vous êtes sans défense. Vous disposez d'une telle énergie qu'il faut la libérer, d'une façon ou d'une autre. Appelez au secours des conseillers spirituels, Jésus, Mahomet,

Confucius, Moïse si vous voulez. Il n'y a personne, les grandes âmes sont retenues par on ne sait quel conseil d'administration.

Pour vous rassurer, pour vous appâter, on démarre dans quelque chose de facile. Vous baignez dans une lumière d'or, le globe terrestre défile devant vous. Puis une ligne — est-ce vous qui la tracez ? — joint la Chine à l'ouest de l'Europe. Un temps d'arrêt. La ligne repart, sa ramifie, le mouvement s'accélère, des traits, des flèches zèbrent le globe, les ramifications se font plus fines, filent dans toutes les directions, la vitesse est ahurissante... Même l'Australie n'est pas oubliée.

Est-ce la mémoire des temps, les lignes de forces qui sous-tendent les rapports entre communautés, ou quelque chose de plus personnel, vos racines, par exemple, et votre devenir ?

Qu'importe somme toute. Dans ce survol vous prenez connaissance des sacs d'embrouilles qui nous étouffent. Vous savez que tout est lié, ici-bas et ailleurs, que tout se répercute au travers de ce réseau qui maille la planète comme un filet. Nous sommes pris dans ce filet.

Vous avez, durant ce processus, l'impression d'être un ordinateur libéré du binaire, qui traiterait du concept à l'état pur, de l'image-pensée. Vous avez la sensation de travailler en batterie, chaîné à d'autres cerveaux qui rajoutent leur puissance à la vôtre. Vous engrangez les problèmes, vous les décomposez, vous comparez, vous déterminez les systèmes, les modes opératoires, vous réassemblez, les solutions coulent, comme un fleuve...

Le système s'élargit. Votre matière grise, mais aussi votre moelle épinière, vos glandes, votre énergie propre sont des éléments informatiques reliés à d'autres éléments informatiques : vos voisins, vos compatriotes, l'humanité... Les animaux sont branchés, les végétaux aussi. Puis les minéraux. La planète est une boule d'énergie striée et traversée de lignes de communication, c'est un accumulateur d'expérience, c'est un vaste et complexe ordinateur, capable de mettre au point des systèmes de calculs différents, de créer des chaînes logicielles concurrentes, de comparer et d'assembler les résultats.

Mais pour quel bénéfice ?

Vous êtes pris. Les transitions, dans les rêves, défient notre logique. Vous glissez du général au particulier. On vous balance dans les gencives des problèmes qui vous touchent de près. Vous-même, vos proches... Vos parents, les morts, qui ont besoin de vous. Vous engrangez les données, recrachez des solutions, vous dérapez imperceptiblement dans l'univers de l'illusion.

On fait de vous un juge. En ce qui me concerne je n'ai jamais compris qu'un être humain puisse en juger un autre. Trop de facteurs nous échappent. Vous vous débattez, en vain. On vous coince, très adroitement, vous devez faire face. Et le cauchemar commence, car on vous met en situation de juger des êtres chers. Vous êtes seul avec vos responsabilités.

Vous découvrez que ceux que vous aimez sont des monstres. L'univers de l'illusion met en scène les preuves, les témoins, les victimes. Elles demandent réparation, les victimes. Vous n'y échappez pas, vous condamnez. Moi, j'ai dû condamner mon père.

Puis tout s'arrange. C'était pour rire. Vous êtes toujours dans un bain d'énergie, on vous console, on vous cajole, on vous répare. Vous rencontrez des entités qui soignent, des philosophes, des hommes politiques, des poètes, des amuseurs, des écrivains. Insensiblement vous glissez vers un autre voyage.

De voyage en voyage, vous abordez tous les thèmes qui vous sont chers. J'ai été propulsé dans l'espace, j'ai visité plusieurs cosmogonies, j'ai plongé dans les mythes, rencontré des civilisations oubliées. J'ai vu partout le mouvement. En chemin, un Chinois m'a dit :

— *Dieu, c'est là où tout est immobile.*

Je vois des univers qui communiquent, parcourus par des flux gigantesques. Les uns gonflent, les autres dégonflent, l'Énergie passe de l'un à l'autre. Puis le processus se renverse en une perpétuelle recherche d'équilibre.

Qui sommes-nous dans cette immensité ? Je pense au virus, animé de sa vie propre, dans l'organisme d'un grand mammifère. Quelle vision a-t-il de l'organisme qui l'héberge ?

Nous sommes imbus de notre force, de notre puissance. C'est vrai qu'à notre échelle nous ne nous débrouillons pas mal. Nous faisons du chemin. Un jour l'Esprit a frappé, chez nous, et nous avons évolué. Pourquoi chez nous, les hommes ? Une intuition fulgurante me fait poser cette question : sommes-nous les seuls à aspirer au divin, sommes-nous les seuls à rechercher la puissance, la connaissance et, au bout du compte, l'équilibre ?

Pourquoi l'Esprit aurait-il mis tous ses œufs dans le même panier ? Le monde est vieux, nous sommes de nouveaux venus. Quelles espèces, mieux adaptées à l'environnement physique de l'époque, nous ont précédés, animées par ce qui nous anime ? Pourquoi la notion de dragon est-elle respectée en Asie, pourquoi la craignons-nous, en Occident ?

Y a-t-il des espèces en développement, ailleurs, ou autour de nous ? Si oui, pourquoi feraient-elles partie du même système que le nôtre, pourquoi subiraient-elles les limitations de perception qui nous affligent ? N'existerait-il pas de symbioses entre espèces différentes, entre systèmes différents ? La truffe a besoin de l'arbre, allez savoir pourquoi. Poussons plus loin, l'homme ne serait-il pas un des éléments d'un complexe en mouvement ?

S'il existe de grands systèmes dans l'Univers, concurrents où complémentaires, comment faut-il voir l'homme ? En temps qu'espèce solidaire portée par le même fleuve, ou en temps qu'individu capable de choisir ses courants.

— Regarde autour de toi, me dit une voix, tu y verras tous les modèles, tu comprendras tous les systèmes...

Quelqu'un veut me faire cauchemarder. Moi qui n'y ai jamais rien compris — ça ne m'intéresse pas — me voici environné de toute la symbolique ésotérique qui a marqué les périodes noires de notre évolution. D'abord, on me colle des animaux dans les pattes. Bon, ça va, j'aime bien les animaux. Une tribu amérindienne m'envoie un loup blanc, je suis environné de dauphins, de marsouins, de chevaux, de chiens, de chats, de volatiles. Mon délire fait dans l'arche de Noé.

Puis des entités sulfureuses se mettent en peine de me noyer dans le symbole. Alors il y a de tout. Des couronnes de ceci, des anneaux de cela, des boucliers pour ci, une panoplie pour ça. Le monde s'agite tout autour, des processions d'ombres m'offrent des trucs qui brillent, de l'or, des joyaux, certaines me donnent du Maître, des Incas me proposent de contrôler un cristal géant, mémoire de l'Univers. Des chevaliers en armure avancent avec une croix, elle me protégera, me donnera la Force. D'autres avec une couronne étincelante mettent le monde à mes pieds, en toute simplicité. Les barons Stépanov, princes d'Astrakan, m'offrent leur héritage, et avec lui celui de la grande Catherine, impératrice de toutes les Russies. Même les clans japonais s'en mêlent.

Holà, mes princes ! n'en jetez plus. Je ne suis qu'un voyageur, moi, je ne fais que passer. Pourquoi voulez-vous m'encombrer avec ces affûtiaux. Pour voyager heureux, voyagez léger. On ne transforme pas un mécréant roturier en prince spirituel d'un coup de baguette magique...

J'ai tort, me dit-on, car maintenant je vais affronter des démons qui portent des noms à faire frémir, Satan, Belzébuth et les autres. Ils sont légion ouh ! la la ! ça va faire mal !

Ils sont plutôt marrants ces démons. Bruyants, agités, mais guère dangereux. Une escouade de Kamis japonais — tous âmes de guerriers redoutables — vient à ma rescousse, mise à disposition par ma branche Kuramoto. Ils passent leur temps à vouloir être chef à la place du chef et à me pomper l'énergie. Dès qu'ils ont fait le plein, ils prennent leur indépendance. Ils reviennent gentiment, après avoir cuvé, refaire un autre plein. Ils me gonflent, mais je leur trouve un côté désopilant qui les vexe. Ils vont bouder, pour laisser place à Satan, langue de pute mais pas vraiment mauvais bougre. Il me fout la paix lorsque je décide d'en faire la figure de proue de l'un de mes navigateurs favoris. Il aime pas, Satan, pas du tout, allergique à la flotte ou quelque chose comme ça. Puis dans un frémissement, la nouvelle se propage, Lucifer, l'Archange Lucifer, le déchu qui a vachement réussi dans la vie, vient en personne me tailler les croupières. On n'est jamais tranquille.

Dans ces histoires de démons dont notre terroir est friand, je n'ai rien trouvé à prendre au sérieux. Nous avons tous notre petit côté démoniaque, bien suffisant à cultiver, surtout celui des copines. Partisan du démon personnel, sur mesure, fait pour, que voulez-vous que je fasse avec ces machines de confection ?

Voici Lucifer avec une grande épée certes, mais une dégaine d'ange déplumé, comme un qu'on enverrait trop souvent au charbon. Il paraît malheureux, mais comme il a un job à faire il mouline avec son épée en me promettant de me hacher menu. Je lui fais remarquer qu'il va perdre ses dernières plumes à s'agiter comme ça. Alors il vient s'asseoir près de moi et gémit sur le sort des puissants, car il l'était, qui perdent leur statut. Si plus personne n'a peur de lui que voulez-vous qu'il fasse ? La reconversion est dure, parvenu à certains sommets. La déprime noire, Lucifer, autre victime de l'évolution.

Le chapitre démons réglé, retour à la case départ : l'Afghanistan. Beaucoup sont morts, parmi les Afghans que j'ai croisés. Zabiullah, de Mazar-i Charif, Abdul Malik Yerkin, d'Andkhoî, Rudah Nazar, de Dishtan, le palawan de Gulbahar... Je les sens tous autour de moi. Pashtounes, Tadjiks, Ouzbeks, détruits dans leur corps par la machine qui me détient.

Tous dissemblables, avec cependant ce lien commun qu'ils ont forgé avec leur mort, traits d'union entre entités collectives rivales... Ils sont maintenant des centaines de milliers. Je vois les souffrances du peuple, la peur, la méfiance, ces ciments issus de la machine qui pèsent comme un joug.

« J'ai vu le cheval blanc s'effondrer sous la charge
et l'âne parader avec le collier d'or[1]. »

Pris par cette force qui me tient, je me lève. Une voix venue d'ailleurs prononce par ma bouche :

— Debout, peuple afghan, peuple de Kaboul, sors, va dans les rues, nu-pieds, sans arme ni bâton. Dehors, multitude, prends possession de ta ville. Les soldats se joindront à toi, les Russes ne tireront pas. Vous, les étrangers, restez chez vous et regardez par vos fenêtres le peuple de Kaboul reprendre sa maison.

Une puissance s'est exprimée au travers de moi, elle m'a pris sous son contrôle. Je sais, maintenant, ce qu'est le phénomène de possession.

Le jour vient de se lever. Mohamat me regarde, mesmérisé. Les gardiens n'interviennent pas, je ne sais pas si j'ai parlé à voix haute.

— Je t'ai vu dire quelque chose, confirme mon compagnon, mais je n'ai rien entendu.

Pourtant je me suis pété une corde vocale.

---

1. Khayyam, poète persan du XIIe siècle.

12

— Voyez-vous, monsieur Alain, il faut expliquer pourquoi, comment, avec qui vous êtes venu pour la première fois en Afghanistan.

Monsieur Vince est gris, fripé comme s'il avait dormi tout habillé. Dehors, se tient un plenum du Parti, une sorte d'assemblée générale. Les troupes sont en état d'alerte. Les agents du KHAD sont consignés sur leur lieu de travail, personne ne sort de Sadarat depuis deux ou trois jours.

Messieurs AA&A, permanents ici, disposent d'une garde-robe à l'intérieur de l'enceinte. Parmi ses collègues bien repassés partout, Monsieur Vince fait parent pauvre, presque prisonnier.

— C'est la troisième fois que je vous raconte la même histoire, vous n'en avez pas marre ?

— Qu'est-ce que ça veut dire, marre, monsieur Alain ?

Monsieur Vince cherche dans son lexique franco-persan, puis plonge dans un Larousse tout neuf que la censure lui a concédé. L'ouvrage, document confidentiel, ne doit pas quitter l'enceinte des Services secrets.

— Voyez-vous, monsieur Alain, ici il y a indiqué : *en avoir assez, être excédé*, c'est quoi excédé ?

Monsieur Ali intervient dans notre session de linguistique, pour exprimer qu'il ne croit pas un traître mot de ce que je raconte, et que je dois tout dire, sans rien omettre, en donnant tous les détails...

Alors je m'attelle à la tâche de rédiger le quand comment pourquoi de mon premier voyage, sous l'œil inquiet de Monsieur Vince. Les feuillets s'empilent, je ne lui épargne rien. Description des paysages, les différentes races de chèvres rencontrées en chemin, les effets comparatifs des piqûres de puces et de punaises — je suis allergique à ces bestioles.

La raison première de ce voyage, c'est une grosse crise de ras-le-bol. Les Soviétiques ont choisi, pour envahir l'Afghanistan, la période où simultanément je recevais la visite de ma femme — nous étions séparés —, et je perdais mon emploi. C'était la veille de Noël. Dans le monde de la publicité, les licenciements sont d'une extrême brutalité, et franchement, je n'avais pas vu le coup venir. Comme la fête de ma femme tombe le vingt-cinq décembre, je n'ai pas eu le courage de lui gâcher l'événement, de l'emmerder avec mes problèmes personnels. Nous avons célébré comme nous l'avons pu. Puis elle m'a quitté, dans sa voiture, en compagnie d'un copain et du chien qui, derrière, me regardait, sans comprendre pourquoi je n'étais pas du voyage. Je ne les ai plus revus.

Je n'avais pas fait part de mes difficultés professionnelles. Elles ne faisaient que s'ajouter à une longue série de déboires qui avaient abouti à notre séparation. Je me suis senti seul et très fatigué. Dans cet état, faire un bilan conduit à la question inéluctable : qu'est-ce que je fous là ?

Moi, je perdais mon temps. Que faire ? L'idée du suicide vous a, dans ces périodes, des petits côtés attendrissants. Je l'ai contemplée, caressée pendant quelques jours puis j'ai pris une décision curieuse. Un suicide, ça empoisonne des gens qui, dans le fond, ne le méritent pas. N'y aurait-il pas un moyen de tout foutre en l'air sans pour autant faire bavasser la chronique ?

L'entrée de l'Armée rouge en Afghanistan s'étalait en première page des gazettes, j'ai décidé d'y aller moi aussi. Il n'y a pas de raison que ce soit toujours les mêmes qui s'amusent. Je ne connaissais rien de ce pays, sinon qu'il y avait des montagnes. Etant natif d'un bord de mer, et ayant toujours vécu avec une grève à portée, je ne savais de la montagne que ce que la rumeur colporte pour faire gagner des sous aux professionnels : la montagne tue. C'est une ogresse qui ne pardonne pas l'amateurisme.

Je ne donnais donc guère de chances au béotien que j'étais. Comme les Soviétiques n'allaient pas tarder à entourer ce pays d'un barrage de feu, et que dès qu'il y a un mauvais coup à prendre, il est généralement pour moi, je mettais beaucoup de cartes dans mon jeu. Si j'échappais aux glaces, je serais grillé au napalm, ce coin me convenait, j'ai pris un aller simple.

Avant le départ j'ai contacté quelques médias pour leur proposer, au cas où, des papiers. Envoyez toujours, qu'ils m'ont dit.

J'ai donc décollé avec une musette, deux appareils photos, des films, un blouson type pôle Nord et d'énormes croquenots de montagne. Je partais affronter l'altitude, j'ai atterri au niveau de la mer, par quarante-cinq degrés à l'ombre. A Karachi certains me regardaient d'un air bizarre.

Là-dedans, des choses ne concernaient pas le KGB. Trop personnelles, voyez-vous. Même les administrations les plus imbues de leur pouvoir doivent se faire une raison, la vie privée ça compte pour quelques-uns. Puisqu'il fallait raconter, j'ai élagué, sur le thème fatigue généralisée et besoin impératif de changer d'air, ce qui ne s'écartait pas vraiment de la vérité. J'ai par contre, je l'espère, rendu aussi vivant que possible le bazar de Karachi, que je tiens pour une merveille.

Le hasard, Messieurs du KGB — puisque c'est vous, au bout du compte, qui analyserez mes propos — a conduit mes pas vers Peshawar. Hasard et tourisme font souvent bon ménage. J'avais besoin du bon air de la montagne, j'ai rencontré un photographe américain qui allait le prendre, ce bon air, en Afghanistan. C'est chouette l'Afghanistan, car on en parle dans les journaux, on le décrit comme un très beau pays juste envahi par une armée féroce. Des Soviétiques, une superpuissance, des qui nous ont emmerdés à coup de morale langue de bois lorsqu'on se dépatouillait avec nos problèmes de décolonisation. Eh bien, ces Soviétiques-là, ils rentrent avec des chars, des avions, un bel arsenal de destruction, pour rétablir un régime communiste dirigé par de criminels fantoches, dont personne ne veut, qui est en train de se casser la gueule. Super, non ?

— Mais oui, Amin, vous vous souvenez ? Vous n'aimez pas, il mettait des tas de gens en prison. Oui, c'est vrai, c'était un agent de la CIA, il avait fait partie d'une association d'étudiants. Oh, le salaud ! Allez faire confiance à un dirigeant qui est, vous l'avez prouvé, un agent d'une puissance étrangère...

Le sombre Tamoul opine, ah ! s'il avait tenu Amin, ce n'est pas à coup de revolver qu'il l'aurait aidé à franchir la barrière.

— Heureusement, dans les bagages les Soviétiques emmenaient Barbrak Karmal. Un vrai Afghan celui-là. Un bon. On vient de le mettre à la retraite, je crois, dans une datcha russe. Vous savez où il est au juste ?

— Voyez-vous, monsieur Alain, le camarade Barbrak est très malade...

Les observateurs qui l'ont rencontré récemment sont d'accord pour décrire un gaillard en pleine forme, pas du tout content de son petit protégé Najib, ni de ses grands protecteurs du Kremlin. C'est un scandale que de s'en prendre aux chefs, de leur foutre sur le dos les conséquences de politiques que c'est même pas eux qui y ont pensé. Il y a quelque chose de choquant que de savoir encore en place les stratèges d'une entreprise de démolition, à Moscou, alors que le lampiste, celui qui obéit, on le vire comme un malpropre.

Des mines, autour de moi, indiquent qu'on se fout du camarade Barbrak Karmal, qu'on s'interroge sur mes intentions. Ne serais-je pas en train de me gausser. Parce que ça, personne n'aime, ni Ahmed le Mauvais, ni Monsieur Ali. Monsieur Vince me lance des regards éplorés. Abdul le Frisé décortique la presse locale dans son coin, il ne semble pas la trouver drôle.

Comme je n'ai rien à foutre de leurs états d'âme, j'embraye sur Najib. Le meilleur élève du KGB, leur propre père fondateur à ces Messieurs du KHAD. Un patriote celui-là. Un que le monde leur envie, la poigne, un ça passe ou ça casse. Pas grand-chose n'est passé — sinon l'Armée rouge —, mais par contre ce que ça a cassé, bon sang ! C'est sur la base de renseignements communiqués par les services de Najib que les Mig et autres Sukhoi pilonnent les villages. Tout est bousillé dans ce pays. Quelle rigueur, dans l'exécution, quel acharnement dans le quota — les prisons sont bourrées —, voilà un travailleur, Messieurs, voilà un exemple. Ses employeurs doivent être fiers de lui...

— Il faut écrire là, voyez-vous monsieur Alain, tout sur votre premier voyage, sans rien cacher.

Monsieur Vince, qui se farcit la traduction simultanée de mes inepties en même temps qu'une légère migraine, prend les choses en main, en rassurant les collègues d'un mouvement de tête — ça va aller, vous verrez. C'est qu'il risque sa peau, en traduisant des trucs comme ça, si c'était mal interprété. Il tapote ma feuille du doigt pour m'encourager.

Alors il y a cet Américain qui veut aller faire des photos. Je lui raconte des salades, comme quoi je suis un alpiniste chevronné, il veut bien que nous partions ensemble. Nous rencontrons un chef de résistance, Mojadedi, un homme très bien, qui nous arrange le coup. Deux jours après mon arrivée, moi le touriste, je prends la direction de la frontière.

Je biche, Messieurs du KGB, parce que voyez-vous, à l'hôtel Intercontinental, une nuée de correspondants, toute la grande presse internationale, vide godet sur godet en écrasant le confrère sous l'anecdote et la note de frais. Les Américains font très fort, du bruit et beaucoup de vent. Les Français sont pas mal non plus. Tous préparent leur coup, rentrer en Afghanistan. Certains poireautent depuis trois semaines. Le copain américain, alors photographe indépendant, est content. Moi aussi.

Je ne cache rien de la bande pashtoune avec laquelle nous voyageons. Tous jeunes, en forme, habillés à la diable dans des pyjamas flottants, coiffés de turbans douteux et équipés comme des vagabonds. Vous auriez vu cet échantillonnage de pétoires, de quoi rigoler, Messieurs du KGB. Du fusil de chasse au fusil à pierre. Une fortune qu'ils trimbalent, ces bougres, pour un collectionneur. Enfin, soyons francs, tous n'ont pas d'armes à feu. Un porte une hache, deux ou trois des bâtons.

Je décris par le menu l'ascension de la montagne — saloperie de montagne qui fait rien qu'à m'asphyxier dès que je veux faire un pas —, la flore, la caillasse, la faune, surtout des chèvres. Je fais part de mon ébahissement devant les vieilles godasses en caoutchouc dont sont équipés les grimpeurs. Ceux qui n'en ont pas se sont fabriqué des sandales en paille. Nous allons franchir du quatre mille mètres. Mes groles, faites pour, pèsent une tonne, je voue les professionnels de l'équipement de sport à tous les diables. Désormais je ferai comme tout le monde : pour grimper une montagne j'enfilerai des baskets.

De l'autre côté, nous trouvons un autre monde. Des gens simples, pauvres, à la limite de la survie, qui nous accueillent à bras ouverts, égorgent le dernier maigre poulet, nous donnent la meilleure pièce de la masure. Ils partagent tout, le thé, le pain, les puces mais ne montrent pas les femmes. Les femmes du Kunar, c'est le nom de la vallée, montrent leur dos aux étrangers. Je garde l'image de tas de haillons écrasés sous des fardeaux variés. Une autre civilisation, hospitalière et rude, généreuse et démunie, sincère dans sa foi, terriblement courageuse, avec un millénaire de retard dans ses structures.

Un habitant a essayé de m'expliquer sa vision d'apocalypse. Des monstres hurlants, moches à faire peur, éructant l'horreur. Ils volent sans ailes, et s'immobilisent sur les villages en foutant le feu partout. Le malheureux n'avait jamais vu d'hélicoptères, n'en avait jamais entendu parler. Ces saloperies avaient démoli sa maison, avec son gamin en dessous.

Une tempête de neige s'est abattue sur la frontière lors de notre voyage de retour. En franchissant un sommet, nous avons croisé une femme et deux jeunes garçons qui faisaient la trace dans un mètre de neige. Ils revenaient du Pakistan où ils avaient acheté quelques médicaments. La femme et les deux enfants marchaient pieds nus.

Voilà comment j'ai connu l'Afghanistan, Messieurs du KGB, mes premiers contacts avec vos victimes. Des cieux sublimes, des eaux claires, des gens qui vivent dans leurs villages comme vivaient vos ancêtres et les miens. Contre eux, vous avez déchaîné cent mille hommes, tout l'acquis de nos technologies. Ils n'avaient que leur âme à vous opposer. Ici, j'avais des choses à apprendre, je suis tombé amoureux du pays.

— Nous ne croyons pas un mot de tout cela, monsieur Alain, vous êtes rentré en Afghanistan sur ordre, en mission pour le gouvernement français.

Comme ça fait plusieurs fois que j'explique, et plusieurs fois qu'on me renvoie : pas vrai, on te croit pas, affabulateur, saloupiot de raconteur de conneries à service constitué, qu'on m'accuse de lèse-KHAD, lèse-KGB et pire, je craque.

— Je sais ce que vous voulez, dis-je, donnez-moi une feuille de papier.

La bouille de Monsieur Ali s'illumine, le Tamoul Ahmed glisse une feuille vierge sur le bureau et s'installe dans une expectative vigilance.

Je, soussigné, Alain Guillo, reconnais être un agent des Services secrets suivants :

DGSE, CIA, MI 6, MOSSAD, KGB, ainsi que des Services de Chine populaire, du Japon, de Monaco, de l'Allemagne fédérale et de l'autre, de la République d'Andorre, de celle de San Marin...

Brûlés par la curiosité, les A m'arrachent la feuille, sur-le-champ traduite par Monsieur Vince qui, là encore, ne semble pas d'accord avec ce qu'il lit.

Personne n'apprécie, mais alors personne. Je sens chez le Noir Ahmed vibrer des pulsions inavouables. Un regard sur Monsieur Ali me laisse présager un coup de sang. Il a le même aspect et la même couleur que ce capitaine auquel j'ai tendu un livret militaire avec un gros tampon de dispense dessus. L'armée m'avait incorporé, j'avais droit à cette dispense et le bon pitaine ne voulait rien savoir. J'ai donc fait le mur, voyagé de Marseille à Paris, prévenu un ministère que j'étais déserteur. Avec ma dispense en bonne et due forme en poche, j'ai regagné la caserne pour récupérer mes petites affaires. La visite de pure forme que j'ai rendue au capitaine a failli tourner à l'embolie. Personne ne s'était rendu compte de mon absence et la notion, nouvelle pour lui, qu'on pouvait converser en termes courtois l'a foutu en état de choc.

Monsieur Ali fait la même gueule que ce bon capitaine. Pourtant c'est vrai, ce que je leur raconte. Au cours de mes pérégrinations, j'ai rencontré bien du monde. En ce qui touche l'Afghanistan, je n'ai jamais été avare d'informations, de fortes probabilités me suggèrent que ce diplomate britannique, ce journaliste de *Chine nouvelle* ou cet universitaire américain ne sont pas exactement ce qu'ils paraissent être. Et alors ! j'ai bien discuté avec des gens de Tass.

— Refiler des tuyaux à Tass, c'est pas informer le KGB, peut-être ? Dans les couloirs du Congrès américain, j'en ai rencontré un, de Tass, il a pas rapporté ce qu'il a entendu peut-être ? Oui, messieurs, je suis un informateur du KGB, et de la CIA et de tout ces machins sulfureux dont, je vous signale, vous faites vous-mêmes partie. Vous pouvez m'expliquer vos airs dégoûtés ? Mais il faut rajouter Monaco, et Andorre, et San Marin, parce que voyez-vous, mes photos, mes films, passent là-bas. J'informe, d'accord, mais j'informe tout le monde.

— Il ne faut pas recommencer ça, hein ! monsieur Alain ! je n'accepte pas.

— Vous ne me croyez pas ?

— On ne prend pas ça, on n'accepte pas ça, on ne veut pas ça... dit Monsieur Ali en flanquant des baffes à mes aveux.

Côté cellule, ça ne va pas fort. Trop de voix dans ma tête. Je vis comme si j'avais à l'intérieur une place publique italienne à la veille des élections. En plus ces voix tiennent des discours incohérents et m'abreuvent de conneries, de jour comme de nuit, sans une seconde de répit.

Elles reprennent des thèmes discutés pendant la journée. Elles s'insinuent dans la moindre de mes pensées. Je sais que les Soviétiques s'intéressent à la parapsychologie, et j'en arrive à me demander s'ils n'essayent pas des trucs sur moi, des interrogatoires à distance, par exemple. Je suis submergé de questions : et la CIA, Alain, quels sont tes rapports avec la CIA ? Et la DGSE, Alain, qu'est-ce que tu as fait avec la DGSE...

Elles m'emmerdent, ça dure des nuits et des nuits.

Je prie pour que cette cacophonie infernale cesse, pour avoir une chance de souffler, je veux le silence. En réponse, le volume augmente, insensiblement.

Je tiendrai plusieurs jours. Des « petites fées » russes et afghanes me font des trucs dans le cerveau. Je sens des choses bouger dans ma boîte crânienne, c'est irritant. Des « Japonais » me bourrent d'une sensation d'énergie insupportable. C'est comme si on vous remplissait le crâne avec on ne sait quelle cochonnerie, jusqu'à l'engorger complètement. Penser devient pénible. Vous avez la tête lourde. Les « petites fées » font des piqûres dans la tête pour voir si ça fait mal.

Horripilant.

Une nuit, on me monte une séquence pas piquée des vers. De l'extérieur parviennent les cris des suppliciés. Petit à petit, les voix me mettent en condition, on m'avertit que la nuit sera difficile, très difficile, même. Soviétiques et Afghans mettent au point quelque chose, ils en ont marre de perdre du temps. On va se renseigner.

— Mon Dieu, ce n'est pas possible, ils vont le torturer, hurle quelqu'un.

Dans un brouhaha d'agitation les voix cherchent à me transmettre une sensation de panique.

Avec elles, je pratique le doute objectif. Je ne comprends ni ce qui m'arrive, ni où elles veulent en venir. Les informations qui me parviennent par leur canal ne sont pas vérifiables, j'enregistre, j'écoute. Pourquoi rejeter a priori quelque chose sous prétexte qu'on ne comprend pas ? Ce qu'on me dit, je l'enregistre comme possible, jusqu'à ce que ce soit prouvé, en vrai ou en faux.

Il n'y a aucune raison de douter de la véracité de ce que les voix m'annoncent. Pourquoi mentiraient-elles ? Tout, en moi, se tend, en prévision d'une nuit agitée. Je suis dans un état second, encore baigné par cette lumière d'or. Les voix, bonnes âmes, m'aident à me préparer mentalement.

— *Ils vont utiliser l'électricité, tu sais ce que c'est, tu as déjà été électrocuté.*

— *C'est vrai, ça lui a même déboîté l'épaule.*

— *Mon Dieu, son épaule, ils vont encore la lui déboîter.*

— *Mais non, ils appliquent le courant du bas vers le haut, des parties vers le bout de la langue. L'épaule ne risque quelque chose que si le courant le traverse transversalement, d'une main vers l'autre par exemple...*

J'écoute les voix dialoguer. Le thème me rend parfaitement inconfortable, à vrai dire, je n'aime pas du tout. Une pensée sur le thème « pourriez pas fermer vos gueules » me traverse l'esprit.

— *Oh, que nous aimerions, gémit-on autour de moi, mais ils vont te faire souffrir, il faut qu'on te donne de la force.*

Effectivement je me sens gonflé par ce type d'énergie que je ne m'explique pas. Parfaitement immobile, allongé sur le dos, je pars pour un autre voyage dans l'univers de l'illusion.

Toutes les idées saugrenues, pêchées sans doute dans l'imagination fertile d'Ahmed le Sombre et de ses collègues, me sont présentées sous forme de menu. On me les fait vivre à l'avance, « pour me préparer ».

Des coups, d'abord, pour appuyer des éclats de voix. De l'électricité, bien sûr, après une subtile préparation à base d'injection de cochonneries chimiques efficacement désagréables. L'opinion générale est que je tiendrai jusque-là.

Flatteur, mais qu'est-ce qu'ils en savent ? Certains des experts qui se préparent à me travailler penchent ensuite pour le scalpel, mais là, il y a opposition. Quelqu'un, fort justement, affirme que ça laisserait des traces, et qu'il faut donc décider dès à présent si je dois survivre ou non.

Les informations me parviennent en continu, car les âmes se sont organisées pour transmettre ce qui se passe à l'extérieur. On affirme que Monsieur Ali est catégorique, c'est au pistolet qu'ils vont me faire craquer. En tirant à bout portant, au ras des oreilles.

J'ai le bruit en horreur.

Combien de temps dure la « préparation », je ne saurais le dire. Je me sens de toute façon prêt à supporter n'importe quoi. J'ai même envie de les faire chier, ces bourreaux. Des bruits de pas résonnent dans le couloir.

— *C'est l'heure, Alain, il faut être fort, maintenant. Nous sommes avec toi.*

Alain est fort, peut-être, mais pas vraiment chaud. Les verrous de la porte claquent, je me dresse sur le lit.

Trois gardes viennent chercher Mohamat pour un interrogatoire nocturne. Il est minuit.

Une journée s'écoule, une nuit… Le boucan s'est installé dans ma tête, en continu. Assailli par une multitude de voix qui jacassent, se contredisent, tiennent des discours incohérents, je sens une certaine tension m'envahir crescendo. En tout état de cause, je trouve ces procédés injustifiés. Je suis en froid avec les entités. Mais il n'y a rien à faire, je ne peux pas les faire taire. Recroquevillé autour d'une seule idée : ça va passer, mon esprit enregistre sur le mur la maxime : « Ne sois pas triste, tout passe » qui semble clignoter, comme pour me soutenir.

Le brouhaha s'amplifie. Il ne m'est plus possible de me souvenir de la durée de cet enfer. Je n'y peux rien, sinon…

— Il me reste une chose à faire.

— *Quoi Alain ? Réponds-nous, Alain.*

Mille voix s'unissent, le bruit est insupportable.

— Me la faire péter, cette putain de tête !

— *Oui, fais-nous péter cette putain de tête.*

Alors je prends l'élan que je peux, deux mètres, et fonce sur le mur tête la première.

Mohamat n'est pas au courant de mes petits problèmes. Il reste immobile, surpris, figé sur son matelas. J'ai bien senti un choc, un gros boum, mais j'ai l'impression de m'être retenu une fraction de seconde avant l'impact.

— *Ouh ! dégonflé ! disent les voix.*

Quelque chose me fait rigoler intérieurement. Je reprends de l'élan pour une nouvelle tentative.

Pourtant j'ai mis le paquet. Le bruit de l'impact se répercute dans toute la prison mais encore une fois, au dernier moment, quelque chose m'a retenu.

— *Incapable, hurlent les voix.*

Et merde. Troisième élan, troisième gros boum, troisième fiasco. Une cavalcade dans les couloirs signale que la garde s'interroge. Elle pénètre en force dans la cellule. Mohamat explique que le Français là, bobo la tête, boum dans le mur, il a rien pu faire, c'est pas sa faute.

Les gardiens tous rangs confondus commisèrent. Je ne sais quel diablotin intérieur me pousse à rire. J'explique à Mohamat que je fais des essais pour tester la solidité des murs.

— Eh bien, ils sont solides, bravo, ça c'est de la construction.

Je serre en même temps la paluche du lieutenant pour le féliciter. Comme j'ai l'air d'être content, tout le monde respire. Je n'ai pas même une bosse.

— Minable, dégonflé, couilles molles, pauv'mec, lavette, disent des voix féminines.

— Alain Guillo, vous êtes un pleutre, un lâche, un jean-foutre, affirme une autre voix, virile, solennelle et catégorique.

Personne n'est parfait. Selim le Maigre, compatissant, me suggère de sortir un peu, de prendre l'air. Cette idée de tester la solidité des matériaux ne lui plaît qu'à moitié. Sous bonne escorte, un collé à ma droite, un collé à ma gauche, deux derrière et deux officiers devant, nous descendons au rez-de-chaussée. On me fait admirer la mosquée au passage, une pièce nue qui ne sert à personne. Nous sortons dans une cour intérieure. La porte est vitrée, protégée par des barreaux métalliques soudés à angle droit.

Nous faisons quelques pas dehors, coincé comme je le suis j'ai du mal à respirer. Les voix ont repris leur vacarme. J'interpelle Selim et commence à plaisanter avec lui, ce qui entraîne un changement dans la disposition de l'escorte. Il se place à côté de moi, les gardes, respectueux, prennent un peu de champ. J'en profite pour faire quelques mouvements de gymnastique, le cercle se desserre. J'essaie un petit footing. Mes bonnes dispositions enchantent les anges gardiens.

Les barreaux de la porte, de section carrée, sont tranchants à l'angle. J'indique à Selim que le bol d'air est suffisant. Je veux rentrer, et me place en tête du peloton. A trois mètres de la porte, je vise un angle et me projette avec tout ce que j'ai dans les tripes. Le contact se fait au bon endroit, à la soudure des os, au sommet du crâne.

Le sang gicle partout, mais une nouvelle fois, j'ai la sensation d'avoir été retenu. Personne n'ose me toucher, je rentre dans la cellule par mes propres moyens.

Pendant que Mohamat m'éponge avec une serviette, les gardes s'installent autour de nous dans un silence absolu. Je suis assis contre le mur, coudes sur les genoux, mains sur la tête, secoué par un fou rire intérieur. Pour ne pas exploser ouvertement, je me force à faire la conversation.

Le tumulte intérieur s'est calmé. Les gardiens me veillent pendant une heure, environ, puis s'éclipsent. Je me confie à moi-même.

— J'ai été retenu.

— *Peut-être, répond une voix douce.*

Pour la première fois, depuis bien longtemps, j'ai du silence dans le crâne.

13

Ce coup sur la tête va, c'est du moins ce que j'espère, contraindre la machine à ouvrir les barrières, à me sortir de cellule. Si mes calculs sont exacts, ils doivent me transférer en milieu hospitalier ne serait-ce que pour une radiographie de l'occiput, j'y rencontrerai des gens, il ne leur sera plus possible de me garder au secret. Il faut qu'on sache où je suis, dehors.

Eh bien, non. Je me suis planté quelque part. Fort justement, Mohamat me fait remarquer que je n'ai pas même droit aux services du coiffeur, qui vient chaque semaine s'occuper des poils de la prison. C'est bavard, un coiffeur, même si l'officiant porte des galons de capitaine. Oui, c'est par un capitaine qu'on se fait raser, ici.

— Capitaine peut-être, dit Mohamat, mais coiffeur quand même. Quand il opère, il y a toujours deux gardes pour surveiller les confidences.

Ils tiennent au secret, je peux crever sur place, personne n'en saura rien. J'apprendrai, plus tard, que les autorités de Kaboul ont nié pendant deux mois me détenir. Les demandes formulées à mon sujet par les diplomates français recevront comme réponse : Guillo ? qu'est-ce que c'est que ça ? on connaît pas ; un journaliste ? beurk ! pas chez nous. Pendant soixante jours, par décision de l'Union soviétique en mission civilisatrice, j'ai cessé d'exister. Car il ne fait aucun doute dans mon esprit que les *mouches à merde* [1] venues du nord ont piloté l'entière opération, que Moscou a dicté à Kaboul la marche à suivre à mon égard.

---

1. Mauvais jeu de mots, basé sur le mot afghan moushawèr qui désigne les conseillers soviétiques.

Pourquoi me garder deux mois au secret absolu ? Pourquoi mentir délibérément, alors qu'un jour ou l'autre, en toute logique, ils seraient contraints d'avouer leur mauvaise foi ? Ils avaient mon passeport en main. Pour ne pas donner l'alerte à d'éventuels complices ? Ils ont menti à des diplomates qui avaient bien été alertés, le bruit de mon arrestation courait déjà depuis un certain temps à Peshawar. Je ne trouve qu'une réponse satisfaisante. Quelqu'un, quelque part, avait décidé que je ne réapparaîtrais pas vivant.

Cette série d'assassinats de journalistes et d'observateurs occidentaux, en Afghanistan, n'est pas fortuite. Un ambassadeur soviétique en poste au Pakistan avait en termes peu voilés fait comprendre à des diplomates français que désormais, les médecins, les journalistes, les membres d'associations humanitaires allaient laisser leur peau en Afghanistan. L'Union soviétique ne veut pas de témoins. Pendant deux mois, on a évalué, vraisemblablement au Kremlin, la cote du Guillo mort.

Sont-ce les rumeurs en provenance du Faryab, qui en répandant le bruit de mon arrestation, m'ont sauvé la vie ? Je le pense sincèrement. Si le KHAD et le KGB avient pu complètement étouffer l'affaire, je ne serais pas là, en train de les raconter.

Bien sûr, ils auraient pu me descendre, là-bas, dans le nord. Peut-être un responsable du Renseignement s'est-il montré trop vorace, en exigeant de me cuisiner un peu avant de m'expédier. Peut-être se sont-ils montrés trop confiants en eux-mêmes, trop sûrs de leur machine. Quelque chose en tout cas a déconné quelque part.

Au bout de deux mois d'incarcération à Sadarat, je suis officiellement enregistré. On me fout de l'encre au bout des doigts et je salope des masses de documents à coups d'empreintes digitales. Le coiffeur se déplace spécialement pour moi. Nous sommes le douze novembre 1987.

En poussant la logique de ce raisonnement jusqu'au bout, je regarde Mohamat d'un œil neuf. Qui c'est, ce mec ? Un témoin. Si j'avais été amené à disparaître, après avoir passé plusieurs jours avec lui...

Le gouvernement eût maintenu sa fiction : on ne me connaît pas, je n'existe pas. Moscou eût opiné avec vigueur. Donc le témoin Mohamat n'existe pas non plus. S'il est ce qu'il prétend être, un prisonnier, mouchard par contrainte, il risque sa vie. Je doute que l'administration lui permette de survivre si je disparaissais. Mais ce compagnon, futé et expérimenté, n'a jamais manifesté la moindre inquiétude devant ma mise au secret.

Les rêves ont ceci de bon c'est qu'on peut en parler, même dans une prison, même quand on n'a pas confiance. Mohamat, je le sais, a été perturbé par une série de songes qu'il met du temps à digérer. J'en profite pour retirer l'un des miens de ses cartons, celui du curé venu le soigner alors qu'il était malade. Nous étions avec mon père et quelques membres de ma famille. C'est curieux, non ? Ce curé sorti de nulle part, qui décide que c'est à lui de te soigner. De quoi es-tu malade, Mohamat ? Maladie spirituelle ? C'est quoi, ce brusque retour à l'islam, crise de conscience ? Nous avons tous comme ça des trucs, en nous, avec lesquels nous nous sentons mal à l'aise, qui nous empêchent quelquefois de nous regarder dans une glace. Je mets à profit un lointain passage chez les jésuites, une brève expérience qui me permet aujourd'hui, avec l'onction nécessaire, de jouer les papas confesseurs. Ça marche leur truc. Le patient se lève, fait quelques ronds dans la cellule comme pour se mettre en train, on reste assis en faisant mine de se passionner pour un graffiti, et clac, ça embraye.

— Je ne t'ai pas tout dit de ma vie, tu sais, Alain...

Alain sait, il lève les yeux au ciel, il y a tant de choses qui ont du mal à sortir. Il ne pose pas de questions.

— Tu sais pourquoi je connais la loi ?

— ... ?

— Je n'ai pas le droit de te le dire, mais tu vois, j'ai été procureur dans le Logar.

— Tiens, tu as quitté le tourisme ?

— Oui, poussé par mon beau-père. C'est un général de l'armée. Il n'y avait plus rien à faire au Tourisme.

— Alors tu as fait des études en droit.

— Ben oui, six mois. Ils m'ont nommé procureur. Mais tu sais, je ne m'occupais que d'affaires criminelles, pas de trucs politiques...

— Alors c'était peinard, comme job.

— Oui, mais moi j'étais un bon procureur, je ne me laissais pas influencer par le fric...

— C'est pour ça qu'ils t'ont foutu en tôle ?

— Peut-être. J'ai été dénoncé par quelqu'un, tu sais pour mon terrain au Panshir. Ils disent que je cotise au Jamiat.

— Merde, ils disent toujours ça ? C'est quoi, au juste, le travail d'un procureur ?

— C'est lui qui dresse les actes d'accusation, c'est lui qui fait faire des enquêtes à la police jusqu'à ce qu'il soit sûr que le dossier est complet.

— Alors c'est un personnage puissant !

— Oui, avec le gouverneur, le secrétaire provincial du Parti, le commandant militaire et le chef local du KHAD, il appartient aux gens influents.

— Tu dois avoir beaucoup d'alliés. Avec ce travail et un beau-père général, je ne vois pas ce que tu fais encore ici.

— Ils veulent me faire payer mon refus d'adhérer au Parti.

Aïe aïe aïe, Mohamat, tu pousses le bouchon trop loin. Avec le chômage qui sévit par ici tu veux me faire avaler qu'un tel régime va confier des responsabilités importantes à un mec extérieur au Parti ? Avec ton niveau d'éducation comment as-tu réussi à survivre sans te mouiller aux purges qui ont frappé les intellectuels ?

— Tu sais, Mohamat, ils te sauvent peut-être la vie en te mettant en prison.

— Tu crois ?

— Si le régime capote, je ne donne pas cher de la peau des collaborateurs. Et les Soviétiques vont partir...

— Tu en es sûr ?

Je trace sur le sol un tableau pour appuyer ma démonstration. D'un côté, le négatif, le positif de l'autre.

— Fais l'évaluation toi-même. Qu'est-ce que ça leur rapporte, l'Afghanistan, aux Shouravi ?

Au bout du compte, Mohamat concède que les Soviétiques doivent partir, que c'est pas bon pour eux, ici. Leurs problèmes intérieurs, l'Iran, le redressement de leur influence sapée par cette aventure afghane prennent le pas sur quelques mètres cubes de gaz naturel — dont ils bénéficieront de toute façon — et sur la poignée de pitres dont ils ont attiré l'affection.

Le calcul laisse Mohamat rêveur.

Comme Monsieur Vince a accumulé un énorme retard de traduction, j'ai quelques loisirs ces temps-ci. Mon compagnon n'est guère surmené, lui non plus. Il est généralement convoqué le soir, un jour sur trois. Bien entendu je ne sais rien de ce qui se passe en mon absence, je crois d'ailleurs qu'il vaut mieux que je ne sache rien, continuer à jouer le jeu de la confiance.

— Ils n'arrivent même pas à mettre la main sur mon dossier militaire. Si ça se trouve il a disparu.

— Comment est-ce possible ? Ce genre de dossier laisse toujours des traces quelque part.

— Je crois qu'ils ont éliminé tout ce qui se rapportait à mon unité. Ils ont exécuté tous les survivants, je suis sans doute le seul...

— Tiens ! Combien de périodes as-tu faites ?

Ici, les hommes valides contrôlés par le régime effectuent de longues périodes militaires à répétition, de gré ou de force. J'en ai rencontré qui en étaient à leur quatrième incorporation.

— Une seule. Ça m'a suffi, c'est pour ça que j'ai accepté ce poste de procureur.

Il est vrai que, dans les bonnes familles, comme partout ailleurs, c'est la course à la planque, pour protéger les rejetons mâles.

— C'était à quelle époque ?

— Sous Taraki [1], il y a neuf ans à peu près...

Quelques tours de cellule, pour placer l'histoire dans son contexte. Histoire vraie, histoire plantée, après Amin l'actuel régime a-t-il intérêt à salir Taraki, le premier bénéficiaire du coup d'État communiste ?

Mohamat était pilote de char dans une unité motorisée. On l'avait envoyé dans une zone turbulente, le Paktia, province frontalière du Pakistan. Des chouanneries dressaient les paysans contre le gouvernement de Kaboul. L'armée afghane, équipée et conseillée par des experts soviétiques, se débrouillait déjà pour se faire étriller par des va-nu-pieds armés de haches et de tromblons.

— En montant sur nos positions, j'ai croisé le véhicule calciné du médecin de notre unité. Il avait dû se faire attaquer à la grenade. Il était pratiquement à poil et en état de choc. Les autres passagers du camion étaient morts.

— La résistance n'avait pas de grenades, à l'époque...

— Ils fabriquaient des bombes dans des pots de terre, avec des mèches. Je crois qu'ils utilisaient de la dynamite.

En 1980, je m'étais étonné qu'ils n'utilisent pas de cocktail Molo-

1. 1978-1979.

tov contre les blindés. La réponse s'est imposée comme une évidence. Dans les campagnes il n'y avait pas de bouteilles. Pas de pinard chez ces musulmans-là, trop pauvres pour le Coca-Cola. Par contre, ils récupéraient les explosifs contenus dans les bombes défaillantes.

— Ils disposaient aussi d'armement récupéré. Des unités militaires s'étaient mutinées. Ça ne représentait pas grand-chose, mais nous on a tout pris dans la gueule.

Mohamat avait chargé le toubib sur son tank et l'avait conduit en sécurité.

— On s'est battus une semaine, sans renforts, sans munitions. Les avions qui devaient nous soutenir bombardaient nos positions. Nous étions six cents au départ, à peine trente s'en sont tirés. Moi, mon char a sauté. J'ai reçu la tourelle sur la tête et j'ai perdu connaissance. Quand je me suis réveillé, c'était la nuit, j'étais seul. J'avais un éclat de quelque chose dans la cuisse.

« J'ai marché longtemps sans savoir où j'allais. Si j'étais tombé sur des paysans, ils m'auraient achevé. Je suis tombé sur un groupe d'artilleurs qui lui aussi s'était perdu. Il m'a conduit jusqu'à l'hôpital.

« Il y avait des médecins russes et afghans, et des infirmières. Des salopes ces infirmières, elles ne s'occupaient que des officiers. J'ai vu autour de moi que les docteurs coupaient les bras et les jambes des blessés. Ils disaient que c'était pour éviter l'infection. Moi j'ai eu peur pour ma jambe.

« Et puis j'ai vu le toubib que j'avais sauvé dans le Paktia. Il était en activité. J'ai essayé de l'appeler, d'attirer son attention, j'ai demandé à des infirmières de lui faire signe, elles m'ont rembarré. Alors j'ai gueulé comme jamais je n'ai gueulé de ma vie. Il y avait du monde, tu sais. Je l'ai appelé par son nom et il m'a entendu.

« Il m'a changé de service, j'ai pu sauver ma jambe. J'ai appris que tous les survivants de mon unité avaient été exécutés. Là encore, c'est au toubib que je dois la vie. Il m'a planqué.

— Pourquoi exécutés ?

— Pour camoufler les erreurs du commandement, pour qu'il n'y ait pas de témoins...

Après cette histoire, Mohamat plonge dans un rêve intérieur, qui ne semble pas tout rose. Puis il se dresse vers le mur en le frappant de la paume de la main. Rares sont les Afghans qui savent se servir de leurs poings.

— J'encule ta femme, Shouravi, j'encule ta femme !

Il y a comme de la sincérité chez ce garçon.

— Je ne m'explique toujours pas comment tu es tombé. Bon, tu as été dénoncé, il n'y a pas de preuves contre toi. Tu étais haut fonctionnaire du ministère de la Justice. C'est étrange que tu te retrouves en prison.

— Il y a mon nom sur l'une de ces listes que le KHAD a découvertes en perquisitionnant dans le bazar. Ce n'est pas une preuve, au plus une présomption, un indice comme ils disent, mais ici c'est suffisant. Surtout en période de règlement de compte. Il y a changement à la tête du Parti, alors c'est la foire d'empoigne.

J'en ai marre de décompter les jours, les heures, les secondes. L'avenir me semble bouché, et pour mieux faire abstraction du temps, j'arrête de tenir un calendrier. Les voix ont perdu leur agressivité, la pression qui me faisait éclater le crâne s'est atténuée, mais nous ne baignons pas dans l'harmonie pour autant.

Je constate que les entités me font des démonstrations. Elles s'emparent de mes pensées avant même que j'aie eu le temps de les formuler, les bidouillent, les triturent, les déforment, jouent avec comme un chiot avec une pantoufle. Elles font pire : elles m'instillent l'amorce d'une pensée que, par réflexe, j'enregistre. Je n'ai pas le temps de la développer qu'elles me l'arrachent, se l'accaparent, la déchiquettent, et me la retournent, avec conclusions soulignées au trait rouge, surtout lorsqu'elles sont désagréables.

— *Hein, que penses-tu de ça, Alain ?*

Je pense que c'est du viol. Ne parlons plus de ma vie privée, je me suis fait une raison, je suis sous observation constante. Mais, je n'ai plus une pensée à moi avec ces conneries. J'essaie bien de les empoisonner un peu, mais elles savent avant moi ce que j'envisage, ça me laisse sans défense. Le seul truc efficace que je parvienne à développer, c'est la faculté de faire le vide total dans ma tête. En bloquant toute source de pensée je les prive, en quelque sorte, de carburant. Je parviens à maîtriser mes pulsions intérieures. Je n'ai rien dans la tête, mais j'écoute.

Quelqu'un m'eût dit, quelques mois auparavant, qu'on pouvait ainsi faire le vide total en soi-même, je ne l'aurais pas cru. Je tenais le cerveau pour un centre bouillonnant d'impulsions désordonnées, il m'est même arrivé de rire à la réplique lancée par une étourdie :

— Moi, je ne pense jamais, et quand je pense, je ne pense à rien[1].

Maintenant je ne ris plus, je me gratte. Si c'était à cela que les entités veulent me pousser, me rendre capable d'écouter, sans bruit de fond ? J'apprends à me mettre au point mort, plonger à volonté dans un état neutre, où rien n'a d'importance, où le moi est oublié, où je ne produis rien, comme un légume.

Puis je réalise que le légume, qu'il le veuille ou non, plonge ses racines en direction de ce dont il a besoin. Vé, prenez un poireau. Rien n'est plus con qu'un poireau. Pourtant il sait, lui, vers où envoyer ses radicelles. S'il ne le sait pas, elles savent pour lui, et iront chercher l'eau et tous les trucs dont il a besoin. Un autre végétal m'a profondément marqué, surtout en Afghanistan : la pastèque. C'est gros, une pastèque, énorme. Ça pèse des tonnes. En plus, il n'y a que de la flotte dans ce machin-là, des litres et des litres. Or, ici, la pastèque pousse là où il n'y a pas d'eau, pratiquement dans le désert. Elle pousse vite et n'a pas besoin de pluie.

Je n'ai jamais pu tenir la moindre conversation avec une pastèque. Ce n'est pas l'intellectualisme qui l'étouffe, celle-là. Or il m'est arrivé de crever de soif en regardant des pastèques pas mûres se gorger.

Si ces entités s'acharnent à cultiver chez moi ce côté végétal, ne s'agirait-il pas d'un retour aux sources ? J'écoute, j'enregistre. Des antennes — ou des racines — plongent dans des systèmes inconnus, m'abreuvent d'informations. Est-ce bon pour moi ? J'en arrive à ne plus me poser la question.

Somme toute, c'est une sorte de sérénité interne que j'acquiers. Est-ce basé sur Freud, y aurait-il du Lacan là-dessous ? Je perçois qu'il y a programme quelque part. Psychanalyse ou initiation ésotérique, je n'en ai rien à faire, ça marche leur truc.

Le stade suivant, une fois acquise cette capacité de ne plus me foutre en boule lorsqu'on m'embête, consiste à ressortir de moi tout ce qui est désagréable, mais alors tout. Des histoires de la tendre enfance, que je pensais enterrées, des misères d'adulte qui étaient oubliées. On ressort tout, progressivement, on me fait tout revivre.

---

1. Devrait être de Sacha Guitry, à vérifier...

Je pense aux témoignages de certains survivants, de ceux qui ont eu un pied dans la tombe mais en sont revenus. Toute la vie, paraît-il, défile, on revit tout, en un éclair. Les experts qui me traitent, car je tiens ces entités pour de sacrés spécialistes, font ressurgir du fond de ma conscience les faits marquants qui ont forgé mon caractère. Je suis obligé de m'affronter moi-même, rien ne sera épargné, jusqu'à ce qu'un accord se fasse, en moi, avec l'existence. C'est un long processus, au bout duquel je me sentirai lavé de l'intérieur.

J'étais gamin, huit ans peut-être. La tante qui s'occupait de moi était célibataire et pauvre. La Bretagne de cette époque ne brillait pas par l'ouverture d'esprit. C'est par un jour ordinaire, crachinant, que j'ai appris à me méfier de l'Autorité et à développer une forte aversion pour l'injustice.

Un gros réveil tic-taquait au sommet d'un buffet, hors de portée de mes instincts bricoleurs. C'était une chose ronde, commune et fascinante. Je ressentais la bêtise crasse de l'altitude qui me rendait la merveille inaccessible, même aidé d'une chaise. Nous n'avions pas d'échelle à la maison.

Un jour, le réveil est mort, de mort naturelle mais en l'absence de ma tante. J'avais été le témoin impuissant du drame. Il va sans dire que mon âme de crapule s'était déjà préparée au pire, le pire ne s'est pas fait attendre. De retour de son expédition chez l'épicier, l'Autorité en mise en plis bleue a évalué la situation en un éclair. Pendant que je prenais ma raclée, j'essayais comme je pouvais d'expliquer de façon logique les problèmes d'altitude, d'impossibilité de méfaire, même en additionnant ma taille et celle de la chaise. Toutes les démonstrations que je pouvais offrir n'avaient pour résultat que de conforter le bras de la Justice dans sa conviction vengeresse. L'immonde qui gigotait sous la fessée était un scélérat, massacreur de réveil, et, circonstance aggravante, il mentait comme un politicien.

Il était innocent, l'immonde !

On me l'a resservie, cette fessée. J'ai analysé point par point l'époque, les circonstances, les acteurs. Je me suis réconcilié avec ma tante, une cicatrice d'enfance a disparu. Je me méfie toujours des instances judiciaires, et j'éprouve la même colère vis-à-vis des injustices et des raisons d'État. Je pense que ce réveil n'est pas mort par hasard.

Ce petit jeu a duré plusieurs mois.

14

Par l'intermédiaire de Mohamat qui glane on ne sait où ses informations, il m'est possible de comprendre ce qui se passe à l'extérieur. Barbrak Karmal s'est fait vider pour permettre au nouvel homme fort, Najib, de démarrer une autre politique. Sur le papier, comme toujours dans ce genre de régime, l'évolution paraît positive. Le mot d'ordre, aujourd'hui, c'est la réconciliation nationale, avec en prime des changements fondamentaux dans la Constitution. Le parti communiste, seul détenteur du pouvoir, incline au partage et appelle le multipartisme à hauts cris.

Comme il semble que le système juridique laisse à désirer, une campagne est lancée pour faire participer la population à la refonte d'un code de loi à l'origine obscure. La loi — comme en France nul n'est censé l'ignorer — est interdite d'accès à ceux qui en auraient besoin. Les avocats, car ils existent, ne sont pas là pour défendre des prévenus, ce serait mettre le système — infaillible par essence — en cause. Ils remplissent une vague fonction de présence et plaident en peu de mots la clémence. Ils sont rémunérés par le ministère de la Justice, et n'ont aucun besoin du code. Seuls procureurs et juges citent parfois un numéro d'article pour étayer une accusation ou une condamnation. Ils ne sont pas obligés d'en dévoiler le contenu. Qu'un prévenu demande à consulter un livre de droit, on lui rit au nez. Je sais, ils me l'ont fait.

Pour refondre ce droit, une consultation populaire a été organisée à grands frais de publicité : « Envoyez vos observations à la commission faite pour. » La télévision, tous les soirs, communique les « suggestions » du peuple, toujours édifiantes, prouvant « sans contestation possible » que la loi afghane est issue de la volonté des masses. Aucun organisme neutre ne préside au dépouillement des suggestions, la télévision est sous le contrôle du Parti et raconte ce qu'on lui ordonne de dire. La commission faite pour rédige ce qui convient au régime. Il peut y avoir de bonnes choses, dans ces textes, des notions présentables à l'étranger. Elles ne seront pas appliquées.

La période que nous traversons est animée par des ralliements massifs de « bandes contre-révolutionnaires ». J'apprendrai ainsi que Rassoul, le traître, s'est rallié avec cinq mille hommes. Il en contrôlait cinq cents, Kaboul doit comptabiliser les fantômes. Le cas Rassoul m'aide à réaliser que cette politique de « réconciliation nationale » est planifiée depuis longtemps par le KHAD. Les ralliements récents de miliciens à la résistance étaient destinés à faire mal, bien sûr, en éliminant les chefs, mais aussi à faire bien devant les caméras. Une abondante filmographie de soumission d'hommes en armes au régime vient d'être constituée, « preuve irréfutable » que la résistance afghane n'existe plus.

Le président du Conseil révolutionnaire, Najib, se fait successivement élire à l'unanimité secrétaire général du Parti, puis président de la République d'Afghanistan qui, du coup, perd son qualificatif de « démocratique ». Najib, après avoir été docteur, puis camarade, devient président et exige d'être rebaptisé Najibullah, nom à consonance musulmane. Il organise parallèlement des razzias de barbes grises [1], que l'on somme d'assister, à la mosquée, aux dévotions du président.

Si Allah lui prête vie, Najib ne tardera pas à briguer le titre d'ayatollah, à l'unanimité.

La nouvelle Constitution prévoit le partage du pouvoir avec des partis de l'opposition. Le parti communiste se scinde donc en groupuscules d'opposition. Le parti socialiste reste exilé aux Indes, les maoïstes se planquent, les partis de la résistance musulmane sont à Peshawar. Malgré les yeux doux du régime, la véritable opposition refuse Pul-i Charki et le poteau d'exécution.

Mauvais Afghans.

Quelle que soit la compréhension qu'on puisse avoir de ce type de régime, de sa propagande basée sur la tromperie, la mauvaise foi,

1. Les barbes grises sont les Anciens qui, dans la tradition afghane, prennent part aux délibérations de leur communauté.

le mensonge, quelles que puissent être les preuves, récoltées sur le terrain, que la « politique de réconciliation nationale » du président Najib est de la poudre aux yeux, pour ne pas dire la provocation, l'espoir reste chevillé quelque part dans la conscience d'un prisonnier.

Armé des éléments apportés par Mohamat, et fort encouragé par les voix, je tiens un raisonnement surprenant de candeur. Que veut Najib ? Que fait-il ? Où est son intérêt ?

Najib veut ce que veulent ses maîtres soviétiques. Or les Soviétiques tentent de désamorcer la crise afghane. Ne serait-ce que sur le plan tactique, pour se débarrasser de la résistance qui, ces derniers temps, bénéficie d'un soutien de plus en plus étendu et d'armements mieux adaptés à ses problèmes ; il faut éliminer un vivier de cinq millions de réfugiés. Il n'y a que deux moyens : la force ou la manœuvre. La force consisterait à rentrer dans le chou des Pakistanais. Ils sont la principale base arrière de la résistance.

Mais c'est un gros morceau, techniquement réalisable, mais risqué. Je ne suis pas sûr que la République indienne, alliée majeure de l'URSS, voit d'un bon œil l'Armée rouge s'installer sur ses frontières. Il n'est pas dit non plus que les ayatollahs iraniens apprécient. Ils ont un million de réfugiés afghans chez eux, et une démonstration de force au Pakistan pourrait les faire réfléchir au futur immédiat. En Iran, éloigner les Américains reste une priorité soviétique. Ces mêmes Américains pourraient voir dans une telle opération, pourtant destinée à régler un problème de personnes déplacées, un mouvement sournois en direction de Karachi et du golfe Persique. Quant aux Chinois, c'est facile, ils gueuleraient comme si on leur marchait sur les arpions. Merde, les Pakistanais sont leurs seuls copains en Asie.

Une belle démonstration de l'Armée rouge leur apprendrait, à ces salauds de réfugiés, à pas être contents. Mais ça ferait du bruit et, ces temps-ci, le Kremlin a les oreilles sensibles. D'autant que ses cent mille militaires viennent de se planter en Afghanistan, malgré Karmal, malgré Najib, malgré le soutien inconditionnel des masses et du Parti.

Alors reste la manœuvre. On va tout faire pour affaiblir le Pakistan, le rendre raisonnable. On va déclencher des bagarres, faire sauter des bombes, encourager le trafic de l'héroïne, et mettre tout ça sur le dos de la résistance et des réfugiés. En même temps, politique de la main tendue, on propose des négociations, on annonce la grande réconciliation et on invite les réfugiés à retourner, sinon chez eux, du moins dans des camps préparés à l'avance. Ils n'ont plus de chez eux, les pauvres. Le gouvernement, bon prince, a prévu de les reloger, sous la responsabilité de l'armée et du KHAD.

Et que les Pakistanais ne les retiennent pas *manu militari*, chiens de Pakistanais ! Il est prouvé sans contestation possible que les rumeurs concernant des réfugiés qui hésiteraient avant d'aller se faire couper les couilles, c'est que des menteries répandues par les médias impérialistes.

Côté négociation, Gorbatchev et Chevardnadze vont imposer un calendrier à Najib. Il faut prouver que Moscou est de bonne foi, et qu'il veut se désengager. Toutes les caisses de résonance vont être mises en œuvre pour montrer qu'il y a vraiment changement à Kaboul.

L'intérêt de Najib est de bien obéir. Les Soviétiques sont des maîtres chatouilleux. Il va lui falloir travailler son image de marque de libéral éclairé, avec poigne, pour que ce ne soit pas le bordel. Ces Messieurs de l'Armée rouge ne veulent pas faire retraite la queue entre les jambes. Il faut le comprendre, vous les ennemis du socialisme et des masses populaires, il faut donner une chance à Najib !

Bon, qu'est-ce que je fais moi là-dedans ? Je suis journaliste, au courant des affaires. J'ai été emprisonné, admettons, pour vérifications. Longues, les vérifications, mais que voulez-vous, il y a en ces matières un côté administratif incontournable.

Pourquoi ne veulent-il pas que je rencontre un diplomate français ? Pour éviter l'amorce d'un problème diplomatique ?

Si Najib est en phase préparatoire de négociations internationales, où est son intérêt, où est celui de Moscou ? Me maintenir en prison, me faire condamner pour avoir fait mon métier, s'engager dans de longues tractations qui, de toute façon, aboutiront à ma libération mais nuiront à l'image de marque du régime ? Ou me libérer, purement et simplement, en jouant la transparence et les temps nouveaux ?

Ou ils sont trop cons, ou il s'agit d'autre chose...

— Imbécile, disent les voix, tu sais très bien où est l'intérêt du régime ! Tu es libre, mon vieux, libre ! Quelques formalités à régler, tu fêteras Noël à Paris.

Pour me conforter dans cette analyse, les trois A se mettent à me poser des questions intelligentes.

— Voyez-vous, monsieur Alain, il faut nous dire ce que vous pensez de la politique de réconciliation nationale.

— Deux hypothèses, elle est sincère ou elle ne l'est pas.

— A votre avis ?

— D'où je suis, je ne peux pas répondre. Vous êtes mieux placés que moi.

— Il est possible que nous ayons des conversations sur le sujet, me dit Monsieur Ali. Que pensez-vous d'un éventuel retrait des troupes soviétiques ?

— J'en reviens à mes deux hypothèses. La réconciliation nationale est réelle, ceci signifie un changement de régime. Les Soviétiques peuvent se retirer. Tenez, vous pourrez leur faire une grande fête, mais il ne faudra pas trop compter sur le peuple, trop de sang a coulé. S'il s'agit d'un bluff, les Soviétiques doivent renforcer leur dispositif, pour votre sécurité.

— Qui voyez-vous à la tête d'un gouvernement de coalition ?

— S'il s'agit d'un gouvernement comprenant des membres de l'opposition, il faut éviter les extrêmes. Les responsables du fiasco actuel ne peuvent se maintenir au pouvoir. Je souhaite que la population afghane ne bascule pas dans un quelconque fondamentalisme religieux. Malheureusement vous avez exécuté la plupart de ceux qui, aujourd'hui, pourraient agir en médiateurs.

Je cite les noms de quelques islamistes modérés qui pourraient recueillir les suffrages de la résistance et amorcer un processus de reconstruction. Sans trop y croire, d'ailleurs, car les passions sont à ce point exacerbées qu'elles risquent d'alimenter la virulence des extrémismes des deux bords.

— Nous aurons l'occasion d'en reparler, affirme Monsieur Ali.

En position de légume, une masse de renseignements me parvient du monde entier. Je pense être l'homme le mieux informé de la planète. Suis-je couillong !

J'apprends que Khomeini et Saddam Hussein sont en passe de faire amende honorable. Le vieil ayatollah, obstiné et sénile, exige, depuis longtemps, des excuses personnelles du despote irakien pour accepter une trêve, pour envisager des négociations. Saddam Hussein veut pas. Mais sous la pression de ceux qui y ont laissé leur peau, ces grands chefs seraient presque disposés à s'excuser auprès du million de morts qu'ont coûtés leurs jeux dérisoires.

Des tueurs officiels s'excusant auprès de leurs victimes, des grands prenant conscience de ce qu'ils sont, réellement, n'y aurait-il pas révolution quelque part...

Eh bien, les voix m'annoncent la fin de la guerre Iran-Irak. C'est la trêve, la tuerie est terminée.

Quelle que soit l'estime dans laquelle je tiens ces deux pays, la nouvelle me fait plaisir. Ces massacres me semblent stériles.

— *Sont-ils stériles ? me demande quelqu'un.*

— Moi, je suis le légume. J'écoute, je ne suis pas là pour réfléchir.

— *Oui, ils sont stériles, affirme une autre voix. L'être humain est ainsi fait qu'il nous est nécessaire à nous les âmes, pour évoluer. Nous avons pour l'instant besoin de cette forme de vie sur la planète. Ces massacres sont du gaspillage.*

— *Non, ils ne sont pas stériles. Une entité collective a besoin de se forger. Ce n'est que dans l'épreuve, dans les difficultés qu'une âme se trempe, que se tissent les liens qui donneront cohésion et force à l'entité collective. C'est en les surmontant, ensemble, ces épreuves, que nos peuples sont devenus des nations qui tiennent debout...*

Je me permets d'intervenir, parce que s'ils commencent là-haut, on en a pour des heures.

— Bon, mais en bref, c'est vraiment fini cette guerre ?

— *Toi le légume, tu te tais. Laisse les grands parler.*

— *Arrête de lui parler durement. Il veut savoir, le petit...*

— Et les otages du Liban ?

— *Libres, ils sont libres, tu m'entends, imbécile !*

Voilà une bonne nouvelle. En même temps qu'un soulagement, j'éprouve des velléités strangulatoires, je tordrais volontiers le cou à l'entité qui me cause gras-du-bec. Ne sachant comment faire, je replonge dans l'état végétatif.

J'ai maintenant la certitude de savoir ce qui se passe dans le monde. Le KHAD peut me priver de journaux, je n'en ai pas besoin.

C'est le moment qu'ils choisissent pour m'autoriser à recevoir le *Kabul Times*, version anglaise de la presse locale. Les exemplaires sont sélectionnés et ne contiennent rien qui pourrait m'éclairer quant à ma situation.

On y parle abondamment du conflit irano-irakien, sans mentionner de trêve ni de volonté de règlement.

Je suis à ce point accroché par les révélations qui me viennent d'ailleurs, que je mets en doute l'authenticité de ces journaux. Je me persuade qu'il s'agit de faux, spécialement tirés à mon intention, on ne sait trop pour quelle sombre raison.

J'en arrive à ne plus lire. Moi qui ai cassé tous les pieds possibles pour les obtenir, ces canards, je les balance dans un coin de la cellule sans les ouvrir, à la grande surprise des gardes et pour le bonheur de Mohamat qui se met à apprendre l'anglais.

Je suis en plein potage.

Pour gagner du temps, car Monsieur Vince bouchonne avec ses traductions, les pieds nickelés décident désormais de travailler en direct. On me pose les questions oralement, je réponds de même, et Monsieur Vince traduit en simultané.

Nous nous accrochons toujours, avec Monsieur Ali, sur le terme « résistance ».

— Ce sont des assassins, des criminels. Vous avez déclaré vous-même que ces bandits exécutaient les agents du KHAD.

— Des hommes que vous infiltrez chez eux pour tuer ou capturer les chefs, oui, ils les exécutent. Je crois que la récompense promise à ces tueurs correspond à cinq ans de salaire, d'un bon salaire, s'ils éliminent un commandant, me trompé-je ?

— Ce sont des gens dangereux qu'il nous faut supprimer. Vous avez vous-même eu des problèmes graves avec eux.

C'est vrai que j'ai connu des situations tendues. Le fanatisme religieux fait désormais des ravages, il a émergé ici en contrepoint du fanatisme des communistes.

— Vous savez, monsieur Ali, lorsque vous voyez les villages détruits par vos alliés soviétiques, vous comprenez la rage qui peut s'emparer de ceux qui ont tout perdu.

— Vous êtes de leur côté, vous êtes un défenseur des contre-révolutionnaires !

— Je suis du côté de ceux qui prennent des bombes sur la gueule sans pouvoir se défendre.

Les interrogateurs noircissent le papier, je cause. Monsieur Vince aimerait être ailleurs. Plus je cause, plus il a mal à la tête. C'est un métier, que d'être interprète, qui exige de solides connaissances. Le français de Vince ne s'est pas amélioré, il arrive que les trois A lui fassent les gros yeux et que je m'impatiente.

— Je ne peux pas, monsieur Alain, c'est très difficile. Voyez-vous mon français n'est pas très bon... Il faut leur dire, ils doivent trouver quelqu'un d'autre.

— Tututu, monsieur Vince, vous êtes excellent. Vous savez messieurs les interrogateurs, Monsieur Vince n'a guère de progrès à faire pour passer inaperçu à Paris.

Le malheureux est obligé de traduire mes dithyrambes, tout en protestant de son incapacité. Les autres se demandent s'il n'est pas de mauvaise foi. Monsieur Vince devient très gris, il a peur de froisser Ali et le Tamoul.

Nous sommes deux, maintenant à vouloir être ailleurs.

Je navigue intérieurement dans un univers d'illusions. Les jours s'écoulent selon la même routine, les promesses faites par les voix ne se réalisent pas. Je vivrai ainsi des psychodrames mis en scène par des maîtres du suspense. Ils me feront vivre dix fois des libérations, hélas ! imaginaires, avec une force de persuasion qui finit par me fatiguer.

Une nuit, c'est un ami britannique, journaliste indépendant, lui aussi, qui monte une opération quasiment militaire pour me soustraire à Sadarat. *Well done, pal*, ça aurait pu marcher.

Un matin, j'apprends que l'avion du président de la République est en phase d'atterrissage sur Kaboul. Ça vous a une certaine gueule d'être récupéré par votre président, quand on est un petit rien du tout. De fait, un rugissement de réacteur fait vibrer la prison. Les voix affirment qu'il s'agit d'un Concorde et qu'il n'est pas là pour rigoler. Je suis libre ! On vient me chercher. Des pas dans le couloir, directement vers le numéro cinq. Fracas de loquet. Selim vient m'apporter l'eau chaude pour le café. Routine.

Une fantastique collaboration internationale s'établit. A Kaboul, toutes les ambassades jouent le jeu, on va me sortir de là, nom de Dieu ! Même l'ambassadeur soviétique est dans le coup. Je suis branché directement sur les tractations, c'est imparable. Je suis libre. Une délégation de chargés d'affaires se constitue pour me récupérer. Je vois le cortège des voitures diplomatiques foncer sur Sadarat. Najib, sous la pression du ministre soviétique, téléphone des ordres.

— Pas trop tôt ! me disent les voix. Ça t'a paru long, ce séjour en prison. Tu vois c'est fini, tout finit un jour. Toi, au moins, tu auras appris des choses, ici.

J'entends une cavalcade dans le couloir, toute une agitation. Des ordres claquent.

On vient me chercher pour l'interrogatoire.

Je vivrai plusieurs resucées de ce scénario, à peine transformé. Je verrai des hommes de caractère, des fonceurs, des décideurs, passer à l'action. Des plans simples, efficaces, rigoureux. J'assisterai, impuissant, aux coups de freins de dernière minute, aux états d'âme, aux hésitations, aux décisions unanimes de remettre à plus tard. Il est urgent d'attendre. De ma couchette je hurle qu'il suffit d'un rien de détermination pour la faire sauter, cette porte, que les grilles sont prêtes à s'ouvrir d'elles-mêmes...

Un matin je me sens pris d'une tentation de folie. C'est quelque chose qui s'empare de moi et me pousse à me comporter de façon étrange. J'ai l'impression de me dédoubler. Un « moi », lucide, en regarde un autre faire le pitre.

Exceptionnellement, on vient chercher Mohamat avant moi. En arrivant dans le bureau, je ne salue aucun des pieds nickelés mais tombe en contemplation devant la cravate de Monsieur Vince. Monsieur Ali et le Noir Tamoul se mettent en position de travail, le Frisé n'est pas là, il se fait rare ces derniers temps. Un soldat nous apporte du thé.

Je sors une cigarette bulgare de son étui, regarde Monsieur Ali en me penchant vers son verre.

— Vous n'en avez pas marre, vous, d'être en prison, lui demandé-je, en touillant son thé avec la cigarette. Qu'est-ce que vous avez bien pu faire ? Je vous vois ici tous les jours.

Un silence interloqué s'installe. Je croise les bras sur le bureau et roupille comme un cancre. Mon côté lucide se fend la pêche.

Monsieur Ali appelle la garde pour qu'on me ramène en cellule. Moi, je ne veux pas bouger, j'ai sommeil, qu'Ahmed le Tueur y aille à ma place.

Affolement général. Ahmed n'a pas l'air de vouloir. Finalement Selim, le lieutenant flottant, m'y conduit par la main. J'ai du mal à contrôler des vibrations au sternum tellement l'un des moi rigole. L'autre trouve que la folie n'est pas un état si désagréable.

De retour dans la cellule, j'y retrouve Mohamat. Son interrogatoire a tourné court. Il s'est assis sur le bureau de l'interrogateur, a renversé du thé partout en tenant un discours parfaitement incohérent. Il ne comprend pas ce qui lui a pris.

Un « médecin » nous prend la tension, tout va bien, il nous attribue deux cachets à chacun.

Ces derniers temps, Mohamat manie son jeu de cartes comme un maniaque. La réussite sur laquelle je l'ai vu si souvent s'acharner sans résultat marche maintenant à tous les coups. Cela durera trois ou quatre jours.

15

Depuis trois mois environ le KHAD patauge. Ce service a reçu pour instruction de me coller une accusation d'espionnage sur le dos, mais il paraît ne pas savoir comment s'y prendre. Tous les quinze jours les pieds nickelés me mettent un acte d'accusation sous le nez, document qui s'allonge au fil du temps et dont la lecture est agrémentée par le style inimitable de Monsieur Vince.

« *L'accusé Alain Guillo est coupable d'avoir espionné au profit de gouvernements impérialistes et d'avoir mis en danger la République d'Afghanistan. Il a soutenu les bandes-groupes contre-révolutionnaires, et il a activement participé à leurs activités criminelles. Il est responsable de trafic d'armes, et il est associé avec des groupes terroristes basés dans les pays impérialistes...* »

La liste des fredaines dont je serais responsable tient difficilement sur trois feuillets manuscrits.

— Vous voyez monsieur Guillo, il faut signer ici.

On m'appelle maintenant par mon nom de famille. Quelque chose aurait-il changé dans mon statut ? Des notes circuleraient-elles à mon sujet, qui ne tiendraient pas compte du classement alphabétique des fichiers du KHAD ? Je suppose, sans en avoir la certitude matérielle, que des échanges diplomatiques ont lieu à mon sujet.

Si je dois en croire les voix, la planète est en ébullition autour de mon cas. Elles s'arrangent pour que je reste perpétuellement en contact avec « l'ambassadeur [1] » de France à Kaboul. Quant au gou-

1. En 1987, la France est représentée à Kaboul par un « chargé d'affaires », Monsieur Lambert.

vernement local, il est dans une merde noire. Najib se ferait tirer l'oreille par tout le monde et vertement engueuler par l'Autorité soviétique.

Je refuse de signer leurs élucubrations. Pour me punir, on me fait retranscrire mes carnets de notes.

— En expliquant tout, sans rien omettre, en expliquant même les taches, me dit Ahmed le Sombre, en pointant une trace de soupe sur l'une des pages.

Monsieur Ali commence à prendre ses distances. Il s'absente fréquemment, comme Abdul le Frisé. Je suis de plus en plus livré à moi-même entre Monsieur Vince, qui s'ennuie, et Ahmed, qui ne sait plus quoi faire pour avoir l'air désagréable. Mes carnets sont illisibles, je raconte n'importe quoi.

Parmi les « documents » capturés avec moi, un ouvrage américain sur le système financier international m'incrimine. C'est un livre de poche en anglais que j'avais emporté, en même temps qu'une vie d'Alexandre le Grand et la relation d'un voyageur britannique sur le Pakistan.

— Pourquoi portiez-vous ces livres avec vous ?

— Pour lire.

— Pourquoi lisiez-vous, il faut tout dire...

Ceci nous a occupés un certain temps. Pour comprendre certains tableaux édités dans l'ouvrage financier, j'avais couvert les marges de calculs.

— Ce ne sont pas des calculs, ce sont des codes, m'affirme-t-on. Il faut tout expliquer.

Comme il n'y a rien à expliquer, Monsieur Vince se farcit la rédaction d'une centaine de feuillets inutiles. C'est à croire qu'ici, la valeur d'un interrogatoire s'estime au poids. Les pieds nickelés croulent sous les dossiers.

Je dois reconnaître que ces professionnels de l'interrogatoire ont une tâche difficile. Ils ont commencé, il y a déjà trop longtemps, en m'affirmant qu'ils savaient tout de moi, que je ne pouvais rien leur cacher, et qu'ils ne croyaient pas la moindre bribe de ce que je leur disais. En me dictant ainsi la marche à suivre, ils ne me laissaient d'autres ressources que d'attendre et de les voir venir. J'ai donc pris mon temps. Ces gens ne savaient rien.

J'ai fait au moins quatorze voyages au long cours en Afghanistan. Je leur en ai avoué neuf, ils en ont donc retenu neuf. J'aurais pu élaguer davantage. J'ai participé à l'installation de radios civiles dans différentes provinces, sous l'égide de Radio Kaboul Libre. Le KHAD n'était pas au courant. J'ai voulu faire de la photo aérienne à l'aide d'ULM, j'en ai importé quelques-uns au Pakistan. Les Pakistanais, malheureusement, se sont montrés trop voraces, j'ai dû les leur abandonner sans pouvoir m'en servir.

Je n'ose pas imaginer le comportement des sbires s'ils avaient bien été renseignés.

Ils tournent en rond sans vraiment savoir ce qu'ils cherchent. Un jour Monsieur Ali m'annonce :

— Demain, pour les besoins de l'enquête, nous allons filmer l'interrogatoire.

— Je refuse de répondre à des questions qui pourraient être interprétées comme un soutien à votre régime, ou une attaque contre la résistance.

Ce n'est pas, loin de là, que je sois un inconditionnel des résistants afghans, mais je veux pas qu'on m'extorque quoi que ce soit sous la pression. Il n'est pas question que j'alimente leur propagande.

Un jour, je traversais l'Afghanistan en compagnie d'un interprète pakistanais. Nous voyagions seuls pour des raisons de commodité. Embarquer dans un convoi de résistants vous gâche la promenade. Ces gens sont pressés et trop nombreux pour votre confort. La capacité hôtelière des campagnes est limitée, cent ou deux cents bougres affamés sont difficiles à nourrir dans les petits villages. En bref, vous devez vous grouiller, vous entasser et vous serrer la ceinture.

L'expérience permet au moins de sélectionner ce qui est bon pour vous. Je voyage de façon indépendante, j'ai toujours cherché, en Afghanistan, à éviter les groupes organisés.

Nous faisions halte dans un bazar du Hazaradjat [1], au cœur du pays. L'abri offert par les *tchaikhanas* [2] était surpeuplé d'êtres humains et de bestioles urticantes. Les commerçants survivants trafiquaient dans le non-choix à la gueule du client.

Un brouhaha en provenance de la rue principale attire notre atten-

1. Imaginez le Massif central, en plus haut.

2. Ça se prononce tchayrâna. Ce sont des maisons de thé, on y passe la nuit couché par terre.

tion. Descendant d'une jeep, une silhouette féminine enveloppée de chiffons, entourée par des gaillards trop bien équipés pour faire local, attire mon attention et celle du bon peuple, qui ne tarde pas à s'entasser autour.

— Des Européens, dis-je à mon interprète.

C'était Anaïk avec une escorte de copains de la Guilde du Raid[1]. Ils sont montés de la plaine pour l'accompagner jusqu'ici, mais doivent redescendre. Anaïk est déléguée par l'AFRANE, les Amitiés franco-afghanes, pour apporter de l'aide à un homme remarquable : le docteur Habib.

Habib, docteur en informatique de l'université de Rennes, est l'un des trop rares Afghans éduqués à l'étranger à avoir tout risqué pour aider son propre peuple. Il en est mort.

Anaïk, avec de l'argent plein les poches, était censée traverser, toute seule, une zone de guerre où Soviétiques et résistants s'affrontaient, doublée d'une zone chi'ite où pro et antikhomeinistes se kalachnikovaient d'abondance, triplée d'une zone exceptionnellement arriérée où petits et grands détrousseurs font assaut d'ingéniosité et d'expéditisme. Ajoutez à cela un paysage hostile, des installations touristiques inexistantes et la population la plus bornée que l'on puisse imaginer, même un Breton.

Bon, Anaïk était bretonne, d'accord. Un petit machin blond aux yeux bleus avec une frimousse qui aurait pu friser l'innocence si elle avait vécu en province. L'AFRANE l'avait persuadée que l'Afghanistan la changerait agréablement de Paris, je ne leur donne pas tort.

D'autant que j'en ai hérité pendant quelques semaines d'Anaïk. La région était en émoi, et les autorités locales lui refusaient tout appui pour atteindre le coin perdu où Habib, sa femme — une autre Bretonne —, et leur bébé s'étaient enterrés. Un molawi adipeux et un général tanné comme un cul de vieux cavalier nous avaient dit non non non, nous-mêmes on peut pas y aller parce que les khomeinistes là-bas vont nous les couper, même que vous êtes des beaux salauds, les Français, d'avoir déménagé l'hôpital...

Une association de médecins, en effet, avait tenté d'installer un embryon de service de santé dans le coin. Lassés par la connerie ambiante et l'insécurité, due aux affrontements parmi les tendances religieuses, ils avaient plié bagages. Les potentats locaux prétendaient nous en tenir rigueur.

---

1. Association humanitaire qui vient en aide aux victimes de la guerre.

C'est pour ça que j'ai décidé d'accompagner Anaïk, un peu parce qu'ils m'avaient échauffé, un peu parce que c'était difficile.

Nous avons ainsi, Anaïk, l'interprète pakistanais et moi-même couvert les cent cinquante kilomètres qui nous séparaient d'Habib, en utilisant des pistes où, à mon avis, jamais la main d'un Blanc n'avait posé le pied [1]. Nous avons affronté l'hostilité des populations, nous avons aussi rencontré l'hospitalité et la gentillesse. Nous avions fait l'acquisition d'un beau cheval, très vite boiteux, qui a daigné nous tenir compagnie jusque chez Habib.

Il s'était installé dans le district [2] le plus retardé d'une région qui, en la matière, fait figure de référence. Il avait monté un dispensaire, que son épouse, pharmacienne, faisait tourner. Tous les matins des queues sans fin s'allongeaient devant leur porte. Pour éliminer les maladies amibiennes, il aidait les paysans à forer des puits. Il avait installé différents ateliers, qui permettaient à la population d'apprendre de nouvelles activités et de s'assurer quelques revenus pendant l'hiver.

Il est mort, assassiné peu de temps après notre visite, pour avoir soigné un homme blessé. C'était un chef de résistance. Un groupe concurrent a supprimé Habib.

Un homme sans parti, convaincu au fond des tripes qu'il lui fallait tenter quelque chose pour son pays déchiré. Une autre victime du fanatisme.

Je parle d'Anaïk aux pieds nickelés, je la dénonce. D'une part pour expliquer que j'aime voyager seul, sans escorte armée, d'autre part pour marquer un point.

— Cette petite, capable de risquer sa vie pour aider, à combien l'auriez-vous condamnée ? Vous voyez, vous avez condamné des journalistes à vingt ans, un médecin [3], avec les mêmes motivations qu'Anaïk, à huit ans. Vous vous couvrez de ridicule, messieurs, personne ne peut vous prendre au sérieux. Pensez-y, ce journaliste [4] que vous avez condamné à vingt ans pour avoir franchi une fois la frontière, clandestinement, c'est une référence. Moi, après neuf voyages, vous devez faire mieux. Au-delà de vingt ans, il ne reste que la mort. Vous êtes tenus de me condamner à mort, si vous n'êtes pas des rigolos...

---

1. Ponson du Terrail a fait mieux.
2. Tart-e-Warras.
3. Augoyard.
4. Missen.

— Voyez-vous, monsieur Guillo, il ne faut pas vous fâcher, me dit Monsieur Vince.

Monsieur Ali hoche la tête comme il le ferait devant un gamin obtus. Personne n'insiste sur le cas du docteur Habib. Je trouve pourtant que l'occasion est excellente pour noter ma déclaration, pour mettre l'emphase sur ces factions méprisables qui détruisent tout ce qui reste de bon dans ce pays.

Ça ne les intéresse pas. Il est vrai que c'est l'une des activités du KHAD que de les encourager, ces factions, de les monter les unes contre les autres. Ils sont au courant de l'assassinat de Habib, ça les émeut si peu que j'en arrive à penser qu'ils l'ont commandité. Par contre, Monsieur Ali m'annonce avec une certaine jubilation que Abdel Haq, ce commandant qui m'a écrit une lettre de recommandation, vient d'être grièvement blessé.

— C'est vous qui me le dites.

Que leur répondre d'autre ? Je leur accorde une confiance trop limitée pour prendre ce qu'ils me disent au pied de la lettre.

— S'il n'est que blessé, il s'en sortira, crois-je devoir ajouter. Abdel Haq est un dur, il a déjà survécu à un paquet de blessures.

— Dites-moi, des médecins qui soigneraient Abdel Haq, dans votre optique, seraient des criminels...

— Oui.

Monsieur Ali est catégorique. L'individu ne compte pas, sa vie ne se justifie que par son affiliation au Parti. Quiconque aide un opposant au Parti est un criminel, un médecin qui le soigne est un ennemi. La notion d'assistance à personne en danger est étrangère à cette culture. Le parti communiste au pouvoir, qui se voudrait parti de pointe, partage les mêmes valeurs morales que le groupuscule d'extrémistes bornés qui a assassiné Habib. C'est en vertu de cette morale que les hôpitaux des associations humanitaires sont bombardés [1], que leurs médecins sont pourchassés.

Le serment d'Hippocrate est une aberration impérialiste.

Il y a du monde dans le bureau. Les pieds nickelés sont au complet. Abdul, plus frisé que jamais, est enfin de retour avec une

1. La majorité des appareils de bombardement sont frappés de l'étoile rouge soviétique.

belle cravate. Ils sont tous sur leur trente et un. Ahmed, aussi noir qu'à l'accoutumée, transmet des notes à Monsieur Ali qui officie en tant qu'animateur. Abdul gratte avec frénésie, il transcrit l'intégralité de l'interview. Monsieur Vince, bien peigné, traduit en simultané. Deux opérateurs s'affairent autour d'une petite caméra vidéo, branchée à la prise de courant grâce à des allumettes. Ces deux-là ont autant de consistance que de la gelée tiède, s'ils appartiennent à la télévision de Kaboul ils doivent être bien notés. On dirait des jumeaux. Leur statut d'opérateurs les dispense de cravate. Tout leur matos est japonais. Ils ont soigné l'éclairage. Les douze cents watts qu'ils nous balancent font transpirer tout le monde, le disjoncteur saute toutes les cinq minutes.

Je porte mon costume de scène habituel, un pyjama trop petit rayé de jaune, gris et noir. On m'attribue la chaise d'honneur, bien devant l'objectif. C'est une chaise d'écolier, sans doute américaine, avec une tablette sur le côté. Monsieur Ali est à ma gauche, légèrement en retrait. Monsieur Vince traduit du sofa, à gauche. Échelonnés à ma droite, Ahmed et Abdul œuvrant derrière des bureaux. En face, Lénine me vrille droit dans l'œil, réprobateur.

De temps à autre la petite souris sort de dessous la bibliothèque pour rucher un câble. Mmm, que c'est bon un câble. Je suis le seul à l'apercevoir. Quand elle a trop mangé, elle fait un petit tour, puis reprend ses occupations. Contrairement à Lénine elle sait faire bouger ses moustaches.

Je ne suis pas vraiment rassuré. Il faut que je fasse très attention, dans mes réponses, à ce que rien ne puisse être utilisé, après montage, dans un sens qui me ferait de la peine. Je demande mentalement l'assistance d'un mien grand-père, un ancien ingénieur de la Marine nationale, qui ne badine pas avec l'exactitude.

— Ne t'inquiète pas, fieu, nous sommes tous là.

— Justement !

Je suis malgré tout rempli d'une énergie venue d'ailleurs, et je m'absorbe dans un rôle d'invité sûr de lui, un peu comme sur un plateau de télévision ordinaire. Un expert, avec un soupçon de bonnes manières.

L'interview durera deux jours. La liste des questions dans lesquelles s'emmêle Monsieur Ali fait une centaine de pages. Je refuse de répondre à certaines d'entre elles du style :

— Vous avez affirmé que...

— Je n'ai rien affirmé de la sorte.

J'évite de dire oui ou non, ces petits mots facilitent le travail du monteur, s'ils veulent me faire dire n'importe quoi. Le jeu est long, mais parfois amusant. Les pieds nickelés n'osent pas se mettre en colère devant la caméra. Je doute qu'ils soient dans le champ, ils ont d'ailleurs tombé la veste et le preneur d'images évite de bidouiller la focale. Mais leurs voix sont enregistrées.

Le film doit certainement voyager, ils ne veulent pas donner trop mauvaise opinion d'eux-mêmes à Moscou.

Un jour de décembre, je suis tiré de mes rêves éveillés par un peloton de gardiens, et conduit à l'extérieur du corps principal de la prison, dans le bureau du commandant, juste derrière le massif de fleurs.

Ils ont l'air pressés, je n'ai pas même le temps de pisser. Je ne suis pas d'excellente humeur. Dans le bureau du grand chef, une large pièce avec des fauteuils et une table basse, trois étrangers attendent. Le commandant préside à distance. Les gardiens se retirent.

Un barbu, avec une bonne gueule, se présente en anglais : Mikhaïl Kojoukov, correspondant de la *Komsomolskaya Pravda*. A sa gauche, deux individus douteux, sans doute afghans, me sont vaguement présentés, l'un d'entre eux, crois-je me souvenir, faisait partie de la presse afghane. Ils ont la main aussi molle que leur allure, le teint gris comme s'ils voulaient se fondre dans les décors. Le Soviétique me fait signe de ne pas faire attention.

Je suis pris totalement au dépourvu. Qui sont ces types ? Les Afghans, bon ce sont des classiques du régime, KHAD, ministère de l'Information, il n'y a guère de différence. Mais le Russe ? Je trouve bizarre qu'un « journaliste » me rende visite avant le chargé d'affaires. Son anglais est bon, sa seule présence indique qu'il n'est pas n'importe qui. Dans le fond, je n'en ai rien à foutre. Serait-ce un piège du KGB, quelle importance ? J'ai déjà passé plus de trois mois avec eux.

Finalement ça me fait du bien de voir une nouvelle tête. S'il est vraiment ce qu'il prétend être, alors cette isolation barbare est en train de prendre fin. C'est aussi une preuve que les Soviétiques sont tout-puissants dans mon affaire, car les prisons du KHAD ne sont ouvertes aux journalistes que pour des séjours de longue durée.

L'interview se déroule de façon civilisée, le « collègue » soviétique enregistre sur un petit magnétophone. Nous faisons le tour du problème afghan, du moins de ce que je peux en dire, il me pose des questions personnelles, auxquelles je réponds dans les mêmes termes qu'aux interrogateurs.

Le résultat final n'est pas à proprement parler mauvais [1]. Intéressant dans son esprit, il montre comment l'information peut être distordue pour servir de propagande. Ce type d'article permet surtout de comprendre pourquoi le journaliste de terrain est indispensable.

En deux ans de travail, ce collègue soviétique a vu des dizaines d'écoles détruites : « *Aucune n'abritait d'administration locale, elles représentaient aux yeux des* douchmans [2] *des changements haïssables pour eux...* »

Deux ans c'est un peu court. Le coup d'État communiste date de 1978, et la politique de « réformes » voulue par Kaboul s'est beaucoup appuyée sur un corps enseignant incompétent et politisé. Le pays avait besoin de changer, il était en train d'évoluer. Vous avez tout cassé pour imposer votre manière. Le mépris pour la population manifesté par les dirigeants que vous avez, vous les Soviétiques, installés au pouvoir a provoqué des massacres impardonnables. Les écoles, seuls bâtiments en dur des campagnes, ont été utilisées comme centres de propagande lorsqu'on y enseignait. Elles ont abrité les nouveaux prosélytes du marxisme, formés à la va-vite, originaires des grandes villes, incapables de comprendre leur propre pays. A ce titre elles sont effectivement devenues des symboles haïssables, elles ont été détruites par les villageois pour empêcher que l'administration honnie puisse revenir s'y installer.

Il ne faut pas faire de détournement de symbole. Si mes souvenirs sont exacts, ces écoles avaient été installées grâce à l'aide américaine, et elles fonctionnaient, avant votre arrivée.

Mikhaïl Kojoukov exprime-t-il l'opinion soviétique lorsqu'il affirme que les villages détruits l'ont été par la résistance, et non pas par des Mig ? Indécent, collègue : il y a cinq millions de réfugiés qui ont fui vos bombardements, ils aident la résistance ! Ce village que j'ai filmé, Moder, dans la région de Bamian, a été bombardé peu de temps avant mon arrivée. Avez-vous vu ces dizaines de petits dra-

1. Voir annexe 3.
2. Ennemis.

peaux qui s'agitent sur des monticules ? Ce sont des tombes fraîches, des tombes de victimes de votre « réconciliation nationale ». Les paysans du coin n'y croient guère, à cette réconciliation. Le seul endroit où j'en ai entendu parler avec ferveur, c'est en prison, par la bouche de mes geôliers.

Oui, il y a des pudeurs qui frôlent l'indécence. C'est d'une exquise délicatesse que de ménager les sensibilités, en pourchassant l'information et en bidouillant la vérité. Nous avons des valeurs diamétralement opposées. La présence en Afghanistan d'observateurs étrangers, journalistes, médecins, membres d'associations humanitaires a protégé ce pauvre pays des gaz de combat. Vous les avez utilisés à petite échelle, pour les essayer, mais la crainte du scandale vous a obligés à réfréner vos pulsions sanguinaires.

Moi je trouve qu'ils sont bien ces étrangers, d'avoir sauvé des vies humaines. Pour vous, ces empêcheurs de gazer les paysans sont des salauds, des criminels.

J'avoue, Mikhaïl Kojoukov, en faire partie de ces criminels. J'ai raconté ces anecdotes au KHAD et je sais qu'ils m'en veulent.

Tiens, à propos de bombes et de pudeur. J'étais dans le nord, dans la région de Mazar-i Charif. Le grondement des bombardements, vous pilonniez à l'époque la vallée de Shulgar, indiquait aux populations de la province que le grand frère soviétique œuvrait pour le bien de tous. J'ai décidé — j'étais là pour ça — d'aller voir ce qui se passait.

J'ai choisi d'installer ma caméra sur la terrasse d'une maison qui dominait la vallée. Les gens du pays m'avaient expliqué que la distribution des bombes était aléatoire, et que j'avais toutes les chances, pour peu que je m'installe dans un village, de filmer du « bon » document.

Nos chaînes de télévision s'intéressent, en matière de reportage, au sanglant, au profondément dégueulasse. Elles sont persuadées que le public attend d'un reportage de terrain ce que lui offrent les metteurs en scène américains dans leurs films de guerre. De l'action, toujours de l'action. C'est comme ça que les journalistes se font tuer.

Avec mon interprète, nous avons fait le guet. Notre installation au village n'est pas passée inaperçue, les braves gens défilaient pour nous voir. Soviétiques mis à part, les étrangers sont rares dans ce pays. Ils constituent toujours une attraction.

Nous avons attendu dix jours. Comme par miracle, les bombardements ont stoppé.

— Restez, nous disaient les gens, vous protégez la vallée.

Nos chevaux devenaient gras de toutes les offrandes qu'on leur faisait. Ces longues périodes d'attente, inévitables, doivent cependant prendre fin, d'autant que je subodorais de l'anormal dans cette paix soudaine. Pour vous éviter de monter une opération de bouclage, j'ai décidé de quitter le village et de le faire savoir autour de moi.

Nous sommes montés en selle dans la soirée, en disant au revoir à tout le monde, et nous avons pris le chemin de la montagne. Dans la nuit, nous avons fait demi-tour, et sommes retournés dans la vallée. J'avais repéré un village à moitié détruit, non loin de positions tenues par des moudjahidin. Ils harcelaient l'un de vos postes au mortier — les munitions étaient soviétiques — et recevaient des obus dans la gueule.

A la limite, ce village pouvait être tenu pour zone de guerre. La malheureuse population, prise en sandwich, n'y pouvait pas grand-chose. J'ai pu pénétrer dans le village sans me faire remarquer, les résistants ne l'occupaient pas, et me suis installé sur ce qui restait du toit d'une maison détruite.

J'ai renvoyé l'interprète avec les chevaux. Avec le jour une escadrille de Mig s'est abattue sur le village.

On entend d'abord un sifflement lointain mais continu. Les avions tournent à haute altitude. Puis, sans prévenir, en utilisant les reliefs, ils fondent sur l'objectif dans un hurlement d'enfer. La passe dure quelques fractions de seconde, on reçoit un coup de fouet sonore lorsque les appareils vous survolent à trente mètres, suivi du fracas d'apocalypse des bombes. Ils piquent par paire, l'un derrière l'autre, et lâchent leurs saloperies en rase-mottes. Les bombes sont équipées d'un petit parachute, elles explosent quelques secondes après le passage des avions. J'ai enregistré dix-huit passes à deux bombes chacune, dix petites tonnes d'explosif sur un village où dix familles essayaient de survivre.

Car ce n'est pas les moudjahidin que vous bombardiez, mais les maisons. Les bombes ont encadré mon toit qui s'est senti mal, j'ai fini par en être éjecté. Dans la poussière et la fumée je n'ai pas pu filmer grand-chose. Mon magnétophone, par contre, a tout enregistré, le hurlement déchirant des monstres, la démence des explosions, les gravats sur le micro et, entre deux passes, le chant des oiseaux.

Vous étiez au courant de mon « départ », vous êtes donc remarquablement informés. Vous saviez qui vous bombardiez, des civils, des femmes, des gosses. Vous saviez aussi que ce village n'était pas défendu.

Les « stingers » sont arrivés plus tard, hélas ! Vous avez remarqué qu'on bombarde moins, depuis qu'ils sont là ?

Vous n'aimez pas les témoins. Vous les traitez en criminels. N'auriez-vous pas quelque part mauvaise conscience, à vouloir à tout prix cacher vos exactions ? C'est encourageant. Avec le temps, ne développerez-vous pas une conscience, une vraie, celle d'une population responsable des choix de ses hommes politiques ?

Cet article paru le trois janvier, trois jours avant mon « procès », en préparait le verdict. Il rapporte des choses que j'ai dites, quelques inexactitudes, des interprétations tendancieuses et une jolie série de points d'interrogation pour prouver que je suis un espion.

Mikhaïl Kojoukov conclut ainsi son papier.

Bientôt, le « voyageur » comparaîtra devant un tribunal. Le tribunal, apparemment, répondra à la question principale dans cette affaire : qui est en réalité et dans quel but venait en Afghanistan cet homme, assis en ce moment devant moi, dans l'habit rayé des prisonniers, Alain Jean Étienne Guillo ?

Ne t'inquiète pas, mec, tu savais que les choses étaient jouées d'avance et que le pouvoir soviétique de Kaboul avait déjà décidé du verdict, avec pour « preuves irréfutables » les points d'interrogation que tu as toi-même posés, ou que l'on t'a dictés. Si tu es d'accord avec ce type de « justice », je te plains. Vous avez du chemin à rattraper. Mais de grâce, arrêtez d'imposer par la force cette ignominie aux pays sans défense.

En lisant ton article, je comprends ce que vos régimes exigent d'un « journaliste » : qu'il écrive ce qu'on lui dit d'écrire. Il faut que tu comprennes qu'il y a aussi place pour des journalistes qui disent, qui montrent, qui expliquent ce qui est, quelles que soient les pressions.

Vous-mêmes, en Union soviétique, pourriez un jour en avoir besoin.

16

Je replonge. Mes journées sont occupées à retranscrire mes carnets de notes et à expliquer les taches de gras qui maculent certaines feuilles. Ça me permet de voyager à bon compte, Ahmed le Sombre somnole sur ses dossiers. Le temps coule.

Le premier carnet date de trois ans. En comparant mes expériences avec ce que je connais aujourd'hui, je ne peux que constater l'évolution d'une maladie.

J'avais alors, en compagnie de quatre farfelus Ouzbeks, découvert des régions encore accueillantes, des hommes suffisamment éloignés des conflits et des intrigues pour vivre avec leur dignité coutumière. Les bombes tombaient autour des villes et sur les frontières, là où KHAD et KGB sévissaient. Seul, Massoud du Panshir, à cause de la proximité d'un tunnel stratégique, à cause de sa personnalité et du potentiel représenté par les Panshiris — imaginez de mauvais coucheurs teigneux, une vallée peuplée d'irréductibles Astérix — attirait, dans ses lointaines campagnes, les foudres de Moscou.

Le Hazaradjat, zone chi'ite, était bien secoué par les fièvres iraniennes, mais certains coins perdus restaient encore protégés de la contagion. Loin de tout, des peuples aïmaks poursuivaient leur vie de pasteurs. Les nomades, à l'abri des montagnes, s'inquiétaient des cours de l'astrakan, sans trop se soucier des shuravis et de leurs séides. Dieu que ce pays est beau quand il est en paix !

Trois ans plus tard, le mal a rongé. Les agents du KHAD, infiltrés dans la moindre vallée, font circuler les gros sous, encourageant les rapaces, semant délation et discorde. Par réaction, la résistance répond à la sauvagerie par la sauvagerie. Les âmes s'insensibilisent. Je traverse désormais un univers de méfiance et de peur.

La campagne pue. Le plus petit village a payé son écot à la guerre. Les paysages grandioses d'autrefois sont lourds de menaces et de haine. Choc culturel ?

Hors des heures de bureau, pendant que les trois A rendent des comptes à leurs maîtres soviétiques, je replonge dans le rêve éveillé. Je vacille entre le légume et l'énergie. J'écoute, puis on m'écoute. On me donne aussi, parfois.

— *Regarde autour de toi, disent les voix, tu verras tous les modèles...*

S'il est vrai qu'une société est un organisme vivant, une entité en évolution, elle se compose à la fois de systèmes centralisés et de systèmes décentralisés, complémentaires et concurrents. C'est la recherche d'équilibre entre ces systèmes qui crée le mouvement. Lorsque l'organisme génère un système parasite, un franc-tireur, c'est pour tester la solidité de l'ensemble ou pour tout démolir.

En ce qui concerne l'Afghanistan, ses habitants n'ont jamais ressenti de sentiment national au sens propre. Ils partageaient une civilisation commune, menacée par des civilisations voisines, plus « avancées ». Dans son isolement cette civilisation rurale a développé des « systèmes lourds » non par leur taille mais par leur autorité : les clans, centralisés autour des *jirgas*[1]. Cette autorité clanique limitait considérablement la liberté des « systèmes légers », familiaux ou individuels, écrasés par la tradition. Les clans maintenaient entre eux des liens plus ou moins forts, au sein des tribus ou des provinces. Les francs-tireurs, les indépendants révolutionnaires impitoyablement rejetés n'avaient d'autre choix que la mort, l'exil ou le maquis. L'équilibre atteint par la civilisation afghane frisait la sclérose.

Les lois naturelles régissaient le statu quo. Les techniques agricoles ancestrales, orientées vers l'autarcie, ne pouvaient résister au choc de la modernisation. De complexes problèmes de prix, de salaires, d'importations se surajoutaient à l'archaïsme génial des méthodes de culture. Les femmes étaient prolifiques, mais les maladies infantiles régulaient le taux d'accroissement démographique. L'introduction des

1. Assemblées de notables.

vaccins ne pouvait — ils l'ont fait ailleurs — que chambouler le bel équilibre. Cette civilisation, comme celles qui ont disparu avant elle — je pense aux grands empires amérindiens — avait perdu la capacité d'évoluer de l'intérieur. L'introduction du moindre miasme étranger ne pouvait que provoquer l'effondrement de l'organisme.

Les miasmes sont entrés par les villes. Dans les concentrations urbaines, le poids des traditions diminue. Elles servent de refuge aux esprits originaux chassés par les campagnes. Comme partout, la ville est un ferment d'évolution.

Ils sont tous arrivés en même temps, ces miasmes. Les « ismes » occupaient les intellectuels, les produits japonais montaient à la tête des pauvres, la culture étrangère transformait la jeunesse, les découvreurs de marchés débarquaient avec de mirifiques propositions. La ville voulait le changement, la campagne s'accrochait à ses équilibres.

Une évolution en douceur était possible, dans la longue durée. Elle aurait de toute façon abouti à la destruction de l'antique mode de vie.

Les communistes ont pris le pouvoir. Pour imposer leur système centralisateur aux campagnes, ils ont étouffé, en ville, toute possibilité de réflexion, d'expression, de manœuvre en souplesse. Moscou leur avait livré un système clés en main, ils détenaient la vérité, ils ont tout bousillé.

Mais ils ne peuvent rien construire. Ces intellectuels au rabais puisent chez leur protecteur des solutions qui font long feu en Union soviétique. Ils ont par leur violence généré des anticorps plus violents. Ils ont ouvert la porte à tous les fanatismes, toutes les haines.

Là-dessus les bons docteurs venus du nord ont décidé d'opérer, de trancher dans le vif. Ils ne comprennent plus. Cette société sclérosée qu'ils pensaient contrôler en trois coups de cuiller à pot a perdu sa rigidité, sa substance, ça ne ressemble plus à rien ce truc-là ! Les chirurgiens soviétiques sont en face d'une boule de mercure.

Tous les sacrifices imposés au peuple russe depuis la fin de l'ère stalinienne, justifiés par la volonté de puissance du système et l'invincibilité de l'Armée rouge, se traduisent par un fiasco politico-militaire face à un petit peuple démuni, ravagé, déstructuré.

Un jour le Tueur Tamoul m'annonce que l'interrogatoire est terminé et que je serai jugé dans les quinze jours. Il lève les yeux au ciel pour me dire « pas trop tôt ». Ses collègues l'ont abandonné depuis un certain temps, je savais bien qu'il s'embêtait, tout seul, à nous surveiller Monsieur Vince et moi-même pendant que nous faisions nos cent lignes. Pour le distraire je lui parlais du départ des troupes soviétiques, que je ressentais comme imminent, de la bêtise de ces politiques du pire qui font naître la haine et creusent des fossés irréconciliables.

— Beaucoup parmi les cadres de ce régime devront partir avec les Soviétiques. Ils risquent leur vie, ici, si le gouvernement change.

Monsieur Vince, soucieux, enchaîne :

— Ils sont cruels les musulmans, ils nous ont déjà tué beaucoup de monde.

Ahmed le Sombre hoche la tête, il ne dit rien mais on voit qu'il aimerait être ailleurs.

Quant à cette histoire de procès je la prends comme elle vient, je ne fais pas plus confiance à Ahmed qu'au reste de mon environnement.

— *Tu seras libre fin décembre, me disent les voix.*

Je subodore que fin décembre approche. J'ai déjà vécu, expériences pénibles, plusieurs libérations anticipées, j'accorde un crédit mesuré à cette promesse.

Pourtant j'espère. Dans ce genre de situation on se raccroche à tout. Je continue à penser qu'il n'est pas dans l'intérêt du régime de me juger, surtout en ce moment. Bien utilisée, ma libération pourrait prouver un changement d'esprit, une volonté d'ouverture.

« Alain Guillo, journaliste capturé dans le nord du pays après avoir clandestinement pénétré sur le territoire de la République, vient d'être libéré après quatre mois de détention préventive. »

Qu'aurais-je eu à raconter ? De longues séances d'interrogatoires, une isolation pénible... et alors, ce sont des risques qu'il faut assumer dans ce genre de métier. J'étais un clandestin, après tout. Je n'avais pas été physiquement torturé, je n'avais été en contact qu'avec un seul prisonnier, selon toute vraisemblance un agent des Services de sécurité.

Pas de quoi en faire un plat.

Avec, en prime, un soupçon : pour être sorti aussi facilement, n'as-tu pas signé un pacte, Guillo ? Qui es-tu maintenant ? Peut-on te croire sur parole ?

— *Tu as tout compris, disent les voix. Tu vas être libéré.*

Des bruits de rangers dans le couloir, le claquement du verrou — ils n'ont jamais appris à ouvrir les portes discrètement —, une escouade d'officiers et de gardiens me fait signe de me préparer.

Mon pouls s'accélère. Mohamat me donne son blouson. J'essaie de savoir ce qui se passe, peine perdue.

— Tu sors.

Réponse laconique qui me met la tête en ébullition. Avec mon escorte nous traversons les couloirs, descendons l'escalier, on nous ouvre la porte du parterre de fleurs. Nous franchissons une enceinte, puis une deuxième, les gardes saluent. Une fourgonnette du même type que celle qui m'a conduit ici attend, portes ouvertes.

On me fait monter dans le panier à salade en compagnie de deux gardes. On ferme la grille, les portes claquent, nous démarrons. Je me pose des tas de questions, les voix détournent la conversation :

— Ça fait du bien d'être dehors, disent-elles.

— Où va-t-on ?

— Tu verras bien !

— Tu es libre, libre, libre, insinue quelqu'un par un autre canal.

Dans ces échanges, j'ai repéré trois canaux. L'un se situe au sommet du crâne, je reçois par là de la pensée, de la communication condensée. Il m'arrive de pouvoir en émettre. Un autre, au-dessus de la barre des sourcils, au milieu du front, permet de converser normalement avec les esprits. A l'arrière de la nuque se trouve un centre de perception plus diffus, qui communique des impressions, mais laisse aussi filtrer des « voix ». Parfois, vous recevez par tous ces canaux en même temps, et ça peut être contradictoire.

Dans le bouillonnement qui m'agite il y a un gros paquet d'espoir, plus un petit quelque chose qui me suggère de ne pas m'emballer.

Le contact est établi avec « l'ambassadeur de France ».

— Je viens te chercher, me dit-il.

Nous nous tutoyons, par l'esprit. Je tutoie tout le monde, présidents et majestés, saints, grandes figures spirituelles, même Geneviève, la petite pute de Pigalle récemment emportée par un cancer. L'univers spirituel qui m'environne est fort égalitaire.

L'ambassade de France est peuplée d'esprits que je fréquente depuis un certain temps. Ils viennent aux nouvelles, m'expliquent que des mécanismes se mettent en place, qu'on s'active à mon sujet. Sympa, il y a aussi un docteur qui prend soin de moi par télépathie.

— *Youpie, fait le chœur de l'ambassade, on a gagné !*

Bien entendu des esprits adverses sont à l'écoute. Ils ronchonnent un peu les esprits adverses, Najib s'est fait tirer l'oreille, il y en a deux ou trois qui aimeraient me descendre à l'intérieur de l'hôtel, car nous sommes en route vers un hôtel. Mais les autres ne veulent pas. J'ai encore une fois un aimable barouf dans le crâne.

Le panier à salade s'arrête. On m'ouvre les portes, je suis devant l'hôtel Intercontinental.

Le portier, les employés de la réception devant qui nous défilons ouvrent des yeux ronds. Le hall est immense et sombre, mon escorte en uniforme a fière allure, il y a des flics partout. Nous sommes en sécurité. Un détachement me conduit jusqu'à un salon du premier étage, je distingue un bar du coin de l'œil. Malheureusement le barman fait comme s'il n'était pas là, son maxillaire inférieur pend, ses yeux s'exorbitent, ses bras ballent avec un torchon au bout, aussi inanimé que l'ensemble du tableau. Un geste énergique d'un gardien le ramène à la vie, et il disparaît sans même prendre la commande. On m'installe seul autour d'une petite table, je continue à conférer avec moi-même.

Quelque temps plus tard, on me conduit dans un autre salon. Autour d'une table carrée je retrouve les pieds nickelés du KHAD, à droite, des individus à l'allure louche, à gauche. Ils ont des costumes et paraissent tendus. En face, à contre-jour malheureusement, trois représentants de l'ambassade de France. J'ai perdu l'habitude de la lumière du jour.

Les communications avec « l'ambassadeur » cessent lorsque je pénètre dans le salon. Nous sommes trop proches, me dit une voix. Ça ne peut pas passer. Toute une équipe de « conseillers » par contre continue à me bassiner, en me recommandant la prudence, en me déconseillant de sauter de joie, en m'interdisant d'embrasser tout le monde.

— *Tu es libre, Alain, ce n'est pas une raison pour te comporter comme un clown, de la tenue bon sang, on t'observe.*

Monsieur Lambert, le chargé d'affaires, me présente Monsieur Raymond Petit, le conseiller, et le docteur Gilles Manuel. Puis il me désigne les trois individus mal à l'aise :

— Ces messieurs sont du ministère des Affaires étrangères d'Afghanistan. Monsieur Guillo comment allez-vous ?

Il y a quelque chose chez cet homme, de petite taille, la soixantaine environ, qui me rappelle mon père. Est-ce la coupe de cheveux, la forme du nez, ne serait-ce pas plutôt les yeux, vifs, pétillants de malice ? Ça me fait en tout cas plaisir de les voir, ces Messieurs de l'ambassade.

Lambert, en phrases courtes, me confirme ce que j'ai l'impression de savoir. J'ai reçu un brouhaha de communications depuis que je suis ici, pourtant j'ai l'impression d'en avoir retenu quelque chose, un peu comme une boue filtrée donne quelques gouttes d'eau claire.

Des amis s'occupent de mon cas. Je comprends qu'un comité de soutien s'est constitué, et je ressens un vertige. La liberté est donc reportée à une date ultérieure. Comme il n'est pas question que le KHAD ou le ministère des Affaires étrangères soient témoins de mon désarroi, je fais comme s'il faisait beau dehors. Un soleil éclatant éclabousse d'ailleurs, et la luminosité m'est pénible.

Le docteur m'observe comme s'il cherchait à diagnostiquer. Sommes-nous vraiment en contact télépathique ? Monsieur Petit ne perd pas des yeux les fonctionnaires qui nous encadrent. Ils sont étrangement réservés. De temps en temps le KHAD ou les Affaires étrangères cherchent à se rendre sympathiques.

— Il faut qu'il prenne soin de lui-même, dit Monsieur Ali.

C'est vrai, j'ai entamé une grève de la faim depuis trois jours, une vraie, avec conditions et tout. Je ne mangerais qu'après avoir rencontré un représentant de l'ambassade de France.

Monsieur Lambert réprouve, il faut se ménager dans ces conditions.

— Ne vous inquiétez pas, on fait bouger les choses.

Ma réponse est peut-être sibylline, mais ça résume. Monsieur Lambert est en face de moi et Monsieur Ali est bien embêté. Pour prouver sa générosité, le KHAD accepte que je reçoive une visite régulière du docteur Manuel. Promesse en l'air, sur le coup de l'inspiration. Je ne reverrai plus le docteur qui n'a même pas eu le loisir de m'examiner.

Je suis, sur le plan santé, pris en charge par les entités. Elles me maintiennent en bon état. De menus problèmes d'articulation ou de douleurs internes ont disparu. Je ne suis pas inquiet sur ce plan. Mais Monsieur Ali me confirme encore qu'il raconte n'importe quoi.

L'ambassade n'a rien reçu du courrier que je lui ai adressé. Monsieur Ali qui m'a toujours affirmé le contraire trouve lui aussi qu'il fait très beau dehors. Il y aura procès. Comme je demande un avocat choisi par mes soins et que Monsieur Lambert opine avec vigueur, on nous répond que tout s'arrangera, qu'il n'y a pas de problèmes, bof, que ne vont-ils pas chercher ces Français ? Les diplomates déposent devant moi des lettres personnelles dans des enveloppes décachetées. Le courrier reste un moment sur la table, je fais un geste pour en prendre possession, Ahmed le Vautour Noir fond dessus en promettant qu'il me sera remis sous peu. Le sous peu a duré un mois.

L'équipe de France m'a apporté des gâteries, certaines envoyées par des amis, d'autres en provenance de l'ambassade. Des tas de bonnes choses à manger, à fumer et à lire. Le à lire disparaîtra dans les états d'âme de la censure. Pendant quelques jours, la garde me distribuera le reste au compte-gouttes, après déduction d'un pourcentage. Les taxes sont fortes, au KHAD.

Je voudrais savoir si oui ou non il y a contact télépathique entre la cellule numéro cinq et l'ambassade de France. La question est délicate, car je ne veux pas mettre la puce à l'oreille des geôliers.

— Je fais des expériences intéressantes, dis-je à Monsieur Lambert.

Il me regarde avec un air de vieux renard en hochant la tête. Serait-il branché ?

On installe un troisième client, chambre numéro cinq. C'est un Pashtoune de Jalalabad, dans l'est du pays. On lui dépose une paillasse contre le mur, Mohamat lui fait immédiatement sentir son rang hiérarchique. Comme j'ai toujours droit à un traitement gastronomique de faveur avec des œufs, du yaourt, des fruits, et que je ne mange pas grand-chose, Mohamat en profite pour s'accumuler des réserves dans le pneu. Il ne veut pas partager avec le Pashtoune.

— La soupe lui suffit.

Le nouveau est costaud, la trentaine environ. Nous n'avons pas de langage commun, Mohamat fait les présentations.

— C'est un flic, un capitaine de *tsarandoy*[1]. Il est en poste à

1. Police militarisée, les tsarandoy s'occupent du maintien de l'ordre dans les villes. Ils dépendent du ministère de l'Intérieur et de la présidence de la République.

Jalalabad. L'un de ses hommes faisait sauter des bombes, on le soupçonne de complicité.

Le comportement un peu méprisant de Mohamat montre que le régime n'a pas réussi à éliminer une constante du comportement afghan, la hiérarchisation instinctive. La stabilité de l'ancienne société était en partie due à cette hiérarchisation. Chacun trouvait sa place. Aujourd'hui, l'égalitarisme n'est toujours pas de mise.

Ils sont tous deux citadins, l'un est de Kaboul, l'autre de la province. La famille de Mohamat servait le roi, le flic est d'obscure extraction paysanne. Le procureur prend le pas sur le policier, le Tadjik méprise le Pashtoune. Ce dernier le lui rendrait volontiers, mais il est seul. L'orgueil pashtoune ne se manifeste qu'entouré de son clan.

Désormais, c'est le capitaine de police qui fera le ménage. Il mangera ce que Mohamat voudra bien lui laisser.

Les gâteries de l'ambassade, biscuits, chocolat, cigarettes, sont en self-service. Mohamat n'ose rien me dire, mais ses yeux réprouvent lorsque le nouveau se sert. C'est un balaise, dans les quatre-vingts kilos, qui a dû recevoir des consignes pour assurer ma sécurité. La direction de l'établissement craint peut-être des bris de mobilier ou des dommages dans les structures de l'immeuble. Les étrangers ne savent pas vivre.

Sous la direction de mollah Mohamat, le tsarandoy se convertit fissa à l'islam. Il apprend à faire couler l'eau comme il faut, mettre les pieds juste bien, bouger les bras et le corps de l'exacte bonne façon pour que ça marche. Lorsqu'il se prosterne, ses genoux craquent, on voit qu'il n'a pas l'habitude.

En les observant, je me dis que ces exercices sont loin d'être couillons. Répétés cinq fois par jour, ils constituent une splendide gymnastique d'entretien.

Le nouveau ne tarde pas à ressentir l'ambiance spéciale qui règne dans cette cellule. Je suis toujours baigné dans cette lumière intérieure qui donne une nuance dorée à tout ce que je regarde. Même le cloaque des chiottes a perdu, pour moi, son aspect sinistre. Mohamat et le tsarandoy plongent dans de longues périodes de méditation. Lorsqu'ils en sortent, leurs bavardages ne me dérangent pas. Allongé sur ma couchette, tourné vers le mur, je suis ailleurs.

C'est dans cette position que j'entendrai Mohamat partir. La garde vient le chercher, il récupère ses affaires dont la précieuse couverture rouge qui nous servait de tapis. Je sais qu'il part, mais dans cet état second je ne ressens aucun besoin de lui parler. Il n'ose pas me déranger. Les verrous claquent.

Avec le Pashtoune, il reste deux pensionnaires au numéro cinq. Je l'entends communiquer la nouvelle aux voisins en tapant contre le mur.

17

Un mécréant est et restera mécréant, c'est mon cas, dans la mesure où il n'adhère pas aux rituels. L'iconoclaste, dans le fond, cherche à comprendre au-delà du symbole. Qu'est-ce qu'il y a derrière? comment ça marche ce truc? pourquoi les gens acceptent-ils sans se poser de questions? qu'y trouvent-ils?

Le tsarandoy continue à prier, même après le départ de Mohamat. Ses genoux craquent un peu moins, les articulations s'assouplissent, le geste est plus gracieux quand il se met en position de départ, les pouces dans les oreilles.

Je laisse mon esprit flotter autour de la notion de gymnastique dévote, je sens très vite le contact s'établir avec ce que je pense être les âmes de mes amis musulmans, ces résistants morts au champ d'honneur, Abdul Malik Yerkin, le *soufi*[1] ouzbek, mort dans une embuscade tendue par un Rassoul, Rudah Nazar, Pashtoune, mollah et chef de clan nomade, assassiné par un traître, le *palawan*[2] panshiri qui s'exerçait avec mes zozos de Radio Kaboul Libre, déchiqueté par un Mig, Zabiullah, le cœur de la résistance à Mazar-i Charif, trahi lui aussi. Ils sont là, ces hommes que j'ai croisés sur le terrain et qui m'ont offert l'hospitalité.

Eux ne se moquent pas de l'étranger qui met les doigts dans son nez alors que c'est pas propre et qui pète comme un rustaud. C'est

1. Les soufis sont les originaux de l'islam, ceux qui cherchent à comprendre. Leur pratique — il y a plusieurs écoles — n'est pas toujours orthodoxe, mais ils font avancer la spiritualité islamique.

2. Le lutteur.

plutôt le rôle des chipies qui ne me lâchent pas, c'est fou ce qu'on peut avoir de femmes dans son ascendance.

Ils m'expliquent, tranquillement. Et ce n'est pas con ce qu'ils disent :

— *Que cherches-tu dans un sport ? Atteindre la maîtrise ? Dans ce concept de maîtrise n'y aurait-il pas, entre autres, la recherche de la concentration, de l'énergie maximale dans le geste, de l'efficacité ?*

— Mmouais.

— *Que fait un musulman lorsqu'il ritualise ses ablutions, lorsqu'il cherche le geste qui convient ? Eh bien, il se concentre, le vrai croyant. La recherche du geste pur dans une volonté de purification est une méditation en soi. Pense aux gestes de l'archer japonais, ce rituel lent qui lui permet de se fondre avec la cible. Le geste bien compris peut servir d'ouverture vers le monde intérieur. Certains ont besoin de ces supports rituels, d'autres non, mais ils sont rares. L'islam est une religion du nombre. Apprendre un rituel inspiré simplifie la vie du croyant, il acquiert en quelque sorte un outil qui, bien utilisé, peut l'aider dans son développement. En plus, c'est vrai, c'est une bonne gymnastique.*

— *Eh bien, c'est la même chose chez nous. Nous aussi on a besoin de dogmes, de rituels, de choses comme ça qui nous simplifient la vie spirituelle. Tu vas arrêter, Alain, de te foutre de la tronche des grenouilles de bénitier, parce qu'elles vont s'occuper de toi, les grenouilles de bénitier…*

Mes houris ont comme ça des accès de pétulance. Elles font beaucoup de bruit, elles s'agitent — je les « vois » vibrionner dans ma tête —, elles me font des massages dans le cerveau pour prouver qu'elles existent. Elles sont là, c'est pas ma faute, il faut bien faire avec.

Le Sombre Tamoul me convoque une dernière fois pour me faire signer un acte d'accusation qui a encore engraissé. Je refuse, je ne veux prendre connaissance de ce machin qu'en présence d'un avocat choisi par mes soins, ou d'un représentant de l'ambassade. On me refuse l'accès aux textes de loi, je n'ai pas à m'engager sur un document juridique, d'autant qu'une lecture rapide des dix premières lignes confirme que toutes les conneries précédentes ont été reprises et aggravées.

Il insiste alors pour que je légende les photos qu'ils ont capturées. Ce sont des diapositives qu'ils ont copiées en noir et blanc. Les originaux ont été découpés et mélangés. J'ai la surprise de trouver un cliché de Jeanne, en maillot de bain, avec deux bonites de cinq kilos à la main, vieux souvenir de vacances oublié en amorce de pellicule.

J'écris « pêcheuse bretonne avec sardines ». Il n'y a pas de raison que les Marseillais soient seuls à se faire mousser. Le reste est à l'avenant, « chevaux », « chemin », « homme »... Les légendes sont succinctes et Ahmed le Noir s'en fout.

Nous sommes fin décembre, je ne sais pas exactement quand. Dans mes rêves éveillés je vis des fêtes fantastibuleuses, avec libations et rires de femmes. Vive la vie, nom de Dieu ! Les voix m'annoncent qu'un avocat célèbre, spécialiste des causes tordues, a décidé d'organiser ma défense. Dans le monde des esprits une grosse entité juridique, qui se présente sous le nom collectif de Floriot, se démène. Elle me prouve que le procès représente, pour le régime, la connerie à ne pas faire, et que ça va chauffer dans l'effet de manche. Même que le « Président », lui-même ancien avocat et à cheval, m'assure-t-on, sur les droits de l'homme, s'intéresse personnellement à mon cas. Tudieu qu'on va rigoler.

Mmouais.

On m'apporte des vêtements propres, la garde me conduit jusqu'au panier à salade, et nous démarrons, destination inconnue.

— A ton avis où va-t-on ? me demandent les voix.

Elles sont exaspérantes. Je décide de laisser pisser et de ne pas y prêter attention. Elles en profitent pour déclencher un brouhaha de dialogues, je n'en ai rien à faire. Nous débarquons dans un centre administratif où j'apprends que je vais rencontrer « mon » juge.

La salle est petite. Je vois une chaise bêtement plantée au milieu, trois hommes à gauche, trois à droite, derrière des bureaux. Trônant sur une estrade, un petit monsieur parcheminé, le juge, coiffé d'une toque d'astrakan, m'intime l'ordre d'éteindre ma cigarette. Je fais celui qui ne comprend pas, l'un des assistants du groupe de droite traduit en français. Je réponds qu'il n'y a pas de cendrier ; un garde se précipite pour s'emparer du mégot sur lequel je tire tranquillement une dernière bouffée.

Ici, plus qu'ailleurs, fumer ou non en face de quelqu'un détermine le rang où vous vous situez. Je n'ai jamais réussi à assimiler les marques extérieures de respect courantes sous nos latitudes, c'est un côté odieux de mon caractère dont j'abuse parfois devant ceux qui ont la hiérarchie chevillée quelque part. Je prends bien soin de confier au garde un mégot raisonnablement entamé, en le tapotant une dernière fois pour faire tomber une cendre. Le parquet était immaculé.

Puis je m'assieds sans y avoir été invité. Je ne sais pas qui sont ces gens, ils ne m'ont pas été présentés, le juge aboie de façon désagréable. Cette équipe ne m'est pas sympathique.

Le juge se penche vers moi de son altitude. C'est un Hazara d'une soixantaine d'années, fripé comme une vieille pomme. Il prend un ton métallique pour me demander mon nom, comme s'il cherchait à rendre sa voix tranchante. Il ressemble à un Louis de Funès sinisé, avec un côté dogue de Bordeaux miniature qui aurait des soucis : il a des rides partout et de la peau en trop.

Le silence est glacial après l'aboiement couperet du magistrat. Je lui souris, comme un garçon bien élevé qui n'aurait pas compris, en croisant les jambes et en installant un coude sur le dossier de la chaise. Une nouvelle fois l'inconnu francophone de droite traduit.

— Il faut dire votre nom.

— Qui êtes-vous, monsieur ?

— Je suis l'interprète.

Le brave homme semble être pris au dépourvu. Il parle un français correct, meilleur que celui de Monsieur Vince. Il porte un costume d'été beige, de bonne coupe, quelque chose chez ce type me dit qu'il est intelligent.

— Et ces messieurs, tout autour, qui sont-ils ?

Je reste très mondain en faisant le tour de la salle du regard. Le juge fait des yeux ronds, les autres messieurs présents retiennent leur respiration.

— C'est une commission du tribunal révolutionnaire, me dit l'interprète qui semble s'amuser intérieurement.

— Bien, très bien, et ce monsieur là-haut, c'est le juge ?

— Oui, il vous a demandé votre nom.

— Mais bien sûr ! Eh bien, bonjour messieurs.

Je fais mine de me décoller un peu de la chaise en saluant la compagnie, tout le monde me fait un signe de tête, y compris le juge qui n'en revient pas.

— Nom, claque-t-il, encore plus glacé et métallique que la première fois.

Je le lui donne avec un sourire complice.

— Nom du père.

Il a aboyé sur un registre aigu. Je l'observe avec intérêt en dévoilant l'identité de mon géniteur.

— Age.

Décidément c'est un truc. Cet homme, quand il officie, cherche à fouetter avec sa voix, ça lui demande de faire sortir pas mal d'énergie du plexus. Le résultat oscille entre le claquement et le couinement, son corps fait à chaque fois un soubresaut. Il me rappelle une copine à moi, une petite chienne Yorkshire, trop légère pour sa voix. A chaque ouah, ses pattes avant décollaient de plusieurs centimètres...

— Il parle toujours comme ça, le juge ? Il va se fatiguer.

Je ne quitte pas des yeux le Hazara fripé et je prends l'air inquiet. Il s'inquiète lui aussi et demande à l'interprète ce dont il s'agit. Tout le monde, moi y compris, est interloqué.

— Age ? reprend le juge sur un ton normal.

Il me pose ainsi une série de questions d'état civil, alors qu'il a les réponses inscrites sur un papier, devant lui. Personne d'ailleurs ne prend de notes. Il y a ainsi des formalités que je ne m'explique pas, qui font perdre un temps fou à des fonctionnaires d'élite, même chez nous. Le juge révolutionnaire est devenu civil, l'interprète m'explique ce que nous faisons là.

— Il s'agit d'une séance préliminaire à votre procès. Monsieur le Procureur va vous remettre votre acte d'accusation.

On me tend la liasse de papiers dont je n'ai pas voulu prendre connaissance.

— Y a-t-il ici un diplomate de l'ambassade de France ?

— Non.

— Je n'ai pas pu encore choisir d'avocat, alors ces papiers ne m'intéressent pas.

Je les agite en direction du procureur, un gros adipeux au teint bistre. Un garde se précipite pour me les prendre des mains.

— Voici votre avocat, me dit le juge.

Il me désigne un monsieur bien habillé, tout mou, qui regarde partout sauf dans les yeux.

— Enchanté, dis-je. Maître, vous avez donc été choisi par l'ambassade de France.

— Non, me répond-il, j'appartiens au ministère de la Justice.

— Comme Monsieur le Juge et Monsieur le Procureur ici présents.

— Oui.

— Dites-moi, Maître, quels sont les accords qui officialisent la ligne Durand comme frontière entre le Pakistan et l'Afghanistan ? Ce n'est pas très clair dans mon esprit.

Je pense que l'Afghanistan a toujours renâclé à reconnaître cette frontière. Comme je devrais être principalement accusé de l'avoir franchie illégalement, l'opinion de l'« avocat » m'intéresse. Y a-t-il illégalité à franchir une frontière qui n'existe pas légalement ?

— Ceci n'a pas d'importance, me répond le Maître.

— Je ne peux donc pas vous accepter comme défenseur, monsieur, parce que, voyez-vous, ceci est important pour moi.

En me tournant vers le juge, je lui demande de rencontrer un représentant de l'ambassade.

— Ce n'est pas nécessaire, répond la momie.

— Pourrais-je avoir le code de loi selon lequel je serai jugé ?

— Vous n'en avez pas besoin.

— Ai-je besoin d'être jugé ? Vous allez me flanquer vingt ans de toute façon.

— Ou plus. Vous risquez votre tête.

— Ou plus comme vous dites. C'est vrai, ça aurait de la gueule. Bon courage à tous, ce n'est pas la peine de perdre notre temps...

Je me lève et prends la direction de la sortie, suivi de mes gardes du corps. Selim, le lieutenant qui flotte, me regarde comme si je débarquais d'une autre planète. On me ramène à la maison.

Pendant le trajet, dans le panier à salade, les voix me disent :

— *Et toc, tu l'as bien envoyé !*

— *Nous les poussons à la faute ! Nous allons les couvrir de ridicule...*

Les juristes jubilent, ils s'excitent dans ma tête. Ils ont été singulièrement absents pendant cette confrontation.

— *Ton avocat de France arrive, m'annoncent-t-ils, bon sang ce que ça va être bon. Il veut ta tête, le petit juge, il la veut ! Le combat s'annonce passionnant.*

Les houris se lamentent en chœur, on va nous le tuer le petit... « Ils » font tout pour être désagréables.

Quelques jours plus tard, j'apprendrai que c'est le six janvier, je retrouve le panier à salade : vêtu de neuf par l'administration. Je ne suis plus seul. J'ai le plaisir de retrouver Abdul Samat et Chopan. Nous sommes du même voyage, en compagnie de trois gardiens.

Ça me fait plaisir de les revoir, tendus, certes, mais intacts. Les gardes sont là pour nous empêcher de communiquer, mais je demande quand même des nouvelles de leur santé. Ils me répondent tous deux par un sourire, ça va, et toi ? semble me demander Abdul Samat.

Je serre le poing pour indiquer qu'il faut conserver l'humeur combative. Je sais que c'est beaucoup plus dur pour eux. Il n'y a pas, derrière, d'ambassade qui s'inquiète de leur sort. Ils sont seuls. C'est terrible pour un Afghan. Habitués à vivre en groupe dès le plus jeune âge, ils ne peuvent concevoir notre civilisation d'isolés. Le clan les prend en charge, ils y trouvent leur rang social, ils peuvent compter sur sa protection.

Abdul Samat est tadjik, d'origine saïd. Je le connais peu, finalement. Il m'a été présenté au moment du départ par le commerçant d'Andkhoy, qui, réfugié à Peshawar, avait organisé ma caravane. Je le bassinais pour qu'il me trouve un interprète. Abdul Samat n'avait pas vu son pays depuis quatre ans, il avait envie de voyager.

Il a vingt-cinq ans. Malgré sa petite taille, son maintien dénote un sens de la dignité, c'est un caractère. Il me l'a prouvé, au cours du voyage, par son humeur égale malgré la longueur du chemin, les inconforts, les dangers. Il a survécu au désert qui a tué mon cheval, c'est un dur comme je les aime, avec une vraie force intérieure. Le groupe ouzbek qui nous accompagnait le respectait naturellement, il n'élevait pas la voix, il ne roulait pas les mécaniques. De l'un de ses oncles, un *pir*[1] mort depuis plusieurs années, il tenait une solide connaissance des écritures. Les sbires de Rassoul chargés de nous garder l'appelaient Mollah, certains l'approchaient pour apprendre des prières.

Dans mon univers intérieur, j'ai acquis la certitude qu'Abdul Samat n'a pas plié et qu'il a apporté, à Sadarat, beaucoup de réconfort à ses compagnons d'infortune.

A côté il y a Chopan. Je l'ai « vu » en calculateur prodige, lui le berger illettré. Je l'ai « vu » fonctionner, nos cerveaux en parallèle, gonflés « d'énergie ». Le sien enregistrait les données et les traitait systématiquement, comme une calculatrice mécanique. Le mien décomposait, traitait, réassemblait. Nous aboutissions aux mêmes résultats, avec peut-être un gain de temps en ma faveur.

1. Un pir est un leader spirituel.

Nous débarquons dans un grand amphithéâtre, avec un perchoir, des bureaux en dessous, plusieurs dizaines de spectateurs disséminés dans la salle. Il y a deux équipes de télévision, l'une afghane, l'autre soviétique. C'est le tribunal révolutionnaire.

Le chauffage est assuré par des spots de télévision. Une imposante escorte nous conduit vers le bas de l'amphi, dans le box des accusés. Une barre semi-circulaire, à la solidité douteuse, tient la vedette en face de nous. Sans y réfléchir, j'allume une cigarette. Personne ne s'y oppose, sinon l'un des gardes qui me fait non non non avec la main. Je lui réponds par signes que je n'en ai rien à foutre.

En face de nous, assez loin car la salle est large, le procureur semble se protéger derrière une pile de dossiers. Là-haut, en pleine gloire lumineuse, trône le juge fripé entouré de deux assesseurs. A leurs pieds, trois scribes en position de départ, plume en main.

Au premier rang des spectateurs, l'interprète, celui qui cause bien, avec à côté de lui le présumé avocat, que je n'ai pas revu depuis qu'il m'a été présenté. Il est là pour meubler. Moscou prétendra sûrement que j'ai bénéficié d'une défense. Pendant le procès, ce grand silencieux s'appliquera à contempler ses godasses.

Dans ma tête, mes conseillers juridiques imitent l'avocat afghan. Ils font silence, de même que mes houris. Bavardes comme elles sont, celles-là, ça doit leur coûter de rester tranquilles. A moins qu'elles ne soient sorties lécher quelques célestes vitrines.

J'essaie de percer les profondeurs de l'assistance, mais les spots m'éblouissent, je ne distingue pas grand-chose. Chopan, le premier, est appelé à la barre. Il tient un papier en main, la défense qu'on a dû rédiger pour lui. Le procureur se lève et l'accuse de vilaines choses que je ne comprends pas. Il y en a une page.

Puis un assistant s'empare du papier de Chopan et lit la défense de l'accusé, une phrase : il s'en remet à la clémence du tribunal.

Au tour d'Abdul Samat. Il a fait des études, le procureur lui balance deux pages d'ignominies dans les gencives. Mon compagnon sort alors sa défense, une page, et s'adresse au tribunal :

— J'en appelle à la réconciliation nationale et au droit des réfugiés à rentrer chez eux. Ce droit est garanti par le gouvernement. Je n'ai jamais porté d'armes, je m'en remets à la clémence du tribunal.

Quand vient mon tour, je constate que la barre est bancale et qu'il faut s'appuyer dessus avec ménagement. Je ne tiens pas à aggraver mon cas par une destruction du mobilier des masses. On me pose les questions d'état civil pour être sûr que c'est moi. Deux ou trois photographes viennent me flasher au visage. Avant que le procureur n'intervienne, je me tourne vers la salle. Tout ce que je dis est simultanément traduit par le francophone de service.

— Mon avocat est-il dans la salle ?

Silence.

— Y a-t-il, ici, un représentant de l'ambassade de France ?

Re-silence. J'aperçois Monsieur Ali assis près d'un pilier. Il se marre, ce con. Je lui fais un petit signe.

— Y a-t-il des représentants de la presse internationale ?

Je m'attends à ce que la télé soviétique se manifeste. Ben non. Ou ils ne comprennent pas les langues utilisées, ou ils se sentent suffisamment chez eux pour faire partie du paysage.

— Y a-t-il des étrangers dans la salle ?

Il n'y en a pas. Le juge par contre frappe son bureau avec un petit marteau. Il s'impatiente, le pauvre, il n'a pas que ça à faire.

En me tournant vers lui, j'affirme que je n'ai rien à faire ici. Puisque c'est un huis clos, ils peuvent se passer de ma présence, je prends tranquillement la direction de la sortie.

J'entends un brouhaha dans la salle. Les gardes sont surpris, j'atteins pratiquement la porte en haut de l'amphithéâtre, avant qu'ils ne me bloquent le passage. Non non qu'ils me font, il faut rester ici. Non non que je fais, je rentre à la maison. Ils n'osent pas m'empoigner, je suis seul face à une mêlée de rugby qui m'oblige, par son poids, à redescendre vers le box.

J'écoute la litanie du procureur assis. J'ai demandé du papier et un crayon pour prendre quelques notes. Bon sang que je suis méchant. J'enregistre avec intérêt que ce n'est pas tant le franchissement illégal de la frontière qui est retenu contre moi — j'ai « reconnu » quelque chose de presque similaire : entrée en Afghanistan sans visa — mais toute la liste d'horreurs que le KHAD voulait me faire signer. Il y en a tellement que je perds le fil. Je retiens deux ou trois trucs amusants et décide de jouer à l'avocat. Pendant que le procureur engloutit un verre d'eau, je me dirige vers la barre, sans d'ailleurs y être invité. Les gardes se rapprochent en serrant les rangs.

Je m'en prends d'abord au procureur, il m'a échauffé les oreilles, ce mec. C'est un flasque adipeux avec de petites mains molles. Lorsque je m'adresse à lui, il s'étrangle d'émotion.

— Qui êtes-vous, là-bas ? Comment vous appelle-t-on ?

Le gros homme glisse insensiblement derrière sa pile de dossiers.

— On m'a dit que vous étiez un procureur, un procurateur, un truc comme ça. C'est quoi au juste votre métier ?

Le juge médusé se penche de son perchoir pour suivre l'échange. Il n'intervient pas. Il n'y a d'ailleurs pas d'échange, le bouffi d'en face cherche vraiment à disparaître. C'est un timide.

— C'est vous qui avez rédigé cette liste d'insanités ?

— Vous ne répondez pas, comme c'est bizarre. Attendez j'ai noté des choses, là : vous m'accusez d'espionnage au profit d'organes de presse impérialistes. Ce n'est pas de journalisme dont vous voulez parler ?

C'est le silence, profond, bienfaisant en certaines circonstances. Comme il apparaît que je suis un trafiquant d'armes, un allié des groupes contre-révolutionnaires, un ennemi du socialisme, un membre d'une association de terroristes[1] basée à Paris, je prends tout ça point par point et explique, en prenant les caméras de télévision pour cible. J'explique la perte de temps que représentent quatre mois d'instruction pour en arriver à accuser sans preuves. Car toutes les « preuves » qui m'incriminent sont là, sur une table : caméras, objectifs, magnétophone, carnets de notes, un échantillonnage de photos — mes films n'ont pas été retenus —, des cartes, un livre de poche *The Money Lenders*..., équipement normal d'un journaliste en reportage.

L'un des assesseurs, sur le perchoir, sort de sa léthargie pour tapoter un bouquin en face de lui.

— Vous êtes coupable en vertu des articles numéros tant et tant.

— Votre code date-t-il de l'époque de Daoud ou est-ce quelque chose d'autre ?

— Ça ne vous regarde pas, dit le juge.

Dommage. S'il s'agit de lois d'avant la révolution, elles sont calquées sur les lois françaises, ce procès n'est donc qu'un vaste vice de forme. Je n'en aurai jamais le cœur net.

Je reprends en expliquant l'importance de la communication, la nécessité d'informer un univers qui ne vit plus en vase clos, la protection qu'assure, à tout le monde, une presse libre. Le juge tape avec

1. L'étiquette m'a été collée en souvenir du bout de chemin que j'ai fait avec Anaïk, l'infirmière. Elle était mandatée par une association humanitaire dont le siège est effectivement à Paris.

son marteau en marmonnant que c'est long, il s'ennuie. Je lui signale que c'est lui qui a insisté pour que je sois là, que moi j'étais prêt à rentrer chez moi. Je continue à assener des arguments qu'un gamin de maternelle tiendrait pour acquis. On ne sait jamais, il y a des gens ici qui ne comprennent pas grand-chose au reste du monde.

Mon éloquence me surprend moi-même. Je ne suis pas d'un naturel bavard, j'ai toujours été timide, j'ai toujours fui les réunions publiques. Je suis plein d'une énergie que personne, semble-t-il, n'ose affronter. Je parlerai tout mon saoul sans autre interruption que celle du juge. L'interprète est fantastique, il traduit à la volée en reprenant mes intonations. J'ai l'impression qu'il se régale.

Lorsque j'en ai terminé, on interrompt la séance. Le juge et ses assesseurs se retirent. Un bruit de fond attire notre attention. Je distingue Monsieur Petit, le conseiller de l'ambassade, entouré de diplomates inconnus. Plusieurs légations étrangères ont envoyé un observateur, ils n'ont accès au tribunal que pour la lecture du verdict.

Le juge et ses sbires reviennent en effet. Les sentences tombent : Abdul Samat et Chopan, mes deux compagnons, sont condamnés à seize ans de détention, le juge précise : régime sévère. Ainsi va la clémence d'un tribunal sous régime soviétique.

Moi, l'espion, le terroriste, le trafiquant d'armes, l'assassin d'enfants soviétiques en vacances innocentes dans un pays paisible, le monstre qui a détourné Chopan, Abdul Samat et combien d'autres malheureux du droit chemin, qui a fait rien qu'à raconter des menteries sur le régime idyllique et le paradis des masses, moi qui, entre leurs mains, ai passé mon temps à leur pisser à la raie, on me condamne à dix ans.

Dix ans pour le cerveau, le vrai coupable. Seize ans pour les comparses. Ainsi va la justice, sous l'ère Gorbatchev.

Certains se sont fait condamner à mort par ce tribunal.

— Y a-t-il possibilité d'appel ?

— Non, me répond le juge.

En quittant la salle, je parviens à me frayer un chemin jusqu'au conseiller. Je lui parle de parodie de procès, il a l'air de comprendre. Du fourgon à salade qui démarre, j'entends sa voix :

— Nous nous reverrons, monsieur Guillo, nous ne vous laissons pas tomber.

Merci, Monsieur Petit. Ce sont des phrases qui réchauffent. Je regarde mes deux compagnons d'infortune : eux, ils sont seuls, avec cependant un peuple autour d'eux dont le cœur bat à l'unisson. Le savent-ils ?

18

Je resterai encore trois jours à Sadarat. Je suis mis au régime commun, les petites faveurs dont je bénéficiais avant le procès se sont évanouies. Soupe ordinaire, donc. Je ne mange pas davantage. Des instructions sont arrivées pour qu'on me serre la vis, mais les gardiens — certains ont assisté à mes esclandres — claquent ostensiblement des talons lorsque je passe devant eux. On a confisqué les quelques notes que j'avais prises dans la salle d'audience.

Les voix m'expliquent que j'ai dû me dépatouiller seul au tribunal, mais que je comprendrai, plus tard. J'ai trouvé en moi-même la force de tenir tête. Venait-elle vraiment de moi, cette force ? Elles confirment aussi l'impression que je ressens. Kaboul et Moscou viennent de faire une boulette. C'est leur thème majeur, maintenant : « *Tu verras, tu verras, tu verras...* » De toute façon, que puis-je faire d'autre, sinon attendre ?

Si mon épreuve cause du tort au régime, ce ne sera pas du temps perdu. Du statut de témoin je passe à celui de combattant. D'accord je suis isolé, en apparence, face aux moulins à merde. Ils le veulent ce combat, que puis-je faire d'efficace ? Salut Don Quichotte, le bon sens t'a tourné à la dérision, reste à côté de moi, mon vieux. Nous sommes loin, ici, du monde de la raison.

On me rembarque dans un panier à salade bourré de pauvres types. Je vois deux fourgonnettes similaires, avec des prisonniers sur les banquettes latérales, d'autres debout, au milieu. Un vieillard a du mal à se déplacer. Les gardes le soulèvent pour le jeter dans notre véhicule. Ils font le ménage à Sadarat, serait-ce pour une nouvelle fournée ? Abdul Samat est du voyage. Il ne sait pas au juste où nous allons, sans doute à Pul-i Charki, me dit-il. Pas de nouvelles de Chopan.

Les prisonniers afghans sont sales, affaiblis, je lis du bestial dans certains regards, comme chez des animaux traqués qui veulent survivre. Il y a des loques résignées. Quelques-uns, comme Abdul Samat, expriment la paix intérieure de ceux qui s'en remettent à la volonté divine. Chez eux, on sent la force.

Notre convoi s'arrête au bout d'une demi-heure de route pour débarquer un premier groupe. Un garde fait l'appel. Ils sont six à descendre. Par la portière je distingue un bâtiment à un étage, nous sommes dans une cour intérieure. J'apprendrai qu'il s'agit du bloc numéro un de Pul-i Charki, le bloc des condamnés à mort. Le vieillard fait partie du lot.

Nous descendons au deuxième arrêt, Abdul Samat et une vingtaine d'autres. Autour de nous des murs de quatre mètres, derrière lesquels on aperçoit une muraille plus haute encore. Les paniers à salade s'en vont poursuivre leurs livraisons. C'est le bloc numéro deux, long bâtiment de facture récente, avec une série d'ailes perpendiculaires. Il y a trois étages. L'image saute aux yeux, nous sommes devant une usine. La gestion de ce complexe dépend encore et toujours des Services secrets. Je suis en mesure maintenant de clamer haut et fort qu'il y a une branche prospère dans l'économie soviétique : l'industrie carcérale.

Les gardiens font asseoir tout le monde par terre et fouillent les maigres baluchons. Le fond de l'air est frais, mais le soleil nous fait du bien.

Un curieux personnage se présente, grand, dégingandé, une badine à la main, le nez long avec des moustaches à la Adolf Hitler pour le maintenir en place. Il étincelle d'insignes. C'est le chef, qu'il a d'ailleurs couvert d'un *shako* hybridé de képi. Cette étonnante coiffure semble trop petite pour lui, je redoute le coup de vent. Par chance, l'air est calme. Pas lui.

Il aboie des trucs du genre : c'est moi que je suis le patron ici, avez intérêt à pas moufeter, je vous ai à l'œil bandes de salipingoins et autres gentillesses. Pendant cette cérémonie d'accueil, ses sbires bottent le cul de ceux qui sont trop lents à se lever. Moi j'ai trouvé un banc, j'attends avec une boîte pleine des souvenirs de l'équipe de France, du moins ceux qui ont survécu à la rapacité du KHAD de Sadarat. Le grand emplumé a même daigné s'intéresser à moi, il gueule quelque chose que je ne comprends pas.

— Et vous-même, comment allez-vous ? dis-je en français.

Assis je suis, assis je reste. Ceci stoppe le personnage dans son élan. La coiffure hybride glisse perceptiblement vers l'avant. Je comprends le pourquoi de la visière minuscule. Plus longue, il la choperait sur le pif à chaque coup de frein. Il désigne ma boîte de sa badine, les gardiens plongent dessus pour l'éplucher. Chaque objet qu'ils en tirent provoque chez eux de charmantes réactions enfantines. Ils gloussent, jouent des coudes pour mieux voir. Du bout du banc j'observe ce tas de mouches vertes agglutinées. Ils me bouffent mes sucres, ces enfoirés.

Je suis, il faut l'avouer, de fort méchante humeur ces derniers temps.

J'ai un an de réserve avec le savon et le dentifrice qui me sont parvenus. Les cigarettes ont disparu. Il reste quelques boîtes de conserve et des médicaments. La garde veut les médicaments, je dis non, on me les abandonne mais on me fauche l'ouvre-boîtes à la place. L'ambassade m'a fourni un couvre-lit léger qui me sera d'un grand secours. Pour l'heure il m'est confisqué pour vérifications, au cas où il y aurait du prohibé à l'intérieur.

Ai-je déjà une réputation ? Ils sont une dizaine pour me conduire à ma cellule. Le chef nous a faussé compagnie, il cherche un interprète.

Le rez-de-chaussée de ce bloc est avant tout un immense couloir, large de quatre mètres au moins. J'ai l'impression qu'il dépasse cent mètres mais je n'ai pas pu vérifier. Une mitrailleuse, en bout, peut contrôler le bâtiment. Les gardiens circulent en surveillant les ailes où sont situées les cellules, collectives et individuelles. L'orientation du bloc est grosso modo nord-sud, ce qui entraîne un niveau de confort différent suivant la position des cellules. Celles tournées vers le nord servent de Frigidaire l'hiver, celles orientées au sud doivent être des fours en été. Je rends hommage à la subtilité du concepteur, il a prévu dès l'origine des radiateurs hors d'usage. On m'attribue une jolie cage, toute sombre dans la zone froide. Elle fait moins de quatre mètres carrés, elle est conçue pour deux personnes, mais on m'y laisse seul. Trois murs de béton, une grille avec une porte, le loquet se manœuvre de l'intérieur d'un coffre, dans le couloir. Ce couloir fait un mètre cinquante à peu près, mal éclairé par des vitres basses, cassées mais protégées par des barreaux. Un poêle permet aux gardes de faire une flambée lorsqu'ils se gèlent trop, mais ils sont toujours à court de bois. Nous sommes en plein hiver à deux mille mètres d'altitude, le thermomètre tombe sous les moins dix degrés, la nuit. Sale job, que d'être gardien à Pul-i Charki.

Le lit est métallique, à deux étages, le sommier en bouts de bois. Il en manque, certains ont dû passer dans le poêle, la maigre paillasse prend un profil de montagnes russes. J'ai une couverture grise, en textile rugueux, un morceau de carton usé pour tapis. Ils n'ont pas osé me confisquer ma boîte, que j'installe en table de nuit.

Comme je n'ai pas de sous, je ne peux acheter ni gamelle, ni verre, ni couverts à la cantine. Un geôlier me tend une écuelle graisseuse — on fait la vaisselle à l'eau glacée — et un Duralex *made in France* qui a oublié la transparence. Pas question de cuillère. Dans le couloir des prisonniers traînent une énorme bassine fumante, un gardien m'attribue une louche d'un liquide pas trop sale, à peine pollué d'une fine épaisseur de gras pour gâcher l'existence au moment de la vaisselle. Il y a un haricot rouge au fond. On me jette aussi un bout de pain noir, très acide au goût, comme si la farine avait tourné.

Je laisse l'écuelle fumer sans y toucher. Je n'aime pas manger avec les doigts, surtout la soupe. Allongé en position de travail, tourné vers le mur, je décolle vers des horizons plus riants.

Dans la soirée, le chef au shako branlant vient me faire la causette, avec le couvre-lit. Il a trouvé un prisonnier qui massacre un peu l'anglais. Je les envoie se faire foutre, j'ai sommeil. Ils m'apportent une cuillère.

Dans le courant de la nuit, j'essaie d'ouvrir une boîte de foie gras avec la cuillère, technique apprise aux Philippines. Peine perdue, elles sont blindées les boîtes de foie gras françaises. Je convoque un geôlier, j'ai d'ailleurs envie de pisser, et lui tends la boîte avec les gestes *ad hoc*. Pas futé, le pauvre ; il semble mesmérisé et tourne des yeux ronds. Un officier de garde prend le problème en main et me conduit jusqu'aux chiottes.

Putain, les chiottes ! Une aile complète qu'ils leur ont affectée. Un atelier, la cagoince industrielle, le besoin à la chaîne, immense, avec des rigoles pour faire la vaisselle. On me met à disposition les gogues des officiers, celles qui ferment à clé. Six mètres carrés, un vrai salon ! Un robinet avec de l'eau et une chasse en état, que je me demande si c'est vraiment les Russes qui ont constuit ça [1]. Il n'y a qu'une seule fuite dans la tuyauterie, on patauge à peine.

1. Je pencherais plutôt pour l'Allemagne de l'Est.

Une heure plus tard l'officier revient, devoir accompli, boîte de conserve ouverte à la main. Il me fait comprendre que ça sent bon, qu'il aurait un creux que ça l'étonnerait à peine...

Mais c'est qu'il veut se tortorer mon foie gras cette enflure, eh ! pas question. Je parviens à choper la boîte au travers des barreaux avant le désastre. C'est pas parce qu'il m'a prêté ses chiottes qu'on va popoter, non mais des fois. Je dégusterai tristement la boîte, à la cuillère, avec du pain aigre, et deux spectateurs accrochés aux barreaux.

Avant de me recoucher, je me gratte sous les bras pour voir si ça les fait rire. Même pas, ils sont encore plus tristes que moi.

Dire que je n'ai pas froid serait une galéjade. Je gèle. J'ai appris à résister au froid dans la montagne, mais ici je suis totalement immobile. Coupé du monde extérieur — j'ai refusé la « promenade » ainsi que la salle de télévision, réservée aux prisonniers d'élite —, je n'ai que le mur gris à contempler. De temps à autre, j'entends les gardiens remuer un chaudron, certains me lancent des bananes pour voir si je vais bouger. Elles sont noires de gel, ces bananes, j'en ai fait mon deuil. Je survivrai sur mes conserves nuitamment englouties.

Je n'ai plus de cigarettes, je m'en fous. Pourtant je suis un gros fumeur. Ces enfoifois d'entités qui m'ont mené la vie dure sont devenues gentilles, brusquement. Je passe mon temps avec elles. Elles me réchauffent, littéralement. J'oublie complètement mon corps. Et nous causons.

J'éprouve une méfiance instinctive vis-à-vis de deux notions, pourtant communément admises, qui sont le zéro et l'infini. Dans mon univers intérieur, il s'agit de limites, de zones que l'on atteint jamais, on se situe en deçà, ou alors au-delà, dans un autre système. Mes hallucinations mathématiques me conduisent à concevoir, en moi, que tout est dans tout, donc que l'infini fait partie du zéro.

Les discussions avec les entités portent sur les mathématiques, la sociologie, l'économie, l'évolution des sciences exactes, la technologie... Je suis convenablement occupé.

Coulent les jours, coulent les nuits. A l'intérieur de moi-même il fait beau, je suis maintenant en bonne compagnie, heureux de dialoguer, sans efforts, sans crispations, avec des âmes qui acceptent de faire avec moi le tour des problèmes qui me préoccupent. Je réussis à faire abstraction de ma situation propre car, je le sens, le but recherché par mes amis de l'au-delà est de m'amener à m'oublier moi-même. Je m'y applique, bien que ce ne soit pas toujours facile.

Nous passerons ainsi de longs moments à méditer sur le sort des pays du Tiers-Monde, sur les centres de puissance et leurs formations, sur l'avenir de certaines technologies, nous chercherons Dieu, aussi, et je comprendrai que nos outils d'analyse sont bien frustes en ce domaine. Il suffit ici de mentionner qu'au bout du compte, ce sont les mathématiciens qui nous fourniront ce qui nous manque pour comprendre. M'est avis que nous n'en sommes pas loin.

Regarde autour de toi, tu y verras tous les modèles...

Ce conseil est un véritable leitmotiv dans ces discussions. Une chose me frappe : l'humour est toujours présent ici, comme s'il était important de désacraliser ce type de relations. Nous ne sommes pas bégueules, me disent les entités, nous sommes comme vous, ceux d'ici-bas, mais dans d'autres systèmes. J'acquiers alors une autre certitude : les entités lisent en nous à livre ouvert. Qu'importe alors la façon de s'exprimer, ce qui importe c'est la sincérité. Il m'est arrivé de me foutre en boule et d'en engueuler certaines, des haut placées. Ceci a été accepté.

Pour l'humanité en kaki qui vaque autour de moi, je suis aux abonnés absents.

Le grand chef à la gapette instable passe, de temps en temps, voir si je suis d'humeur à parlementer. Je l'ignore.

Un matin, une délégation de gardiens vient me chercher dans la cage.

— L'ambassadeur, me dit-on...

A vue de nez, ça doit faire plus d'un mois que je ne l'ai vu. On me sort du bloc, nous franchissons un portail, deux sentinelles armées consentent à me laisser passer en compagnie d'un militaire et d'un civil. Nous longeons des barraques adossées à un mur. Pul-i Charki, comme Sadarat, semble une imbrication de murs enclos dans des murs protégés par des murs. Nous nous dirigeons vers un ensemble de bureaux, on m'introduit dans l'un d'entre eux.

Il y a un poêle au milieu, il fonctionne. Quelqu'un a dû faucher des lattes de bois sous la paillasse d'un prisonnier. J'ai le plaisir de revoir le chargé d'affaires, entouré de Monsieur Petit et d'une charmante interprète, qu'il me faut regarder de guingois à cause du poêle qui me la cache à moitié.

Il y a aussi des civils afghans, le chef à la gapette instable, plus des individus que je ne cherche pas à identifier.

— J'ai de bonnes nouvelles à vous annoncer, entame Monsieur Lambert.

Des hommes politiques, en France et en Europe, interviennent en ma faveur, le président de l'Assemblée nationale, Chaban-Delmas, a adressé une lettre à Najibullah pour demander ma libération.

C'est étrange, dans mes rêves éveillés j'ai pensé à lui, alors que tout jeune résistant il se présentait seul pour prendre possession d'un immeuble stratégique, lors de la libération de Paris. Un homme seul, décidé, calme.

— Je prends possession de l'immeuble au nom du général de Gaulle.

Combien auraient attendu l'arrivée de renforts ?

On a aussi écrit à tonton Gorba, à Moscou. Ça fait pas un pli ça va s'arranger, mon truc. C'est Gérard Chaliand [1], un ami, qui s'occupe activement de mon comité de soutien. C'est un esprit lucide et organisé. Je l'ai vu dans mes rêves éveillés, je sais que ses amours de jeunesse sont plus à gauche que les miennes, en l'occurrence tant mieux.

Monsieur Lambert me demande ce que je pense d'un recours en grâce. Cette question peut s'aborder sous deux angles.

Nous sommes dans un pays primitif qui fait des conneries mais désire sauver la face. Quelle que soit l'estime dans laquelle je porte Najibullah et consorts, leur demander une grâce, c'est leur tendre une perche, ça ne va pas bien loin, ce n'est pas ça qui va les renforcer. Par contre au bout, moi, je suis libre.

Seulement voilà, les dirigeants, ici, sont des zombis possédés par Moscou. Ce n'est pas à des individus que j'ai affaire, mais à une machine, et il n'est pas question que je baisse la tête devant une telle machine, que je me compromette en la confortant, cette putain de mécanique, dans sa froide certitude de pouvoir, en toute circonstance, faire plier l'être humain.

---

1. Auteur de nombreux ouvrages sur les mouvements de libération, coauteur avec J.-P. Rageau de l'*Atlas stratégique* (Fayard) et de l'*Atlas politique du XXe siècle* (Seuil).

Non. Je ne suis pas coupable, je n'ai pas à demander une grâce. Un civil me fait remarquer que je suis entré illégalement en Afghanistan.

Ce n'est pas pour ça que j'ai été jugé. Monsieur Lambert m'interroge sur les conditions de détention. Gapette instable se plaint. Ce chef est malheureux parce que je ne lui cause pas... J'ai honte, je culpabilise. Monsieur Lambert m'explique que ce n'est pas bien d'être un bourreau de chef, qu'il faut parler aux malheureux.

Il me prend par le bras, et dit à tout le monde que je suis son fils, que c'est le rôle du père que de s'occuper de son fils, qu'il va venir me visiter comme les autres familles en Afghanistan visitent leurs prisonniers. Ça me réchauffe le cœur. C'est le profil du nez qui lui donne un air de Jean Guillo.

Un point semble acquis : ma libération n'est pas pour demain. Ils m'ont apporté des lettres, de l'argent, des colis, une caisse de livres avec entre autres *Perestroïka* de Gorbatchev, une collection de *Monde*...

Je ne reverrai jamais les bouquins, ni les journaux. J'ai pu, avant de regagner ma cellule, m'emparer d'une bible, et je refuse de m'en dessaisir. On me l'abandonne. Les lettres et l'argent ont disparu. Dans la foulée on me transfère de cellule avec toutes mes richesses comestibles. Je m'installe sur une paillasse élevée, dans la cellule dite des « communistes », au premier étage du bloc numéro deux.

19

C'est une grande pièce de vingt mètres sur dix environ. Les lits à deux étages sont répartis sur le pourtour. Sur un côté, les vitres basses donnent sur les murs d'enceinte, au-delà on voit les montagnes couvertes d'une fine épaisseur de neige. Il fait un peu plus froid contre ces vitres, mais je choisis de m'y installer. La luminosité dehors est éblouissante, le soleil donne directement sur mon lit. Versailles !

Le poêle fonctionne, je note un seau à charbon avec quelques boulets. Les pensionnaires doivent être riches. Il y a des toilettes intérieures, elles sont réservées aux ablutions des rares pratiquants. Un préposé se charge du récurage des gamelles communes. C'est un grand type efféminé qui m'engueule parce que je pisse dans les gogues. Il faut sortir et utiliser les toilettes du couloir.

La porte de communication avec le couloir est ouverte, il y a un garde dans le lointain. L'accès aux escaliers, par contre, est bouclé.

Je distingue, géographiquement, quatre tendances dans la cellule. Les prisonniers se regroupent par clan pour popoter. D'un côté, il y a des Pashtounes, visibles à l'œil nu, sans doute des trafiquants en coquetterie avec le régime. Pour être ici, car c'est une cellule confortable, ils ont donné des gages au système. Un fort contingent d'anciens partisans d'Amin, le président déchu, occupe l'angle près de la télévision. Des Hazaras gardent la sortie, ils ne sont pas trop nombreux, une demi-douzaine peut-être, mais facilement reconnaissables avec leur trogne de Mongols. Plus au centre, à proximité du poêle, quelques intellos exhibent les ouvrages de Marx et de Lénine que les conseillers spirituels du KHAD prêtent à leurs chouchous.

Les locataires me dévisagent avec méfiance. Le bruit de mes

exploits a dû filtrer à la télé, il n'est pas convenable d'être repéré à faire la causette avec un ennemi du peuple. Je n'en ai cure. Assis face aux montagnes je me rince l'œil.

Au moment de la soupe, un vieux barbu m'apporte une gamelle. Il y a des choses qui flottent à l'intérieur, des pois chiches, des haricots, un demi-navet et quelques filaments de bidoche. Le pain, toujours noir, n'est pas acide. Je colle d'office une étoile à l'établissement.

Avec mon pâté de campagne, mon chocolat, un comprimé de polyvitamines, c'est Byzance. Lorsque tombe la nuit, la vue des étoiles me transporte dans un monde ancien, là où, quand tout va bien, on se démerde quand même pour se faire du mouron. Ça fait cinq mois que je n'ai pas vu un ciel nocturne. Comme dit Chaliand, la vie est belle !

Nous avions voyagé lui et moi, allongés sur un matelas, à l'arrière d'un camion qui fonçait sur une piste de sable, en Angola. La nuit était douce, j'essayais de repérer les étoiles, il philosophait. Que pourrais-je lui raconter, aujourd'hui, avec cette cascade d'expériences qui m'est tombée dessus. Me croirait-il ?

Le lendemain matin, Ahmed le Noir soi-même me rend visite. Je suis convoqué dans un bureau quelconque. Il est assis, je ne le salue pas. Il me tend les deux lettres que l'ambassade m'avait fait parvenir en décembre.

— Ça a pris du temps, lui dis-je.

Il marmonne des choses à propos de censure et que ce n'est pas sa faute. Je signe un reçu et le quitte sans formule de politesse inutile.

Parmi ces lettres, l'une vient de Nouméa, Nouvelle-Calédonie, signée de Noëlle. Elle est datée du quinze novembre :

« *Ton ESP*[1] *traverse, intact, les années et moi, je capte toujours... Depuis deux mois tu surgis dans mes rêves et mes pensées...* »

La nouvelle de mon incarcération ne s'est propagée, par les voies normales, qu'en début novembre.

Dans l'après-midi, nouveau changement. Je quitte le bloc numéro deux en compagnie d'un garde équipé d'une brouette. Il a chargé mes colis. Un mentor assez désagréable, en civil, supervise l'opération. Nous quittons l'enceinte du KHAD pour plonger dans l'univers des

1. *Extra Sensory Perception*, perception extrasensorielle, ce qui touche au domaine des perceptions étrangères aux cinq sens admis par la science officielle.

tsarandoys, la police, en charge de l'énorme octogone qui loge la principale colonie pénitentiaire du pays. Bien des rumeurs circulent à propos de ce complexe géant, capable, aux heures de pointe, d'entasser vingt mille prisonniers.

Un rapide calcul mental me permet d'estimer que Kaboul peut loger dix pour cent de sa population mâle adulte derrière des barreaux. Quand on connaît la crise du logement qui sévit dans cette capitale, il est difficile de ne pas donner un grand coup de chapeau au régime, qui, dans son programme, a promis un toit à tout le monde. De mauvaises langues prétendent d'ailleurs que Kaboul est l'une des rares prisons où il faille tout payer. Il est vrai que le citoyen de base qui ne peut bénéficier des transports militaires est bloqué dans la ville. La résistance isole Kaboul du reste du pays, les Soviétiques isolent le reste du pays de Kaboul. Pour être plus clair, le régime tient la situation en main en assiégeant la campagne à partir des villes, les groupes de résistance clament qu'ils contrôlent le pays en encerclant les villes. Pour voyager dans leur propre pays, les privilégiés du Parti doivent prendre les places d'hélicoptère ou d'Antonov d'assaut. Les autres n'ont pas le droit de bouger.

L'accompagnateur en civil se débrouille pour me chouraver un stylo. Il me remet entre les mains de policiers qui lui délivrent un reçu. L'échange se fait dans un petit cabanon, meublé d'un poêle fumant et de deux bureaux. Un gros homme, vêtu à l'afghane, fait office d'interprète. C'est un prisonnier, il ne m'est pas antipathique.

— J'étais professeur d'économie à l'université. Ça fait trois ans que je suis là.

On sent, dans son maintien, qu'il impose du respect aux gardiens. Il me servira de temps en temps d'interprète auprès des autorités. Il a une chance folle d'être encore en vie.

— Ils se sont aperçus que j'étais socialiste. Mon parti est hors la loi, il a dû se réfugier aux Indes. Ils me gardent en otage, au cas où nous pourrions leur être utiles...

Il y a un autre gros, le commandant du bloc numéro trois, qui affiche un visage poupin et une petite moustache fine. Plusieurs officiers et gardiens sont venus voir l'animal que je suis, certains s'activent pour vérifier le contenu de la brouette.

Le pilote de cet engin est un gardien du KHAD. Comparé à ses confrères policiers, il est équipé comme un milord. Sa tenue de drap est propre, presque neuve, ses rangers sont cirées. Elles paraissent de bonne qualité. A côté, gardes et officiers des tsarandoys font crasseux. Le froc de l'un d'eux, un minuscule Pashtoune sous-alimenté, est déchiré au fond. Les godasses n'ont pas été cirées depuis leur naissance. Seul le commandant paraît prospère.

— Ils vont vous mettre dans la cellule des étrangers, me dit l'interprète en anglais.

L'immeuble, impressionnant de par sa taille, est de construction récente. Cette réalisation architecturale glorifie le socialisme, certes, mais aussi l'amitié et la fraternité entre les peuples. Ce pénitencier géant est un cadeau de l'Allemagne de l'Est, assistée par l'Union soviétique. Les bâtiments extérieurs forment une ceinture à huit côtés. A l'intérieur, des immeubles disposés en diagonale délimitent des blocs triangulaires avec une cour au sein de chacun d'entre eux. Les prisonniers y prennent l'air, en général une heure par jour.

L'ensemble fait crasseux et délabré. Les murs sont imbibés d'humidité, le béton part en poussière, des lézardes courent sur des murs qui ont peine à porter les trois étages de la structure. Les vitres sont toutes cassées, fait attribuable vraisemblablement au souffle d'explosions. Des combats ont fait rage dans le secteur.

Les barreaux et les grilles intérieures, rongés de rouille, peuvent encore durer quelques années, mais les escaliers n'ont pas résisté à l'usure. Ils ajoutent une note ancienne à l'aspect monument historique. Les cadenas, des gros trucs, marchent bien quand les gardiens trouvent les clés : ils sont de fabrication chinoise.

Il y a deux types de gardiens : quelques brutes, et des déchets humanoïdes sous-alimentés, qu'on a foutus là parce qu'ils étaient trop légers pour porter une arme. Je n'ai vu personne armé au sein de ce complexe, les discussions avec les prisonniers se font à coups de latte ou de bâton.

Deux gardiens m'accompagnent au premier étage, vers la cellule au bout du couloir. Cette cellule est fermée par une grille et masquée par une couverture trouée. C'est la cellule des étrangers.

Ils sont soixante-cinq à me dévisager lorsque j'emménage. Hedi, un Tunisien qu'on appelle ici le Français, me prend en charge et m'aide à m'installer « chez le Turc ».

Les dimensions extérieures de ce nouveau logement font vingt mètres sur trente environ. Des fenêtres basses courent sur les deux longueurs, au centre il y a une grande cage enceinte de barreaux que les gardiens bouclent pendant la nuit. L'espace entre la cage et les murs sert de promenoir, je l'appelle le périphérique. Cette grande cage est subdivisée en trois parties. La première sert d'espace toilette et ablution, une rigole alimentée par un tuyau enserre trois cubicules, deux w-c et une douche hors d'usage. Les prisonniers font chauffer de l'eau dans les seaux à l'aide de résistances électriques. Dans un angle Hedi a installé sa paillasse, unique occupant de cet espace utilitaire, avec cependant deux pigeons pour lui tenir compagnie. Il leur a fabriqué un habitat fort décent à l'aide de carton et d'une planchette de bois. Pour l'heure les pigeons vivent leur vie sur le sol en ciment, indifférents au brouhaha causé par l'arrivée du nouveau. Le mâle, tout blanc, fait sa cour, la femelle aime ça.

La deuxième section abrite le quartier pakistanais. Ils tiennent le poêle que je n'ai jamais vu fonctionner, et la télévision, une grosse boîte qui gueule à partir de six heures du soir. Ils sont une quarantaine, les lits à deux étages disposés le long des grilles dégagent un peu d'espace au centre. Plus loin, derrière d'autres grilles, campent les Iraniens, une vingtaine environ. Dans un espace plus réduit, ils ont aussi aménagé de la place au milieu. La chambre du Turc est au bout de tout ça, une petite pièce aveugle de six mètres carrés, que Turgud, le Turc, partage avec un médecin iranien. Il y a un lit à deux étages, quelques coussins sur le sol, des boîtes de carton bricolées servent de tablettes et de meubles de rangement. C'est le seul coin propre de la cellule.

— On a beaucoup entendu parler de vous, me dit Hedi. La télévision de Kaboul et celle des Russes vous ont montré pendant votre procès.

— C'est vous qui allez nous sortir de là, me dit le docteur.

Il y a un « devin » parmi les Pakistanais qui aurait prévu mon arrivée. D'après lui c'est du tout bon pour tout le monde. Ce devin, me dit on, est souvent convoqué par le commandant qui se fait des inquiétudes pour son avenir.

— Vous allez vous installer ici.

Le Turc vide ses affaires de la paillasse du bas. Je refuse de prendre sa place, mais il insiste.

— Ici vous êtes comme notre père, ne vous occupez de rien, on va s'arranger.

Ils me font chauffer de l'eau. J'ai une réserve de savon, de shampooing, de dentifrice que je confie au docteur. On m'installe dans le cubicule près des chiottes. Première toilette à l'eau chaude depuis bien longtemps, un bonheur. Les entités indiscrètes se régalent elles aussi, elles commentent mes techniques de nettoyage.

— *A sa place je ne m'y serais pas prise comme ça !*

— *Avec ton arthrite et ton embonpoint tu aurais eu du mal...*

— *Rince-toi davantage, il ne s'est rincé que trois fois ! J'aime l'eau chaude, moi.*

— *Laisse le petit tranquille, il a le droit de se rincer comme il veut.*

— *Montre-moi ton zizi, Alain, je veux voir ton zizi. Vous êtes sûres qu'il l'a bien nettoyé ?*

J'ai l'habitude. A Sadarat ça me foutait en boule, maintenant je prends tout ça avec la dose de sérénité qui convient.

J'enfile des vêtements européens, cadeau de l'ambassade. Ça me fait du bien. Hedi m'explique la cellule et sa faune.

Deux groupes principaux, donc, l'un pakistanais, l'autre iranien. Dans l'ensemble, ils s'ignorent. Nous sommes trois curiosités, un Turc, un Tunisien, et maintenant un Français. Turgud et Hedi font popote en commun par la force des choses car ils sont rejetés par les autres. Le docteur, lui aussi, est un paria. Je comprendrai plus tard pourquoi.

Ces groupes sont scindés en factions. Chez les Pakistanais il y a les Pashtounes et ceux qui parlent urdu, avec des clivages selon qu'ils admettent ou non les moutons. Quelques sympatisants du régime de Kaboul servent en effet les intérêts du KHAD ou des tsarandoys, se concurrençant parfois sauvagement pour satisfaire leurs maîtres.

Même topo chez les Iraniens, en plus complexe. Il y a un groupe baloutche, les pro-Khomeini, les modérés, et même deux communistes du Toudeh. Le KHAD a embauché un mollah, dit le Mollah Rouge, pour surveiller tout ça. Un Baloutche à l'ossature épaisse remplit ce même office pour le compte de la police. Le chef de cellule, le *batchi*, est pour l'heure pakistanais. C'est un homme d'une quarantaine d'années, nerveux, mal dans sa peau. Il est responsable auprès de l'administration de tout ce qui se passe ici.

Je me renseigne auprès du docteur sur l'état de santé général.

— Nous avons eu trois morts, récemment. Deux cas de tuberculose, et une péritonite. Nous avons six tuberculeux, dans des états plus ou moins avancés, de la malnutrition, des avitaminoses, des fractures non soignées et plusieurs déments. Certains souffrent encore des séquelles de tortures...

— Vous n'êtes pas soignés ?

— Il y a un hôpital, il vaut mieux ne pas y aller. Les médicaments sont réservés aux sympathisants communistes, les autres n'ont pas même le droit de mourir tranquilles. Le médecin chef m'a dit : « Mettez-vous bien dans la tête qu'ici, à l'hôpital, vous êtes moins que des animaux... »

— Pouvez-vous vous procurer des médicaments ?

— En soudoyant des gardiens, mais c'est difficile et très cher.

— Hanif Shah arrive.

Hedi nous apporte la nouvelle. Je n'ai pas encore rencontré celui que tout le monde appelle le Briseur d'os, mais depuis les quelques heures que je suis ici, j'ai eu droit à un portrait haut en couleur.

C'est un lieutenant ou un capitaine, originaire de la même tribu pashtoune que le commandant général de Pul-i Charki, lui-même neveu de Gul Abzoï, le ministre de l'Intérieur. Hanif Shah bénéficie des protections qui lui assurent, au bloc numéro trois, un statut privilégié. Le commandant du bloc, le gros tas à la moustache fine qui m'a accueilli, le craint. Hanif Shah rapporte certainement en haut lieu derrière son dos.

Cet officier fait régner la terreur parmi les étrangers. Seuls, les quelques Pashtounes pakistanais échappent à ses colères car le *pashtounwali*, la loi des tribus proche de la vendetta corse, leur sert de protection. Hanif Shah s'en prend à ceux que personne ne protège, la majorité, hélas ! Cet homme se distingue aussi par sa pédophilie : les jeunes prisonniers encore en bon état sont contraints de lui tenir compagnie, la nuit.

Accompagné d'une respectueuse escorte, il pénètre dans la petite pièce. Je suis assis sur le lit, je ne me lève ni le salue. C'est un grand type basané, très maigre, qui semble avoir de la difficulté à tenir en équilibre sur ses maigres échasses. Les yeux écarquillés, un peu globuleux, le rendraient drôle pour qui ne saurait pas le sadisme qu'il recèle. Comme je ne fais pas attention à lui, il s'adresse à Hedi pour lui demander si, en ce qui me concerne, tout va bien.

En sortant, il bâtonne un Iranien, lui déchire un drap qu'il était en train de repriser, et pour faire bonne mesure s'en prend à un Pakistanais. Lui aussi se fait battre, Hanif Shah éparpille ses maigres richesses au milieu de la cellule. Alerté par le tapage, je jette un œil et vois les gardes quitter la cellule. L'Iranien lève les yeux au ciel en masquant une grimace de douleur, le Pakistanais est prostré sur son lit.

— *Business as usual*, dit le docteur.

— Qu'ont-ils fait ?

— Rien, c'est toujours comme ça une visite d'Hanif Shah.

— Tous les jours ?

— Une ou deux fois par jour. C'est le principal responsable des fractures dans ce bloc. On ne peut pas se plaindre, nous n'avons rien pour nous soigner.

— Il a peur de vous, me dit Hedi, sinon il vous aurait démoli pour ne pas l'avoir salué.

Grand bien me fasse. Dans la soirée, un garde me convoque : je suis transféré, Hanif Shah me demande de prendre mes affaires avec moi. Hedi me donne un coup de main, ainsi que le docteur. Nous sommes conduits dans le bureau de l'officier.

— Je vous ai fait dire que vous partiez pour pouvoir vous fouiller. Je n'ai pas voulu vous créer de problèmes dans la cellule. Posez tout par terre.

Hanif Shah est poli, presque mondain, son sourire dévoile une canine gâtée. Il y a un garde présent. Il confisque mon papier et ma Bible, veut s'emparer de mes lettres, ce que je refuse. Dieu merci, j'ai confié les médicaments, les produits de toilette et les stylos-bille au docteur. J'en ai un sur moi, mais retenu par je ne sais quelle pudeur, Hanif Shah oublie de me fouiller corporellement.

— Pourquoi frappez-vous les prisonniers ?

— Ils sont sales, ce sont des chiens.

Il fait un geste dégoûté de sa main osseuse comme un esthète qui ne supporterait pas cette humanité carcérale.

— Vous n'avez pas le droit de vous habiller comme ça, me dit-il en désignant mon pantalon. Vous devez porter des vêtements afghans.

— J'en ferai part à mon ambassade.

— Pourquoi donc ?

— Pour qu'ils me fassent parvenir des vêtements afghans.

Sur ce nous nous séparons. Sans être agressif, je tâche de rester économe dans la manifestation de politesse. En sortant, je comprends pourquoi la tenue européenne chagrine ce geôlier : un gardien chargé de dossiers se met au garde à vous. Il me prend pour un conseiller soviétique ou un inspecteur du Parti !

Mehdi a vingt et un ans. C'est l'un des plus anciens prisonniers. Arrêté il y a huit ans à Kaboul où sa famille résidait, sa peine touche à sa fin. Dans un accès de clémence le tribunal révolutionnaire n'a condamné cet « espion » de treize ans qu'à huit ans. Sa famille a disparu, du moins n'en a-t-il pas de nouvelles, car en tant qu'étranger on lui refuse le droit de recevoir visites et courrier. L'ambassade d'Iran ne peut ou ne veut s'occuper de ses ressortissants.

C'est le plus sympa des Iraniens. Il a réussi à apprendre un peu d'anglais, un peu de russe, il étudie le Coran. Il sait tailler des vêtements. Parfois, dans le couloir extérieur, je l'ai surpris à travailler des katas de karaté, enseignés par un prisonnier disparu. Les sports de combat sont illégaux ici. Il a tenté de s'évader, a récolté deux ans de plus, mais il est l'un des rares à avoir bénéficié d'une réduction de peine à la suite d'une amnistie « générale ».

— J'ai été condamné à deux ans supplémentaires, puis ils me les ont enlevés parce que j'étais amnistié. Mais je suis toujours ici à cause de ma première condamnation.

Comme tous les prisonniers politiques Mehdi est inamnistiable pour sa peine principale.

— Ils m'ont condamné pour espionnage parce que j'ai signé une déclaration rédigée par le KHAD. Ils insistaient pour que je la signe, ils m'ont battu, ils m'ont promis que c'était une formalité, qu'après je serais libre...

Turgud est presque dans la même situation. Il avait seize ans lorsqu'il s'est fait arrêter. Il s'était fâché avec sa famille et avait décidé de voyager. En traversant l'Afghanistan, il est tombé sur une rafle, et comme il avait les cheveux et le teint clairs, on l'a envoyé en URSS, de l'autre côté de la frontière. Les Soviétiques l'ont roué de coups, ont fait ce qu'ils ont pu pour lui extorquer des aveux. Ils voulaient qu'il soit un agent de la CIA. Devant le caractère buté de l'individu, ils ont fini par le confier à leurs élèves de Kaboul.

— Regardez, me dit Turgud, vous voyez ces cicatrices sur mon torse ?

Effectivement, de minces filets blanchâtres de cinq centimètres se distinguent sur sa poitrine. Ils sont parallèles, assez serrés.

— Après m'avoir découpé la peau, ils m'ont descendu dans un trou, attaché par les poignets. Ils avaient ligoté une de mes jambes de façon que je ne puisse pas prendre appui dessus. J'étais sur une jambe avec les bras en l'air. La corde me cisaillait les poignets, il faisait chaud dans le trou, la sueur coulait sur mes blessures. Je ne sais pas combien de temps je suis resté là-dedans.

« J'ai accepté de lire un papier à la télévision. Je ne comprenais pas ce que je disais, vous savez, à l'époque j'ignorais ce qu'était la CIA.

« Après j'ai été jugé. Ils avaient la preuve que j'étais un agent de la CIA parce qu'ils avaient la bande magnétique de la télévision, alors ils m'ont condamné à seize ans.

Il est ici depuis quatre ans, sa famille n'est pas au courant, il n'a pas reçu une seule visite de son ambassade qui n'a peut-être jamais été alertée.

Le soir, une colonne de prisonniers sort pour chercher la nourriture. Ils sont armés de bassines métalliques. Au retour, ils me montrent, en agitant le contenu des récipients :

— Regardez, on pourrait laver son linge dedans. Ça c'est pour dix personnes.

Il y a deux navets, de petite dimension, et l'équivalent d'une demilouche de pois chiches. Un demi-pain noir par personne, dense donc pesant, mais dont je ne peux préciser la composition. Au goût, il est meilleur que le pain aigre du bloc numéro deux, où il est vrai je bénéficiais d'un régime spécial.

La soupe dégage une odeur immonde. Ils n'ont ni fruits ni légumes verts. Pour de jeunes organismes c'est scandaleusement insuffisant.

20

Le docteur est maigre à faire peur, sa peau est d'une blancheur maladive. Incarcéré depuis quatre ans, ce garçon de trente-trois ans souffre du cœur, son nez est brisé, il n'a pas encore mentalement pris le dessus sur les sévices qu'il a subis au cours des interrogatoires.

— Ils me frappaient, mais ça, ce n'était pas trop grave. Ils m'ont cassé le nez et quelques os. Le plus dur à supporter, c'était les images qu'ils me mettaient dans la tête en me disant : ça va être ton tour.

Les nuits et les longues périodes d'attente étaient terribles. Il savait qu'il devait se préparer à n'importe quoi, surtout au comble de l'atroce.

— Je suis le seul intellectuel iranien qu'ils aient capturé. J'ai travaillé sur le front irakien dans un hôpital de campagne, je suis membre du Croissant-Rouge[1] iranien, et j'ai accepté de faire une mission médicale au Hazaradjat, qui est une région chi'ite en Afghanistan. Il y a beaucoup de réfugiés hazaras chez moi, et ils disent que la situation de leurs familles restées au pays est catastrophique. Il n'ont pas de médecins, les médicaments sont rares, moi, j'en avais marre du front.

« Nous avons sans doute été dénoncés, car le petit groupe qui m'accompagnait est tombé dans une embuscade, juste sur la frontière. Nous n'avions pas d'armes, mais des médicaments et du matériel de petite chirurgie. Je suis le seul survivant.

« Pendant les interrogatoires, ils m'obligeaient à passer devant des cellules ouvertes, ils me montraient des prisonniers attachés dans

1. Croix-Rouge musulmane.

des postures démentes. Leur jeu consiste à trouver les positions les plus inconfortables, à installer les malheureux en appui ou en traction sur un seul membre, jusqu'à ce qu'ils s'évanouissent. Ensuite ils les réveillent. Dans d'autres cellules on entendait les coups et les cris de ceux qui se faisaient brûler ou électrocuter. L'image la plus pénible, c'est celle du type qui hurlait comme une bête, ils m'ont obligé à le regarder longtemps. Ils avaient accroché une cordelette en nylon à l'un de ses testicules, lestée avec un moellon. Nous en avons un, ici, un paysan, ils lui ont arraché un testicule comme ça...

« J'ai signé tout ce qu'ils me demandaient, je suis condamné à vingt ans. Tu sais, j'ai peur d'eux.

J'imagine l'enfer qu'il a dû traverser. Il a un petit sourire, comme s'il s'excusait de me raconter, avec un regard en dedans, plongé dans un cauchemar. Pour parler, je lui demande :

— C'était des Afghans, les bourreaux ?

— Il y avait plein de conseillers soviétiques pour leur apprendre. Moi je me suis fait battre par des Russes, ils n'aiment pas les Iraniens.

Qui les aime aujourd'hui ? Je lui demande pourquoi il s'est mis à part de ses compatriotes, pourquoi il a choisi de popoter avec le Turc.

— Quand je suis arrivé ici, j'étais démoli, c'est lui qui m'a protégé. Les islamistes méprisent ceux qui ont fait des études, les communistes savaient que je n'étais pas de leur bord. J'ai réussi à obtenir quelques médicaments, et j'ai essayé de prendre soin des cas urgents. Je me suis mis tout le monde à dos, surtout les Iraniens qui voulaient que je leur réserve l'exclusivité de mes soins.

Turgud me trouve une cantine métallique pour ranger mes richesses. Il ne reste pas grand-chose, sinon des vivres, des produits de toilette et ces médicaments qui font la joie du docteur. Je lui confie l'ensemble en lui demandant de tout gérer au mieux. L'argent fourni par l'ambassade lors de la dernière visite ne m'est toujours pas parvenu.

Hedi le Tunisien m'apporte une liasse de billets, il y en a pour cinq mille afghanis, une fortune en prison.

— Vous gardez ça, c'est pour vous. Moi, je n'en ai pas besoin.

— Je ne peux pas accepter, moi non plus je n'en ai pas besoin. Mais d'où sors-tu ça ?

— On se débrouille, on vous expliquera. Rangez ça dans la malle, ce sera en sécurité, ça va nous servir.

J'explique à Hedi que compte tenu de notre situation, il n'a pas besoin de me vouvoyer, nous sommes sur le même plan, ici.

— C'est difficile, mais je vais essayer, monsieur Alain.

Le docteur s'occupe de la cuisine, le menu s'améliore considérablement. Comme par miracle, des petits réchauds électriques ont fait leur apparition.

— C'est sans doute grâce à vous, me dit-on, vous êtes journaliste, alors ils vont essayer de vous montrer que tout est bien dans la prison...

Nous avons des haricots rouges dans la soupe, plusieurs, avec presque une pomme de terre par personne et trente à quarante grammes de filaments qui s'avèrent être de la viande de chameau. Mehdi, le gamin iranien, me lance :

— Il faut que vous restiez ici le plus longtemps possible, nous n'avons jamais eu tout ça à manger. Regardez, il y a des fruits.

Effectivement deux prisonniers arrivent chargés de mandarines.

— Hanif Shah nous a confisqué les réchauds il y a une semaine. Nous les avions achetés aux gardiens, moi je pensais qu'ils allaient nous les revendre.

— Ils font ça avec les outils. Vous voyez, ici on essaye de bricoler, on fait des sculptures avec des galets de rivière, ou des vêtements. On doit acheter le matériel par l'intermédiaire des gardiens, ils nous passent les commandes et nous laissent un peu d'argent. Puis Hanif Shah confisque les outils, les aiguilles, les meules à polir, les boutons, et nous devons tout racheter. Il y a des meules qu'ils nous ont vendues dix fois, ça coûte mille afghanis à chaque coup.

Il me montre la sienne, c'est une pierre à aiguiser sur laquelle les prisonniers polissent les galets.

— Alors ils vous repiquent tout le pognon qu'ils vous font gagner.

— Ben oui. Mais avec les Pashtounes pakistanais qui ont des relations avec les prisonniers afghans, on se débrouille pour créer des filières parallèles.

Je comprends l'organisation de cette petite cellule qui vient de m'adopter :

Turgud, le Turc, c'est l'artisan. Il est tailleur, il polit des pierres dont il fait des chapelets et des colliers. Il a un solide caractère, c'est aussi le guerrier du groupe. Les autres prisonniers ont appris à respecter ses poings.

Le docteur est docteur. Il est aussi coiffeur et cuisinier, il coupe l'étoffe pour Turgud, c'est l'intendant général.

Hedi le Tunisien, c'est le cerveau commercial. Il trouve les clients, se débrouille pour obtenir le matériel; c'est aussi le financier de l'équipe. Les contacts avec l'extérieur se font à l'heure de la promenade, des messages tombent des étages occupés par des prisonniers afghans, des trucs s'échangent aux cuisines, à l'heure de la soupe, les lézardes des murs servent de boîtes aux lettres. Quelques gardiens sympathisent avec les détenus et ont créé leurs propres réseaux à l'insu d'Hanif Shah.

Ces organisations souterraines se tissent grâce aux relations personnelles. Les étrangers ont fréquenté des prisonniers afghans pendant les interrogatoires, les liens de confiance se rétablissent ici, à Pul-i Charki. Il faut faire gaffe. Se méfier des gardes, des moutons, des délateurs prêts à vous vendre pour se faire bien voir. Je suis stupéfait de l'ingéniosité de ces isolés. Ces étrangers qu'on enferme comme des parias, qu'on veut couper du reste du monde, sont capables de m'annoncer qu'on a parlé de moi sur BBC ou sur la Voix de l'Amérique, que Gul Abzoy, le ministre de l'Intérieur, patron des tsarandoys, est en bisbille avec le ministre de la Sécurité, le chef du KHAD, et qu'au sein du Comité central il vise la place de Najib.

Bien sûr, des rumeurs circulent, plantées par on ne sait qui. Il faut donc être prudent quant à la crédibilité de ce qu'on entend. Mais dans l'ensemble, les « nouvelles » sont étonnamment justes.

— Le commandant veut vous voir.

Accompagné de Hedi, désormais mon interprète officiel, je descends à la rencontre du grand homme. Nous le trouvons à l'extérieur du bloc, installé en plein air derrière une table en compagnie d'un petit civil au visage chafouin :

— C'est le chef du KHAD à Pul-i Charki, le numéro deux, juste derrière le commandant général, ce cousin du ministre.

Le commandant qui me fait face n'est que le chef du bloc numéro trois dont nous dépendons. Lui aussi est affligé d'un petit con du KHAD, qui surveille les opérations d'un peu plus loin, vautré sur une chaise. Pour faire moderne, ce personnage est affublé d'une casquette de golf, avec un pompon. Il a le même regard fourbe que son chef qui, pour l'heure, me tend une liasse de billets.

— L'argent de l'ambassade, m'annonce-t-il, il faut signer ici.

Je compte les billets ; il y en a pour mille afghanis. L'ambassade m'en avait fait parvenir cinq mille. Je rejette la liasse.

— Il n'y a pas le compte.

— Tu recevras le reste plus tard.

— Alors il n'y a pas le feu. Lorsque vous aurez la somme complète nous pourrons nous revoir.

Je tourne les talons. Le petit chafouin me rappelle. Il sort de sa poche le complément et aboie.

— Signe ici !

— Vous savez si vous avez des problèmes d'argent, je peux vous dépanner...

— Signe ici.

Il a l'air vexé, le commandant a l'air con ; le fond de l'air est frais, je tends les liasses à Hedi en lui disant :

— Pour la popote. Au fait, commandant, on m'a confisqué une bible, c'est la même chose que le Coran. J'aimerais remettre la main dessus. D'autre part Hanif Shah m'a pris mon papier, j'en ai besoin. Pourriez-vous faire le nécessaire ?

Je lui tends la main en ignorant le civil. Nous nous en serrons dix comme des gens du monde.

De retour dans la cellule, Hedi me confie.

— Le commandant était plutôt content que vous embêtiez le khadiste. Il ne peut pas l'encaisser.

Dans la soirée nous recevons une visite du commandant, avec Hanif Shah sur les talons. Je ne me lève pas de mon lit mais les invite à s'installer sur les coussins. Le commandant ne fait que passer, il me tend la Bible, me demande si tout va bien, m'explique que le papier est défendu et me demande mon pantalon.

— Je vous le donnerai lorsque j'aurai reçu d'autres vêtements de l'ambassade. Il faut que je leur fasse parvenir un mot. J'ai donc besoin de papier.

Le commandant opine alors qu'Hanif Shah roule des grands yeux, ce qui le déséquilibre. Il manque de mettre le pied dans une bassine où le docteur fait tremper des haricots.

— Envoyez-moi Hedi, je lui donnerai une feuille de papier, me dit le commandant. Si vous avez le moindre problème, venez me voir.

La garde se retire, tout le monde note avec soulagement que personne ne s'est fait battre. En chemin cependant le gros commandant n'a pas pu résister à la tentation d'engueuler la cellule :

— Vous êtes sales, vous êtes des chiens. Vous avez intérêt à nettoyer tout ça.

Je dois à la vérité de dire que la moitié des prisonniers, ici, ne peut s'empêcher de cracher par terre et que rares sont ceux qui se douchent régulièrement.

Les copains m'ont fait une coquette installation avec table de nuit et lampe de chevet. Ils ont trouvé un bon matelas. Le docteur s'est approvisionné à la cantine, haricots et conserves de poisson. Il a aussi acheté une caisse de mandarines. Cela lui permet de nourrir la chambrée et de distribuer des rations complémentaires aux plus affaiblis de la cellule. Je lui ai demandé de faire une sélection sévère, il y a une dizaine de cas graves, et d'expliquer aux jaloux que c'est la décision du Français. Personne ne conteste ouvertement.

Je suis tour à tour invité à manger par les différentes communautés. Même les deux communistes qui vivent à l'autre bout, dans une pièce similaire à celle de Turgud, me transmettent une invitation.

Chez les Pakistanais, un coup d'œil suffit pour comprendre qu'il y a parmi eux quelques militaires. Je ne pose aucune question, car leur situation est délicate. Plusieurs de leurs camarades ont été exécutés, d'autres attendent au bloc numéro un, condamnés à mort. Ici, ils sont une demi-douzaine à être passés entre les mailles du filet, ils en ont tous pour vingt ans et restent à la merci d'une saute d'humeur du régime. Leur coin est impeccablement tenu, c'est là qu'ils nous reçoivent, avec Hedi.

Les autres membres de cette communauté sont des frontaliers, paysans ou nomades, pris dans des rafles. Ils ont tous été torturés, à l'exception de quelques sympathisants communistes. Tous ont reconnu être des agents de l'impérialisme. Ce sont des êtres frustes qui ne comprennent pas ce qui leur arrive.

Parmi eux il y a un unijambiste de cinquante ans environ. C'est un ancien marin, originaire de Karachi, qui a roulé sa bosse en Europe et en Amérique du Nord. Il parle convenablement anglais. Il m'explique qu'il s'est marié aux États-Unis, qu'il a perdu sa jambe lors d'un accident de chemin de fer, dans l'État de Washington. Expulsé, vraisemblablement sous la pression de la compagnie de chemin de fer qui ne tenait pas à lui payer de dommages et intérêts, il s'est réfugié au Canada. Il s'est vite trouvé en délicatesse avec les Services de l'émigration qui l'ont enfermé dans une prison à Ottawa.

Au bout d'un mois, deux policiers l'ont accompagné jusqu'à Karachi pour le remettre entre les mains des autorités pakistanaises, qui l'ont derechef fourré au trou. Comme il en avait marre, il a profité d'une distraction de la garde pour s'évader sur ses béquilles. N'ayant nulle part où aller, il a franchi la frontière afghane, et s'est installé artisan cordonnier dans un petit village proche de Kandahar. Les troupes communistes ont investi le village, il y a quatre ans de cela. Il en a pris pour vingt ans en tant qu'agent de la CIA.

Dans cet homme effrayé par le système, j'ai trouvé une étrange sérénité. On ne peut rien contre le destin.

Question : A quoi ça rime un destin pareil ? Les entités m'ont expliqué que les déboires qui ont marqué ma vie étaient voulus, une dure école, mais école cependant, avec au bout du compte, un caractère trempé et peut-être la possibilité de capitaliser sur des expériences passées pour faire avancer certaines choses. Soit.

Mais ce mec, avec sa jambe coupée au ras de la hanche, à quoi bon s'acharner dessus ? Car si je suis « protégé », je préfère dire sous surveillance, y a-t-il une raison pour qu'il n'en soit pas de même avec lui ?

Voilà un thème de méditation. Les copains me foutent une paix royale, la couchette est un refuge où je replonge dans l'univers du rêve éveillé.

— *Si tu crois en la réincarnation, elle existe, me disent les voix. Si tu n'y crois pas, elle n'existe pas. Si tu crois en la prédestination, elle existe, si tu n'y crois pas, elle n'existe pas. Tout est en toi, apprends à lire en toi-même, pose-toi les questions justes, tu trouveras les réponses. Regarde autour de toi, tu verras les différents modèles. Les moules de la nature ne sont ni uniques, ni similaires. Il y a différents systèmes, régis par des lois différentes. Les systèmes auxquels tu peux accéder sont rares, suffisamment rares en tout cas pour que tu les analyses et que tu les comprennes. Alors tu comprendras ce que tu dois comprendre à ton niveau.*

Je m'engage alors dans de longs voyages, pleins de méandres. Mes compagnons spirituels me guident au travers des notions d'instinct, d'intelligence, de mémoire. Je décortique avec eux plusieurs systèmes. Nos dialogues sont empreints de simplicité, d'humour et surtout de beaucoup d'affection, ce qui ne m'empêche pas de me faire vertement engueuler quand je suis trop long à comprendre.

Au bout du compte, en ce qui concerne ce pauvre bougre d'unijambiste dont l'état physique me fait davantage encore ressentir l'injustice qui nous environne, je reçois cet avis.

— *Le sens de la justice est propre à chacun d'entre nous, en fonction du système dans lequel nous évoluons. En ce qui te concerne, tu es avant tout choqué par le destin apparent de cet homme, c'est ta sensibilité qui réagit. Maintenant, pour être honnête, tu sais très bien que les pensionnaires de cette geôle ne partagent pas tous la même conception de la liberté que toi. Pour un paysan, qui a toujours vécu en semi-servitude, la liberté dont tu jouis, même ici, en prison, ta liberté de raisonnement, par exemple, ta façon de bousculer les tabous, eh bien, pour lui, ce n'est pas concevable. De lui-même, il te dira : tu es quelqu'un d'autre, tu es différent. Et toi qui ne penses qu'à le sortir de sa merde, tu sais ce qu'il te ferait, s'il connaissait tes thèmes de réflexions, s'il en avait le pouvoir ? Il te tuerait, parce que tu appartiens à un système trop différent du sien, tu es une menace pour son confort intellectuel, pour son équilibre intérieur. Et ne te fais aucune illusion : les entités qui t'ont voulu du mal, jusqu'à présent, qui t'ont fait chier, qui ont tenté de te faire douter de toi-même, de te déséquilibrer, ce sont des entités qui ont peur, ou qui ont eu peur de toi, Alain. Alors laisse cet infirme évoluer dans son univers intérieur, lorsqu'il sera mûr, il trouvera les solutions en lui-même. Aide-le si tu le peux, mais n'oublie pas qu'à l'impossible nul n'est tenu. Tu as remarqué la sérénité qui se dégage de lui. C'est, en la circonstance, une aide précieuse, qui lui permet d'endurer. Il trouvera ce qui lui est nécessaire au fur et à mesure de son développement, et même, si besoin est, une assistance de l'au-delà.*

J'admets qu'il s'agit là de généralités, mais qui permettent au béotien que je suis de me remettre à niveau dans certains domaines. Je dois reconnaître qu'en ce qui me concerne, j'ai trouvé en moi les ressorts et la force nécessaires pour affronter mes difficultés actuelles.

Je patauge dans la prédestination et la réincarnation. Les voix, appuyées par une inspiration puissante, m'expliquent que nous avons en nous tout ce qu'il faut pour comprendre. L'important est d'admettre qu'il y ait des systèmes différents. Si, en nous, nous ressentons comme une certitude que notre destin ne nous appartient pas en totalité, alors nous faisons partie d'un système qui intègre la prédestination. Il nous faut méditer sur le poids relatif de cette variable, *en ce qui nous concerne*. Il en est de même pour les différents systèmes de réincarnation. Les clés seraient en nous.

Comme un de ces systèmes correspond à la prise de possession d'un « véhicule » humain par une ou plusieurs entités, et que j'ai moi-même expérimenté un phénomène similaire qui m'a éraillé la voix, à Sadarat, je ne peux faire autrement que de m'interroger sur la folie.

21

Des fous, nous en avons ici, une brochette. Je ne parle pas des traumatisés, nous le sommes tous à différents degrés, non, mais de ceux qui sont incapables de se débrouiller par eux-mêmes.

Il y a Papi, âge indéterminé, cheveux blancs. Il ne sait pas son nom, il a oublié d'où il vient, il comprend un peu de pashtoune. Il ne parle pas, il sourit tout le temps, c'est un gamin qu'il faut emmener aux toilettes et que le préposé aux lessives lave une fois par semaine. Il passe le temps allongé sur le lit, ou, lorsqu'il se dégourdit les jambes, il saute d'un pied sur l'autre en attrapant des mouches sur le mur, même lorsqu'il n'y en a pas. Parfois, il s'assied dans une encoignure et pleure. Le préposé aux lessives qui est pédé vient lui faire des bises, ça le console.

Il y a l'Hirsute. Maigre comme un chorizo, le nez à n'en plus finir, les cheveux poivre et sel longs, perpendiculaires aux tempes, il ressemble à un chanteur engagé, en moins bruyant. Les yeux noirs fixent un point imaginaire en lançant des éclairs. Ce type a la capacité de rester immobile, accroupi à l'étage supérieur d'un lit, pendant des jours. Il mâchonne parfois un croûton, il sent mauvais, personne ne tente de le laver. Lorsqu'il lâche son point imaginaire c'est pour se répandre en invectives qu'il est seul à comprendre. Ce n'est pas trop fréquent, une à deux fois par semaine. Il agite alors les bras dans tous les sens. C'est vraiment là qu'il fait chanteur engagé. Il ne comprend personne, personne ne le comprend. Lui non plus ne connaît pas son nom.

Presque en face de lui, on a parfois l'impression qu'ils se regardent, il y a le Maniaque. C'est un petit Pashtoune, qui, lorsqu'il n'engueule pas tout le monde, reste prostré accroupi sur son lit, ou se rase. Il se rase cinq heures par jour avec des lames que lui fournit son voisin pour avoir la paix. Il bloque alors le couloir près des fenêtres avec son pot à eau et son savon. Malheur à qui le frôle pendant cette délicate opération, il met plusieurs jours à s'en remettre. Moi, j'ai renversé son eau par inadvertance, je me suis fait un ennemi silencieux mais durable.

Il y a aussi le Gamin, un jeune type complètement illuminé qui fout des coups de poing au *batchi*[1] et ne comprend rien à rien. Il oublie de rentrer en cellule après la promenade et se fait parfois rouer de coups par les gardiens qui le trouvent marrant. Il ne connaît ni son âge, ni son nom, ne parle aucune langue compréhensible.

Il y en a une demi-douzaine d'autres, ce sont les Pakistanais qui en ont hérité, on ne sait trop sur quels critères. Sans doute parce que les Iraniens n'en voulaient pas.

Alors c'est quoi, la folie ? Si je suis le raisonnement des entités, je me pose la question, et je trouve la réponse, et toc.

D'abord, voyons, sérions les problèmes : c'est quoi, un traumatisme psychique ? A priori, c'est une blessure intérieure qu'on a pas réussi à digérer. Ça provoque des angoisses et des tas de trucs désagréables qui nuisent à l'équilibre du comportement. Bon.

— Réfléchis au traitement qu'on t'a fait subir à Sadarat, suggère une voix. Tu parlais de psychanalyse.

Oui, je n'ai pas vraiment aimé ça. Les entités ressortaient de moi tout ce que j'avais voulu oublier, tout ce que j'avais vraiment oublié... J'ai dû confronter à nouveau des moments pénibles, on m'a inventé de toutes pièces des situations intolérables. Au dire de mes « conseillers », c'était pour voir si j'étais en paix avec moi-même, et si j'étais prêt à affronter l'invraisemblable, l'outrance, la démence précisément. Il paraît que j'étais.

Ce qui, semble-t-il, me met momentanément à l'abri du traumatisme. Les vieilles blessures sont cicatrisées, je suis conscient qu'elles m'ont apporté quelque chose. Les situations « imaginaires », le procès de mon père ou les séances préparatoires à la torture ont, semble-t-il, prouvé que je pouvais affronter, à mon corps défendant, l'insupportable. Qu'est-ce que ça prouve ?

— Que tu présentes peu de failles par où on puisse t'atteindre,

1. Responsable de cellule.

et que tu connais maintenant parfaitement tes faiblesses, tes limites actuelles. Et ça, c'est une protection qui vaut toutes les cuirasses. Tu ne peux plus avoir peur que de toi-même.

— Le traumatisme est donc une blessure ouverte, où vous pouvez touiller si vous voulez embêter le monde ?

— *Nous et vous. Ce n'est pas que cela. Un individu traumatisé est quelqu'un qui n'est pas d'accord avec lui-même, qui n'a pas réussi à trouver sa paix intérieure. C'est lui qui, principalement, touille, comme tu dis, sa propre blessure. En cela, il peut s'endurcir, progresser en quelque sorte s'il arrive à prendre le dessus, ou se démolir pour longtemps.*

— Qu'est-ce qu'il se démolit ?

— *L'âme, avant toute chose. C'est l'un des stades de la folie.*

— Comment les matérialistes s'exprimeraient-ils sur cette notion ?

— *Qu'ils l'appellent l'ego, le moi intérieur ou le surmoi, nous n'en avons rien à branler. C'est une notion incontournable, c'est ce qui reste lorsque le véhicule est foutu, c'est ce qu'il leur faudra réparer plus tard, s'ils ne le font pas dans le système matériel. Ça peut être très long pour certains, tu sais, il y a ici des victimes qui attendent leurs bourreaux. Oh, il n'y a pas de violence telle que vous la connaissez sur terre, non, c'est plus subtil. L'âme est capable de vivre sa propre violence, de la générer encore et encore, de vivre dans sa merde tant qu'elle n'aura pas fait la paix avec elle-même. Ce que tu as vécu entre nos mains, ces tourments moraux autour de simples peccadilles, les victimes des grands criminels se chargeront de le leur faire vivre, à la puissance. Certaines sont tenaces. C'est ça l'enfer. Nous le portons en nous, comme nous portons en nous les germes de notre paradis. Ce n'est pas plus compliqué que ça. Les utilisateurs de drogues en ont un avant-goût.*

Je crois que nous avons en nous ces outils d'analyse, qu'il faut utiliser sans complaisance vis-à-vis de nous-même. Point n'est besoin de chercher d'autre responsable que soi. Il faut être prêt à s'affronter, faire la paix avec ce qui coince. Personne n'est condamné *a priori*, c'est une question de choix.

— *Vois-tu, Alain, l'intelligence c'est aussi ça : un jeu de filtres à la disposition de chacun pour filtrer les influences, qu'elles proviennent de votre système ou du nôtre, ou d'ailleurs, car nous n'avons pas seulement deux systèmes côte à côte. Nous, nous sommes directement en contact. Il y en a de plus lointains dont tu reçois parfois, rarement, l'inspiration. C'est le monde de l'image-pensée, comme tu l'appelles, une sphère consacrée à la méditation sur les problèmes de l'heure et du futur. Il y a aussi la sphère des mémoires collectives où nous puisons tous quand nous le voulons, ou quand nous cherchons. C'est ce qui nous permet de comprendre, sans y réfléchir, des systèmes aussi différents que les marsouins ou les orchidées. C'est là que se connectent tous les « ordinateurs » de la planète, qu'ils soient individuels ou collectifs, c'est pour cela que tout est interconnecté, le passé, le présent, le futur pour autant qu'on y ait réfléchi, mais aussi les espèces vivantes et l'âme des minéraux.*

— Minéraux ?

— *Escogriffe, tu y penses depuis longtemps. Où crois-tu que s'inscrit la mémoire de l'azote ou le système de reproduction des cristaux ? Souviens-toi qu'un gaz, dans son entité gaz, entend demeurer, qu'il est dans son ensemble un ordinateur programmé pour sa survie, qu'il n'y a rien dans la nature qui accepte de gaieté de cœur de disparaître. Ce qui en passant te permet de réfléchir un peu sur les produits nouveaux qui n'ont pas eu le temps de se développer une mémoire collective, donc d'avertir les autres mémoires pour leur permettre de s'adapter. Réfléchis, il y a des conclusions intéressantes à en tirer. Elles ne sont pas toutes négatives, mais attention !*

— Revenons à nos moutons, une âme ou un ego démoli, ça se répare ?

— *Dans certains cas, mais ça prend du temps, nous avons des spécialistes ici. Pour la reconstruire, il faut l'aider à franchir les étapes qui lui manquent. C'est pour ça que la réincarnation existe. Dans d'autres cas, c'est irréparable, l'âme ne s'est jamais développée ou si mal qu'elle rejoint un « centre d'énergie » d'où sont issues les âmes neuves. Les chrétiens appellent ça les limbes. Toute âme, quelle qu'elle soit, est une source d'énergie, nous ne gaspillons rien. Et pour répondre à la question que tu vas formuler, cette âme démolie rejoint le centre d'énergie naturellement, sans contrainte, presque volontairement si elle était capable d'émettre une volonté.*

« Au bout d'un certain temps, certaines âmes particulièrement répugnantes, après autonettoyage, peuvent prendre le chemin de ces limbes. La damnation éternelle n'existe pas, ou alors c'est une damnation de groupe[1]*, et même dans ce cas l'expérience accumulée reste*

1. Des sociétés se sont littéralement suicidées, je pense aux Aztèques de l'époque de Cortés (XVIe siècle).

acquise, et disponible pour qui s'y intéresse. Or nous sommes plusieurs à avoir, malgré tout, foi en l'homme, la certitude que quelque chose de bon émergera de la convergence d'intérêts des âmes et des hommes de bonne volonté. Un bon paquet même.

La folie serait donc un état où l'âme démolie ne fournirait plus la totalité des filtres nécessaires au cerveau. Inversement, c'est aussi l'état où un cerveau abîmé ne permettrait plus à l'âme de s'exprimer, d'avancer.

Maintenant, je regarde mes fous d'un autre œil. Une chose me frappe, dans cette communauté de bric et de broc, ils vivent, les fous, ils font partie de notre société. On s'y adapte, et j'ai l'impression qu'ils s'adaptent à nous. Dans leur monde intérieur ne développent-ils pas des capacités différentes des nôtres, comme paraît-il un aveugle développe ses autres sens, ou un cul-de-jatte se muscle le thorax ?

Les sens que j'ai développés ne sont-ils pas le résultat d'une démence qui m'est propre ?

Je demande à Hedi et au docteur de me suivre chez le commandant du bloc, celui-ci nous reçoit immédiatement.

— Commandant, lui dis-je, la situation sanitaire de la cellule n'est pas digne d'un pays civilisé. La tuberculose a déjà fait deux morts, six hommes en sont visiblement atteints, d'autres peuvent la couver. Il y a des formes de cette maladie qui sont particulièrement contagieuses. Si tel est le cas, vos hommes, vous-même et votre famille sont désormais menacés.

Hedi traduit tout ça avec la conviction qui convient, le docteur opine gravement.

— Nous sommes un pays pauvre, répond le commandant, nous n'avons pas, ici, les facilités que vous avez chez vous. Les prisonniers de plus sont très sales, ils crachent par terre, c'est pour ça que nous nous battons contre eux.

— Ce n'est pas en leur cassant les os que vous allez leur faire perdre des réflexes millénaires, mais en leur expliquant l'importance de l'hygiène. Beaucoup, d'autre part, sont complètement démolis, ils sont hors d'état de comprendre. Vous êtes peut-être un pays pauvre, mais il se trouve que j'ai la possibilité de vous faire parvenir les meilleurs médicaments. Laissez-moi entrer en contact, ne serait-ce que par téléphone, avec l'ambassade de France, ou mes amis à Paris...

— Il faut que je demande l'autorisation.

Le commandant nous sert le thé et des gâteaux. Le docteur, au départ terrorisé par mon initiative, s'enhardit et se lance dans une description clinique de l'état général des détenus. Le commandant écoute attentivement, opine et dit :

— Je ferai un rapport.

De retour dans la cellule, je constate des phénomènes étranges. Je suis incapable de lire, une barre me pèse au sommet du front et m'empêche non seulement de me concentrer, mais même de comprendre le sens des mots qui s'alignent devant moi.

Je suis en présence de démonstrations magistrales que les entités m'imposent. Il m'est déjà arrivé, en cours d'existence, de me trouver « bloqué des méninges », avec de la soupe dans la tête en lieu d'idées. En prison, tout en discutant avec moi, les bonnes âmes me bloquent certains points dans le cerveau, je me sens alors incapable de pensée cohérente. D'accord je peux marcher droit, mes gestes restent précis, rien dans mon comportement, enfin je le présume, ne trahit mon désarroi interne. J'ai un mal fou à énoncer ce que je veux transmettre aux âmes, je sens que le fond de ma gorge articule péniblement, un peu comme quelqu'un qui apprend à lire. Puis, démonstration faite, quelque chose se débloque, et je suis à nouveau en état de jongler avec les concepts ou le vocabulaire. Pendant plusieurs mois, tous les jours, j'ai eu droit à quelques heures de ce traitement, avec en prime des commentaires qui peuvent se résumer ainsi :

— *Il pédale dans la semoule, le fieu. Force, Alain, fais un effort, tu es lourd aujourd'hui. Vous ne trouvez pas qu'il est épais ?...*

J'essaie de jouer aux échecs. C'est une catastrophe. Je vois les pièces, l'échiquier, je me souviens des règles, mais je suis incapable de suivre le déroulement du jeu, de prévoir, d'analyser. J'abandonne.

Lorsque je tente un nouvel essai, un peu plus tard, contre Hedi, je le vois avec stupeur contrer tous mes mouvements, comme s'il lisait dans ma tête. Les entités ne se privent bien entendu pas de commenter le moindre mouvement, et jouent avec ma susceptibilité. Je ne peux pas m'en prendre à Hedi, je pique donc une froide colère intérieure, sans rien laisser paraître. Serait-ce un entraînement en impassibilité ? Je décide en tout cas de laisser tomber ce jeu à la con.

Pour la première fois depuis longtemps, je dors, d'un vrai sommeil profond, avec parfois des rêves qui reviennent à la surface. Geneviève, anciennement prostituée dans un bar de Pigalle, en met certains en scène avec tout ce que j'aime. Je m'en souviens encore avec tendresse, mais ça, ça ne vous regarde pas.

Mes tranches de sommeil sont irrégulières, entre une et quatre heures. Le reste du temps, je rêve éveillé, ou je cause avec les entités en tournant en rond dans le périmètre extérieur de la cellule. Ces conversations se traduisent parfois par des crises de fou rire, d'émotion ou de colère qu'il me faut contrôler pour ne pas alarmer les autres détenus. Je cultive extérieurement l'apparence du penseur sérieux installé dans un nuage, ce qui établit une barrière entre les autres et moi. Lorsque je suis en communication, toute intervention extérieure devient une agression, quelque chose retourne en moi, laissant une sensation désagréable, ce qu'on ressent, en avion, dans un trou d'air.

La nuit, le promenoir n'est pas accessible, je m'assieds au pied du lit et tente de déchiffrer quelques passages de la Bible à la lueur d'une bougie. Les entités me bloquent et me débloquent les méninges, alternativement. Il m'est arrivé dans de telles circonstances de recevoir des bouffées d'inspiration, alors que je méditais sur certains points obscurs, un peu comme si me tombait dessus la pensée de l'auteur. J'ai l'impression que ça vient de très loin.

Mais le plus clair de mon temps, je le passe allongé, perdu dans des rêves éveillés. J'ai souvent, autour de moi, mes « ingénieurs-système », groupés autour d'un grand-père paternel, ancien ingénieur de la Marine nationale, patron pendant un certain temps de l'arsenal de Lorient. Il y a aussi un autre grand-père, d'adoption celui-là, un baron russe qui, lui, occupait des fonctions similaires à l'arsenal de Bizerte. J'ai aussi un grand-père maternel, ancien commandant au long cours, qui a bourlingué sur toutes les mers de Chine. Acoquinées à une palanquée de copains, ces bonnes âmes se penchent avec moi sur des sujets qui me préoccupent.

S'il est possible de régler intelligemment le problème de la dette de certains pays du Tiers-Monde[1], en quels termes se poseront les nouvelles priorités ?

Énergie, énergie, énergie, répondons-nous en chœur. L'accès à

1. D'après les âmes, cela semble possible.

l'énergie est trop onéreux pour ces pays. Le pétrole deviendra trop rare, les investissements dans le nucléaire sont trop lourds et posent de graves problèmes à terme, surtout pour des pays dont l'infrastructure technique est à développer.

— *Trouve autre chose, imbécile !*

Merci messeigneurs. Comme je n'ai rien d'autre à faire, je veux bien laisser flotter mon imagination, mais n'est-ce pas un peu agaçant que d'être traité comme le cancre que j'ai toujours été ?

— Attention, pas pousser, pas m'embêter, vieux débris ! lancé-je à mes mentors.

Les barbes blanches borborygment un peu, comment qu'il nous traite, comment qu'il nous cause le loufiat, m'en va te le claquer, le fieu, mais un tel courant d'affection m'envahit la poitrine qu'il dément le discours meurtrier de mes vieux ronchonneurs.

Avant de se balader dans les rêves d'énergie, je me fais prendre à partie par l'un de mes pépés, Joseph, très à cheval sur la rigidité des principes.

Ce qui, à mon avis, fait mal aux fesses et me contraint à excuser les airs pincés des affligés de la morale [1].

— *N'as-tu pas un peu trafiqué, à une certaine époque ?*

— Ben euh...

— *Qu'est-ce que tu as retiré de tes petits cailloux ?*

Je dois à la vérité de reconnaître que le travail d'un journaliste indépendant n'est pas facile, que vendre du film ou de la photo lorsqu'on n'appartient pas corps et âme à une organisation procède parfois du funambulisme. Il m'est arrivé plus souvent qu'à mon tour de me trouver raide à l'autre bout du globe, où ni banque, ni copain, ni organisme d'État ne peut vous venir en aide. C'est, en quelque sorte, le prix de la liberté.

— *Je ne te demande pas des excuses, gougnafier, je te demande ce que tu en as retiré.*

Ben des sous !

C't'affaire [2]. Il faut bien se défendre. Je veux bien y penser, maintenant que les interrogatoires du KHAD-KGB sont derrière, mais pendant l'instruction je me serais débattu comme un beau diable pour

1. « La Loi est faite pour l'homme, et non pas l'homme pour la Loi » (Jésus-Christ, Ier siècle).

2. Québécisme.

contourner ce thème de réflexion. C'est difficile d'empêcher la formation d'une idée. Comme je ne suis toujours pas sûr que nos petits amis soviétiques n'aient pas essayé des trucs sur moi, du genre interrogatoire à distance, sondage inconscient de la pensée, j'ai trouvé des petites astuces qui permettent de contourner certaines notions, de tourner autour du pot, car j'ai, dans mon passé de traîne-latte, quelques expériences qui les eussent remplis d'aise.

Le Panshir est une région d'extraction d'émeraude, la plus fine qui se puisse trouver. Cette vallée contrôle aussi la route du lapis-lazuli [1], exploité plus au nord. J'ai flâné dans les zones de production de tapis turkmènes, j'ai vécu sur des sites archéologiques abandonnés pour raison d'insécurité.

Eh bien j'ai fait mon beurre, voilà. Un peu, de quoi en tout cas m'offrir quelques billets d'avion. J'aurais pu sortir du haschisch aussi, celui de Mazar a bonne réputation. Mais ça ce n'est pas mon truc. Je ne peux donner que dans ce qui m'attire. Et surtout, je ne suis pas gourmand.

Mais le gouvernement de Kaboul se serait fait un plaisir de me coller une étiquette de pilleur des richesses nationales, richesses qu'il ne contrôle pas et qui, au demeurant, font vivre des gens qui ont tout simplement besoin de vivre.

— Ce n'est pas de cela qu'il s'agit, mon fieu, c'est un devoir dans certaines circonstances de se débrouiller, en tout cas ça vaut mieux que de voler ou de faire la manche. Non. Je te demande ce que tu en as retiré, au fond de toi, de ces petits cristaux de couleur.

— Comme une fascination, peut-être, beaucoup de points d'interrogation, des ébauches de réponses.

— A la bonne heure. On commence par quoi ?

Bon, je vois. Nous voulons faire un petit voyage dans l'âme du minéral, aborder sans doute ce que j'appelle la mathématique des cristaux... Une très ancienne entité que j'ai déjà rencontrée lors de mes « grands voyages » de Sadarat où gonflé d'une énergie surhumaine, les portes d'un système inconnu se sont entrouvertes pour moi, une entité amérindienne m'interpelle :

— N'oublie pas que nous t'avons offert le cristal de la mémoire du monde. Médite aussi sur ce thème.

Le cristal est un drôle de zozo. Il ne sait pas compter, ou alors

1. Roche de couleur bleue, utilisée en orfèvrerie.

il n'a jamais fréquenté nos écoles. Dans un système cristal à base 6 la numération peut ressembler à :

Rien ➧ 6 ➧ 12 ➧ 24...

Où, chez les plus vicieux :

Rien ➧ 6 ➧ 36 ➧ 1296...

Il y a plus monstrueux encore mais pour l'heure ces salipingoins n'ont pas intérêt à m'embêter.

Dans ces systèmes, on fait des constatations surprenantes : par exemple, qu'entre rien et six, *a priori*, y a que dalle. Il n'y a ni 1, ni 2, ni 3, on commence à 6, il n'y a ni 7 ni 8 rien du tout avant 12 ou 36. Ça vous dit quelque chose à vous ?

A moi, ça me dit que le dieu du cristal, ben il ne sait pas compter comme tout le monde, voilà ce qu'il me dit ce saloupiot de minéral qui fait rien qu'à se développer dans ma tête selon un système de calcul que je ne peux même pas utiliser mes doigts. Il me gonfle.

En plus il y a l'Indien[1] qui revient en me demandant si je suis vraiment sûr de moi lorsque j'affirme qu'entre rien et 6, il n'y a rien, et qu'entre 6 et 12 il n'y aurait pas des chouias à gratter.

Je ne vais pas vous faire la théorie des chouias, d'abord elle n'est pas de moi, mais d'un informaticien que j'ai connu dans un centre de recherche d'IBM. Nous tentions alors de déterminer la plus petite notion possible qui puisse faire basculer un système dans un autre. Alors dans notre programme on ajoutait un chouia à un chouia à un chouia et ça finissait pas faire bascule alors que le chouia ne correspondait qu'à une fraction abstraite.

Bon, entre rien et 6 il y a, à côté du système émeraude, de la silice, de l'aluminium, du béryllium, de l'oxygène, plus des tas de petites cochonneries, en vrac, ou déjà amalgamées en molécules plus ou moins complexes.

Alors je prends tout ça. Ce n'est pas rien, bien sûr, mais ce n'est pas de l'émeraude et ça ne me rapportera pas un centime. Si je sors du système par le bas, en dessous de six dans l'exemple qui nous préoccupe[2], je rentre dans un autre système. Maintenant que me faut-il

1. Je suis toujours empoisonné lorsqu'il s'agit de faire la différence entre Indien à plume et pas à plume. Il y a bien le mot amérindien, mais quand j'étais gamin j'ai toujours été indien, jamais amérindien. Il s'agit ici d'Indien d'Amérique.

2. Pour les puristes, je suis sur une couchette de prison, sans accès possible à la moindre documentation. Je ne sais fichtre pas si le système de reproduction de l'émeraude est bien en base 6, mais ça m'est égal. C'est le principe qui m'intéresse.

de plus, puisque j'ai les composants de base, pour créer un caillou à faire frétiller les nanas ?

Mes pépés ingénieurs me foutent de la température, de la pression, on touille... L'Indien fait non, non non. Qu'est-ce qu'il en sait, cet Indien ?

— Il manque l'esprit. S'il n'est pas là, s'il n'y a pas une petite idée quelque part, pour donner à ces éléments l'envie de se mettre à la colle pour faire autre chose, vous pouvez toujours touiller.

Les ingénieurs jettent un œil noir au métèque à plume qui ne sort même pas de Centrale[1] et se permet de les interrompre dans leurs calculs...

— Et c'est pour ça, Alain, que je te donne, avec mon cristal, la mémoire du monde. Parce que vois-tu, si tu ajoutes à ta bouillie un petit cristal, tout petit, minuscule, ce cristal va transmettre ce qu'il sait et tu verras s'amalgamer des cristaux autour de lui. Tu peux dire qu'il va produire, ou se reproduire. Il ne peut produire que ce qu'il connaît, bien sûr, ce qui explique l'homogénéité des cristaux. Si tu arrives à remonter ce processus jusqu'au cristal unitaire, tu sauras ce qu'a été le monde depuis la création de ton minéral, un peu comme tu peux lire des trucs dans les couches concentriques qui forment le tronc d'un arbre, même fossilisé. Voilà mon premier point.

A partir de là je pars en voyage, avec les pépés, mon métèque à plume, les houris et tout un monde qui accepte de me suivre. Et voilà où j'arrive :

Un cristal possède la caractéristique de se mettre en résonance avec des longueurs d'ondes déterminées. Il s'avère que je me mets moi-même en « résonance » avec un bruit que je ne mentionnerai pas car certains chercheront à m'embêter avec. Pensez à la longueur d'onde d'une craie qui crisse sur un tableau, ou d'une porte qui grince, ça marche auprès de certains sujets. Le poil se hérisse et ils se mettent en boule. Ils vont dire qu'ils sont allergiques. Alors dans ma tête, je bidouille les ondes et je me demande si les « allergies » ne correspondraient pas à des phénomènes proches des résonances, dans des gammes d'ondes harmoniques.

En poussant le raisonnement plus loin, je m'interroge sur les raisons qui me rendent allergique à certains individus, dès le premier contact, ou qui, inversement, créent une impression d'affinité avec d'autres.

---

1. Je sais, je sais, moi j'y suis, et j'espère en sortir un jour.

J'en arrive à me demander si, en chaque être humain, en chaque être vivant, en chaque minéral, il n'existerait pas un émetteur-récepteur, travaillant sur des longueurs d'ondes déterminées, propre à chaque « système ». Si tel était le cas, je pourrais expliquer certaines allergies par un processus de boucle, un phénomène du genre Larsen en acoustique. Ou encore une mise en résonance de certains composants, qui pourrait aboutir, dans les cas extrêmes, à une destruction, comme un verre éclate lorsqu'un chanteur parvient à trouver la fréquence.

Et si cet émetteur-récepteur nous permet à tous, du caillou à la baleine, de garder le contact avec nos mémoires, moi, je boucle ma boucle.

Car pour que mes minéraux s'assemblent pour faire l'émeraude, il faut compatibilité et accord. Il n'y a pas de raison que la nature se violente elle-même. Si je fais l'enfant avec une petite rousse, c'est qu'elle me plaît et que je lui conviens, sauf erreur de jugement. Donc, les produits de base, constitutifs du cristal, sont ensemble dans mon panier. S'ils s'y trouvent bien, serait-ce qu'il y aurait compatibilité dans les fréquences ? Leur interaction n'alerterait-elle pas, quelque part, une mémoire qui dirait tiens, on m'appelle, tout est prêt pour faire l'émeraude, bon, ben, allez-y quoi, faut faire comme ça ?

L'Aztèque branle de la plume comme s'il était content. Les chenus branlent du chef en disant faut voir, il y a peut-être quelque chose là-dedans, les grands-mères soupirent mais où va-t-il chercher tout ça ? Vous affolez pas les mémés, c'est mon copain l'Indien qui a fait tout le boulot.

Moi, j'en ai un peu marre d'être ici, énormément marre même. Je serais mieux, pour élucubrer, au bord de la mer, sous un palmier.

— *Mais tu es libre, tu le leur as dit aux gens du KGB que tu étais libre, qu'ils le veuillent ou non, dans ta tête. Allons, tu vois bien qu'ici personne ne te dérange.*

Peau de vache, je ne sais pas quelle est l'entité qui se fout de moi, mais j'aimerais sincèrement l'étrangler.

22

Je trouve bizarre qu'en informatique on en soit encore au vieux système binaire[1], qui est un machin aberrant de lourdeur. Avec tous ces cristaux qui ne demandent qu'à enrichir les systèmes, pourquoi ne donne-t-on pas davantage de choix à ces pauvres bécanes ?

Tiens mais au fond, comment ça marche, la pensée ? Voilà précisément le type de réflexion qui agite certains de mes conseillers intérieurs. Un petit point d'interrogation dans la tête, et ça démarre. Ce qui suit n'a pas la prétention de résoudre ce vaste problème, il s'agit d'une illustration des imbrications entre ce que je crois produire, dans ma tête, ce qui m'est « inspiré », et ce que me disent les voix, directement.

Pour l'avoir vécu, puisque, à Sadarat, sous l'impulsion d'une énorme énergie j'ai joué à l'ordinateur, je sais que 185 × 99 peut se compter, mentalement, en additionnant 185 quatre-vingt-dix-neuf fois, ce qui est chiant ; en faisant les multiplications dans sa tête et on se gourre dans les additions nécessaires ; en appliquant une réduction de 1 pour 100 à 185 × 100, ce qui fait tout de suite plus avantageux. On peut aussi dire « ça fait grosso modo », et on ne sera pas loin du compte, ou alors « c'est trop cher », par principe, et on aura fait l'économie d'un calcul fastidieux.

Tout ça pour dire qu'il y a de nombreuses façons de se tirer d'un pétrin donné. Soit, mais qu'est-ce qui déclenche le processus de trai-

1. L'idée, c'est un bidule qui est chargé d'électricité ou pas. Dans un cas on dit 1, dans l'autre on dit 0. L'ordinateur est une bête un peu tarée qui accepte de compter 0, 1, 10, 11, etc., au lieu de 0, 1, 2, 3 ou mieux.

tement, pourquoi y aura-t-il toujours de bons élèves derrière des guichets et des cancres à bord des yachts ?

La pensée concrète, bridée, domestiquée, maîtrisée, coulée au moule serait-elle ennemie d'un certain type d'évolution qui, lui, exige une pensée flottante, irrationnelle, défonceuse de limites ? Serait-il possible que nous ayons les deux systèmes en nous, l'un prenant parfois le pas sur l'autre ?

L'expérience des autres m'a prouvé qu'il y a différents types d'intelligence. Un problème donné va produire de la musique, chez l'un, une théorie absconse chez l'autre. Nous avons dans nos neurones différents modes de traitement, différents systèmes conceptuels. Nous pouvons aboutir à des conclusions diamétralement opposées, en partant des mêmes éléments. C'est particulièrement vrai lorsqu'on compare les solutions proposées pour un même problème par différents types de société.

Ceci, c'est dans ma tête. Ce sont les arguments que je puis fournir, n'étant pas expert en la matière. Une voix, alors, intervient :

— *Regarde un verre, me dit le grand-père des mers de Chine : toi tu vas y voir un contenant, trop petit pour ton genre de soif. Le Chinois d'à côté affirme que c'est un rond, et il te montrera la signature du verre sur la nappe. L'Africain, là-bas, va rigoler, car c'est un instrument de musique, et il va te la jouer, sa musique. L'Américain te dira que c'est de la merde et que sa femme aurait honte de recevoir avec des verres aussi mal foutus. Le Japonais te montrera que l'Américain a raison, mais va casser le verre pour que tu lui en achètes un autre. Que tu le veuilles ou non, vous avez tous raison. La somme de vos vérités, le résultat d'ensemble de toutes vos analyses, c'est un portrait du verre en profondeur. Il est possible que vous n'ayez pas exactement les mêmes circuits à l'intérieur, mais pour nous, dans les systèmes d'à côté, lorsque nous sommes à même de rassembler vos réflexions, nous pouvons nous faire des idées plus globales. Et tu sais, nous n'avons pas montré le verre à un dauphin et ne l'avons pas interrogé dans son âme minérale. Pourtant, tout cela fait partie de nos circuits d'information.*

Rien de révolutionnaire dans ce discours, mais beaucoup de bon sens. Ça me convient. Les âmes m'ont beaucoup parlé d'intelligence et de mémoire universelle, je médite un peu sur ce thème.

Je veux bien admettre que nous soyons, parfois, en contact avec l'Intelligence universelle. Pour que ces contacts s'établissent, il faut que nous lui apportions quelque chose, sinon pourquoi perdrait-elle son temps avec nous ? En d'autres termes nous pouvons être un facteur d'évolution de cette Intelligence, et vice versa.

Alors, muni de ces deux systèmes de base, pensée flottante et pensée rationnelle, plus du reste, peut-on produire indépendamment sans alerter la curiosité des gens d'en haut ? C'est quoi, la pensée, c'est quoi, la création ?

Voilà, en gros, comment je formule mes interrogations. Je ne les dirige pas vers mes « conseillers », s'ils veulent me dire quelque chose ils ne s'en priveront pas. Je n'ai pas envie de les emmerder avec des questions incongrues, mais comme ils ont décidé de s'occuper de moi, eh bien, tant pis pour eux. Ils lisent en moi comme dans un livre. Ils me laissent parfois me dépatouiller avec mes réflexions, et, péniblement, je décortique, j'analyse, je compare, j'assemble.

Dans certains cas, cependant, je sens comme une agitation. Alors là, des images m'arrivent, des commentaires s'échangent, je sens d'autres méninges se grattouiller, j'ai davantage d'éléments pour travailler, et parfois, beaucoup plus d'énergie mentale. En bref, je décolle.

Je ne suis plus, alors, qu'un élément dans un processus de réflexion. Il ne fait aucun doute, on me donne. Les voix m'affirment qu'elles se servent aussi, donc que je suis d'une certaine utilité. Je ne sais pas encore trop ce que je peux leur apporter.

J'ai donc la faculté de penser pour moi-même, de résoudre les petits problèmes quotidiens, personnels, qui n'intéressent personne d'autre. C'est mon univers rationnel, terriblement simplifié il est vrai grâce au gouvernement du Kaboul, à Gorbatchev, et surtout grâce au Turc, à l'Iranien et au Tunisien qui prennent tout en charge, y compris de préparer mon café.

Je remarque que j'assume toute décision me concernant directement. Je ne reçois pas de conseil, je suis un grand garçon, c'est à moi de le prouver. C'était le cas pendant les interrogatoires, pendant le procès, ça l'est toujours lorsque je suis confronté aux autorités ou à mes compagnons de cellule.

Par contre, je participe à un groupe de réflexion sur les thèmes plus généraux, lorsque je m'oublie un peu. Je suis alors plongé dans des dialogues verbalisés, « j'entends », je sens des pensées qui s'échangent, elles ne m'appartiennent pas. Je suis le petit dans la cour des grands. J'ai cependant la certitude qu'il me faut prendre mes responsabilités en ce qui concerne les conclusions de ces réflexions. Si je n'étais pas d'accord avec elles, je les aurais rejetées.

Il m'arrive d'être irrésistiblement attiré par certaines constatations. Dans le domaine de la pensée, par exemple, voilà où j'en arrive :

Chaque être humain dispose d'une « intelligence » qui lui est propre. Nous sommes tous différents, mais complémentaires. Je suis alors tenté de considérer le cerveau humain, le nôtre, celui des vivants, comme une pièce d'ordinateur. La somme de toutes ces pièces constitue une énorme machinerie, et si vous y incluez les autres espèces animales et végétales, les minéraux, enfin tout ce qui constitue notre Univers, vous avez là un ordinateur gigantesque. Des puissances de l'au-delà m'ont prouvé qu'elles étaient capables de m'utiliser, de m'inspirer des thèmes de réflexion, de la guider, cette réflexion, au besoin. Si cela est vrai pour moi, qu'en est-il de vous ? Êtes-vous maîtres de vos pensées ?

Chez les âmes, personne n'infirme cette réflexion saugrenue. Se pourrait-il alors que Celui qui détient le contrôle de cette vaste machinerie soit Dieu ?

Et qu'il ait donc besoin de nous pour progresser ?

Sauf s'il a tout compris, s'il sait tout, s'il est tout-puissant.

Parmi les Pakistanais, il y a un drôle de type qui s'appelle Rachid. Il serait originaire de la région de Karachi, mais il est tellement noir de peau que je le soupçonne d'être un résidu de la traite des Noirs du golfe Persique. Il lave le linge pour les plus fortunés, il fait aussi la pute pour ceux qui aiment ça. Ça a d'ailleurs foutu le tintouin chez les Iraniens quand ils se sont aperçus que quelques-uns d'entre eux faisaient appel à ses services. Jusqu'à ces derniers temps, ils écrasaient les Pakistanais de leur morgue, à cause, entre autres, de la présence dans leurs rangs de quelques amateurs.

Un Iranien n'a pas besoin de ça pour se sentir supérieur, bien entendu, mais ça les a quand même embêtés que tout le monde sache qu'un de leurs mollahs était pédé.

Rachid me drague. C'est empoisonnant de le trouver partout sur mon chemin, l'œil énamouré. Il se colle aux gardiens lorsqu'ils pénètrent dans la cellule, ne leur lâche pas la grappe quoi qu'ils fassent. Il essaye le même truc avec moi, et me contraint un jour à le prendre par le col, sans un mot — nous n'avons aucune langue commune —

mais en lui faisant comprendre du geste et du regard qu'il est en train de risquer sa santé. Je parviens à lui foutre une trouille suffisante pour qu'il me laisse tomber.

Un jour que je tournais sur le périphérique, un bruit d'esclandre m'arrache à mes conversations intérieures. Rachid se prend de bec avec un camarade. Malgré ses tendances, il assume deux personnages et n'a pas encore déterminé le bon. Il oscille de la jacquette, ou il les roule comme un John Wayne. Si ce qu'il clame est exact, il aurait vécu à Kaboul du trafic de dames :

— Je suis un droit commun moi, je ne suis pas n'importe qui ! Je vendais des femmes... Je ne suis pas un prisonnier politique !

Il aurait aussi pour sœur une chanteuse afghane en vogue, c'est un grand criminel, il ne faut pas la lui faire. Le Rachid fait une crise de schizophrénie, le cow-boy prend le pas sur la tante. Comme son interlocuteur se met à lui foutre des baffes, le batchi appelle la garde, c'est son job, car sinon il prend une trempe.

Ce genre d'accrochage est pratiquement quotidien, il n'y a pas de quoi en faire un plat. La cohabitation entre la variété de personnages qui meublent la prison ne va pas sans heurts. Deux gardiens accourent et cognent les combattants pour régler le différend. Ils ne sont pas vraiment méchants pour l'adversaire de Rachid, qui est un informateur du commandant, mais ils se déchaînent dans le genre sauvage contre la lavandière qui aimerait informer tout le monde, mais que personne ne prend au sérieux. Rachid doit les gonfler depuis un certain temps, car le plus costaud des gardes, un mec pas vraiment méchant, plutôt limité du bulbe, se défoule comme s'il en faisait une affaire personnelle. Ramponeaux au visage enchaînés avec série de rangers dans les côtes suivie de tapes sur le crâne. Les coups de poing sont nuls, mais attention à la rangers, au coup de latte destructeur. Il y a souplesse dans l'exécution, précision et rapidité à l'impact. Rachid déguste.

Je me fais ces commentaires en continuant à tourner, Rachid est costaud comme un mulet, il peut encaisser, j'ai failli lui faire la même chose la veille. Mais soudain il s'effondre, la brute en uniforme trouve un sursaut d'énergie et s'apprête carrément à l'achever à coups de pied dans la colonne vertébrale. Personne n'intervient, les autres prisonniers semblent terrorisés.

— *Stop it !*

Je m'entends lancer cet ordre, il claque. Le garde s'immobilise, jambe en l'air, son visage se fige comme s'il se posait des questions. Je marche vers lui pour voir la suite, il disparaît avec son camarade de jeu en évitant mon regard. Je capte par contre celui d'un Pakistanais, sans doute un officier, qui me transmet :

— Tu es le seul à pouvoir arrêter ça.

De fait les bastonnades se sont interrompues, Hanif Shah est invisible, ce sera la dernière raclée reçue par un prisonnier en ma présence. Quelqu'un veut que je garde un bon souvenir de ce séjour en prison.

Rachid est effectivement résistant. Dès le lendemain, en boitillant légèrement, il reprendra son activité principale qui est d'empoisonner tout le monde.

Le coup de gueule qui arrête un massacre, comme la pensée, somme toute, c'est de l'énergie. Nous baignons dans l'énergie, qui fait si cruellement défaut à bien des sociétés.

N'ayant strictement rien d'autre à faire, je replonge dans l'univers intérieur sitôt la péripétie terminée. A vrai dire, dans cette prison, je passe quatre-vingt-quinze pour cent de mon temps « ailleurs ». Énergie, énergie. Je ne sais combien de jours j'ai passés à jouer avec cette notion. Pour donner dans le concret j'ai « vu » un paquet de solutions toutes prêtes, qui finiront par s'imposer, me disent les entités, et permettront aux pays pauvres de tenir leur rang. Ceci va de la géothermie — l'Himalaya pourrait être une telle source, irriguant les plus grandes populations du monde — aux cuves à très haute pression dans lesquelles on pourrait enfourner à peu près n'importe quoi, en passant par des phénomènes induits par la rotation rapide de gaz.

N'étant pas technicien, mieux vaut éviter de me perdre dans la description de ces visions qui, de toute façon, sont à l'étude un peu partout.

Ils ont fini par avoir mon pantalon, les sournois. Le commandant s'en est pris au docteur, en promettant des ennuis à tout le monde si on voyait encore le Français se balader habillé comme un Français. Le docteur m'a expliqué tout ça d'un air gêné.

J'ai donc rendu les armes aux pieds de César, en balançant mon futal sur le bureau du chef. En échange, j'ai pu écrire une bafouille à l'attention des diplomates de l'ambassade, qui, à ma connaissance, n'est pas encore parvenue à l'heure où j'écris ces lignes.

L'administration m'a donné un joli pyjama gris, enduit de crasse, que les autres prisonniers m'ont immédiatement confisqué pour en faire des chiffons. Ils me constituent une garde-robe de milord.

Un nouveau venu excite la curiosité de tout le monde. Il s'agit d'un Palestinien, originaire de Koweït, qui s'est fait capturer avec des moudjahidin. Il ne sait pas, au juste, à quoi il a été condamné, car on n'a pas pris la peine de lui lire sa sentence. Il est dans de sales draps, car s'il appartient à une mouvance palestinienne indépendante de Moscou, personne ne lèvera le petit doigt en sa faveur.

C'est un garçon calme, barbu, avec des yeux un peu globuleux, un rêveur. Il est de petite taille, certainement intelligent. Mais il a du mal à comprendre la machine dans laquelle il s'est fourvoyé.

On viendra l'enlever quelques jours plus tard sous forte garde. La manière dont son départ se déroule, toutes les grilles bouclées, mutisme total des gardiens, laisse à penser qu'on va l'exécuter. De fait, nous n'en entendrons plus jamais parler.

— Il y a deux ans, me raconte un prisonnier, Najib, qui était chef du KHAD, avait monté une opération pour délivrer des Russes détenus par des moudjahidin.

« Son truc a lamentablement foiré, les commandos spéciaux du KHAD se sont fait étriller. Pour se venger, il a sélectionné les prisonniers afghans condamnés à vingt ans. Ils ont tous été exécutés. Plus de trois cents d'entre eux... »

Je vois la trogne de cet homme régulièrement à la télévision. Il explique, d'une voix bien posée, comme tout va bien et comme le peuple afghan est heureux. Il part régulièrement en voyage, à Moscou et dans les pays de l'Est, où on l'honore comme le grand chef qu'il est.

Je l'ai vu signer des accords, sur la rive nord de l'Amou-Daria, où il s'engageait, en présence de Gorbatchev et de Chevardnadze, à conclure les négociations de Genève[1] à une date déterminée, pour permettre aux Soviétiques de rentrer à la maison.

1. Négociations entre Kaboul et le Pakistan censées mettre un terme à la guerre civile. Avec la logique qui lui est propre, le gouvernement de Najibullah a toujours refusé de négocier avec les véritables intéressés, la résistance afghane.

J'ai surpris le regard échangé par les deux loups soviétiques. Il en disait long. La télévision de Kaboul n'a pas osé couper, ou peut-être sont-ils trop tartes pour s'en être aperçus. « Tu te rends compte camarade, disait ce regard, à quelles formalités nous sommes contraints, et avec quel clown nous devons signer... »

Ils avaient dû engueuler hors caméra le président de la République d'Afghanistan, car ce dernier avait l'air d'un élève puni.

Bande de sordides salopards, pendant que vos yeux expriment des états d'âme, pendant que vous jouez à la comédie du pouvoir, de pauvres bougres moisissent en tôle, d'autres se font exécuter. Qu'on ne vienne pas me parler de raison d'État !

23

« L'avocat » que j'ai récusé me rend visite, aussi mou et aussi cauteleux que lors de notre première rencontre chez le juge. Il vient me faire des propositions. L'entrevue se situe dans le bureau du commandant de bloc, en sa présence, avec en plus un chafouin du KHAD et un interprète.

— Les choses ont beaucoup changé depuis votre procès, préambule-t-il. Il y a eu réforme judiciaire, les avocats appartiennent désormais à une commission indépendante du pouvoir.

— La révolution, en quelque sorte.

— Je suis là pour vous aider, je viendrai souvent vous rendre visite, si vous avez le moindre problème, parlez-m'en, j'arrangerai les choses...

— J'ai effectivement un problème majeur, je suis là, vous êtes là, ils sont là, c'est une conjugaison qui ne me plaît pas. Vous perdez votre temps, je perds le mien, je n'ai pas vocation à être prisonnier.

— Vous serez bientôt libéré.

— Ce n'est pas possible.

— Pourquoi ?

— Je suis un espion et un grand criminel, ce serait une faute majeure que de me libérer.

— Vous n'êtes pas un espion, me dit le commandant.

L'avocat opine :

— Vous serez libre bientôt.

— Alors si je ne suis rien de tout ça, pourquoi m'avoir condamné ?

— Nous allons arranger cela, affirme l'homme de l'art.

Il faut que je l'aide, m'explique-t-il. Nous allons déclencher un mouvement d'opinion en France, en ma faveur. Il me suffit d'écrire une lettre à mes proches, en décrivant ma terrible situation, et le gouvernement français ne pourra faire autrement que de me tirer de là.

Je parle de censure, du peu de fiabilité des postes afghanes, si, si, m'affirme-t-il, la lettre parviendra sans encombre, foi d'un homme de parole.

J'interroge alors mon « défenseur » sur le fond :

— Est-il raisonnable d'envisager un acte, une lettre, écrite par un homme, moi en l'occurrence, ne disposant pas de sa totale liberté, et pouvant aboutir à une pression politique, en France ? Nous sommes ici en Afghanistan, cher Maître. L'idée même qu'on puisse interpréter cette démarche comme une tentative du gouvernement afghan d'interférer dans la politique française, au moment des élections par exemple, me serait insupportable. Il y aura des ennemis des masses pour insinuer de pareilles ignominies, savez-vous. Ça me ferait de la peine qu'on puisse mettre l'honnêteté de ce régime en doute, d'autant qu'il existe une solution plus simple : vous voulez me libérer, eh bien banco, libérez-moi, je suis d'accord. Nous n'avons pas besoin de courrier pour ça, vous n'avez pas à demander leur avis aux dirigeants français, ce n'est pas eux qui m'ont enfermé ici.

— Il faut que vous l'écriviez cette lettre, je vous assure, elle comptera beaucoup pour votre libération. Vous n'êtes pas bien ici, vous souffrez, vous n'avez rien à faire dans cette prison, il faut que vous m'aidiez...

Pour un peu il dirait que c'est pas juste. Pauvre homme ! Je me lève en expliquant que je n'ai pas envie de me prêter à ce petit jeu. Ils m'ont condamné à dix ans, qu'ils me supportent dix ans.

— Et vous savez, cher Maître, je ne vous ai toujours pas choisi comme défenseur. Mais si vous tenez à me rendre service, récupérez donc mon pantalon et faites-le-moi parvenir.

Je quitte la pièce en y laissant un avocat déconcrissé de la vie, en tas dans son fauteuil, et des témoins abasourdis qui ne font rien pour me retenir.

Je ne reverrai plus jamais le maître, non plus que mon pantalon d'ailleurs.

Je suis donc un otage. Les Soviétiques, qui n'ont certainement pas laissé tomber mon cas, cherchent à m'utiliser pour on ne sait trop quel sombre dessein. Ils en feront éventuellement porter la responsabilité par leurs esclaves afghans, les gros futés. Je souffre de n'avoir pas de nouvelles de France, d'être privé de journaux.

— *Tout va bien, affirment les entités, tout se met en place, tout se déroule suivant le plan.*

— Plan ?

— *Bien sûr, plan. Tu es toi-même d'accord — tu as prié pour ça — pour te rendre utile dans certains domaines. Tu comprendras plus tard la simplicité et l'efficacité de ce que nous faisons.*

A la bonne heure. Moi je suis toujours en tôle, autour de moi il y a des innocents qui souffrent, plus loin il y a des salauds qui rigolent.

— *Ils ne rigoleront pas toujours*, me promet mon père.

Lui non plus n'aimait pas trop les salauds.

A la télévision, le gros Najib annonce des amnisties, je ne sais trop pour quelle raison. Une agitation s'empare des prisonniers. Il est étrange de voir l'espoir gagner ces hommes, eux qui sont passés au travers de multiples amnisties, sans jamais bénéficier de rien. L'espoir, un truc chevillé à l'âme, sans lequel il n'y aurait pas de vie intelligente.

Même si dans certains cas espérer est absurde.

Tel que celui-ci par exemple. Une autre amnistie générale et bidon, destinée aux droits communs qui ont donné la papatte. Un seul, chez nous, en bénéficiera : c'est le communiste iranien le plus virulent, que j'ai viré un jour qu'il était venu me provoquer à coups de langue de bois.

— La BBC, m'affirmait-il, est un organe de propagande du gouvernement britannique. Ils font rien qu'à dire du mal de nous, c'est que des menteurs vendus aux impérialistes.

Et quand ils veulent vraiment savoir ce qui se passe, ils se branchent sur BBC. L'un de mes interrogateurs, Monsieur Ali je crois, m'avait dit un jour :

— Vous savez, les contre-révolutionnaires vendent des missiles américains aux Iraniens, et c'est vrai, je l'ai entendu sur BBC !

Ce type bénéficie du soutien de l'organisation Toudeh [1] basée à Kaboul. Il reçoit des visites, de l'aide, des colis. C'est, avec moi, le

1. Parti communiste iranien.

seul favorisé de cette cellule. Mais il a droit à deux fois plus de visites. Je n'ai jamais pu comprendre pourquoi il avait fait huit mois de prison. Comme il était un peu con, peut-être a-t-il dit un gros mot quand il ne fallait pas.

Monsieur Lambert, le chargé d'affaires, a obtenu le droit de me visiter une fois par mois. Il m'apporte des nouvelles, des lettres, des vivres, de l'argent. La surveillance constante à laquelle nous sommes soumis lors de ces entrevues nous empêche d'aborder ce qui nous intéresse en profondeur. L'important étant de conserver ce cordon ombilical.

La censure laisse passer quelques journaux, après de longs délais qui les mettent hors actualité. Tout ce qui concerne l'Afghanistan, ou ma situation personnelle, m'est interdit. Le commandant général, encore un beau baigneur bien nourri, gras avec moustache, le regard éteint sous la paupière tombante, censure personnellement les magazines. Il découpe avec soin toutes les photos de femmes nues.

Un jour Lambert et Petit, le conseiller, m'offrent un rôti et un gâteau, fait à la maison. C'est en plein ramadan, que les détenus, dans leur ensemble, respectent. Je ne mange que très légèrement pendant la journée, pour ne pas les embêter, car ils me font la cuisine.

Nous attendrons le soir pour festoyer. J'ai vu le Turc et le docteur iranien pleurer, ça faisait des années qu'ils n'avaient rien mangé d'aussi bon. J'ai été moi-même ému par l'attention. La direction m'a confisqué les conserves, en m'expliquant qu'il fallait les passer au contrôle sanitaire. Que deviendrait la réputation de l'établissement si ses clients tombaient, victimes d'intoxication alimentaire, française de surcroît. Les boîtes de pâté de campagne, les confits, le thon, les sardines, le fromage disparaissent. Je suis bien protégé.

L'agent du KHAD me les rendra une à une, après signature de reçus, pour voir si ça me fait râler. Je finis par lui proposer :

— Gardez-les, vous en avez sans doute besoin, je vous trouve pâle et anémié...

Du coup il arrête le petit jeu et mes approvisionnements arrivent sans encombre.

En plus de l'amnistie, une rumeur vient agiter notre landerneau. Il se pourrait qu'une délégation de la Croix-Rouge internationale nous rende visite. Les imaginations travaillent à plein rendement, pour certains, c'est la fin du calvaire. Si la Croix-Rouge s'intéresse à eux, elle fera le nécessaire pour les aider, on va les sortir de là. Les Occidentaux sont puissants, vous comprenez, dans leur civilisation, dans leur religion, l'arbitraire est interdit, on n'a pas le droit de garder comme ça des gens en prison, sans raison, on n'a pas le droit de les battre, de les traiter comme des chiens. Justice ! Justice !

Hedi le Tunisien me supplie de parler de lui à la Croix-Rouge :

— Ils sont venus l'année dernière, Hanif Shah m'a enfermé dans un caveau. Ils avaient peur que je parle, j'étais le seul à comprendre le français... Ils vont sans doute me retirer de la circulation encore une fois.

Hanif Shah a eu tort d'avoir peur. Cette délégation a traversé la prison au pas de charge, sans pouvoir dialoguer avec les détenus. Je suis au courant dans les grandes lignes des tractations qui se déroulent depuis huit ans entre Genève et Kaboul. La Croix-Rouge voulait établir une mission à Kaboul, avec un droit de visite dans les prisons. Le gouvernement afghan refusait, ce n'était pas nécessaire. Tout le monde sait qu'en régime socialiste les criminels qui peuplent les prisons sont traités comme des coqs en pâte, une abondante littérature officielle prouve que les droits individuels sont respectés bien au-delà de ce qui se passe en Occident. Seuls des organes impérialistes ennemis des peuples peuvent prétendre le contraire. Ne seriez-vous pas ennemis des peuples, Messieurs de la Croix-Rouge, à vouloir vous mêler de ce qui ne vous regarde pas, à faire comme si vous ne croyiez pas ce que vous affirment les travailleurs et les masses populaires ?

Ces Messieurs de la Croix-Rouge ont mis huit ans pour convaincre Kaboul et Moscou qu'ils n'étaient pas des agents de l'impérialisme.

— Vous pensez qu'ils vont parler de nous, qu'ils vont nous aider à sortir d'ici, monsieur Alain ?

Nombreux sont ceux qui me posent cette question. Que puis-je leur répondre ?

— S'ils viennent, c'est pour voir comment vous êtes traités, ce que vous mangez, quel est votre état de santé. Ils vous apporteront peut-être du courrier. De toute façon ils sont pieds et poings liés, ici, ils feront ce que le gouvernement veut bien leur permettre de faire.

Ça échaude les plus enthousiastes.

Un grand moment nous apporte du baume au cœur, à tous. Mehdi, le jeune Iranien, est libéré, après huit ans de bagne. Il a fait son temps ! Tout le monde le félicite, je lui donne une écharpe écossaise en souvenir. Il part avec son maigre baluchon. Huit ans, toute une adolescence en prison[1].

L'ambassade m'a fait parvenir un sac de couchage d'excellente qualité. Je passe beaucoup de temps allongé, ce duvet est quasiment un outil de travail.

Hanif Shah a jeté son dévolu dessus. Il envoie l'un de ses sbires le réquisitionner. Je dis non, le sbire s'en va. Dans la soirée une délégation forte d'une dizaine d'hommes — Hanif Shah n'en est pas — vient procéder à l'arrestation de ce représentant de la literie française. Je suis couché dessus, ordre m'est intimé de le livrer. Là, je vois rouge. Je me redresse, empogne le fidèle compagnon de sommier à deux mains, et avertis la garde qu'il ne quittera pas vivant cette cellule. Je me mets en position pour le dépiauter.

Le commando d'élite bat en retraite. J'en touche deux mots au chargé d'affaires, lors d'une de ses visites, en présence du commandant général. Ce dernier me donne sa garantie personnelle que le sac de couchage ne sera plus inquiété.

Un jour, Turgud, le Turc, reçoit sa première visite. C'est son chargé d'affaires, il vient d'avoir vent de la présence d'un compatriote à Pul-i Charki. Pendant quatre ans, le gouvernement afghan a oublié de signaler sa présence aux autorités turques. Il a vingt ans à peine ce gamin, ça fait quatre ans que sa famille est sans nouvelle de lui, quatre ans qu'il ne voit que des prisonniers ou des représentants d'une machine hostile. Il revient ému aux larmes, avec un panier de victuailles, des lettres et des journaux.

— Il m'a promis, nous annonce-t-il, que lorsqu'il reviendrait, ce serait pour m'emmener avec lui.

Le soir nous faisons bombance, à la turque. C'est la seule visite qu'ait reçue Turgud pendant les cinq mois que je passerais avec lui.

Pour me changer les idées, j'emmène parfois les entités se promener avec moi sur le périf. Nous tournons en rond pendant des heures

1. Mehdi n'a pas été libéré, mais soustrait à l'éventuelle curiosité de la délégation de la Croix-Rouge. Hedi le Tunisien, transféré à Sadarat, l'a repéré trois mois plus tard, enfermé au secret.

autour de la cellule et nous construisons ensemble des scénari loufoques. J'ai la très nette impression que tous les humoristes que j'ai aimés participent. La difficulté alors est de ne pas éclater de rire, pour ne pas inquiéter indûment mes compagnons d'infortune. Le Français, s'il était surpris à se poiler tout seul, finirait par faire jaser. C'est un excellent entraînement que de s'obliger à conserver un faciès de marbre. Des houris, je suis prêt à le jurer, en profitent pour me chatouiller. Sadiques.

Plus grave encore, il m'arrive au détour de certaines réflexions de sentir mes yeux s'embuer. J'ai alors toutes les peines du monde à camoufler les larmes qui insistent pour percer. Il y a, dans l'au-delà, des experts ès émotions qui font tout pour me faire perdre le contrôle. Je ne sais sur quelles glandes ils s'activent, mais ils sont efficaces. Peut-être cherche-t-on à me démontrer que dans ces univers d'à côté l'émotion a sa place, et que rires et larmes ne sont parfois que les manifestations d'un branchement avec les puissances qui nous entourent.

A l'extérieur des barreaux de la prison, la vie suit son cours. Les hélicoptères décollent, chargés de bombes et de missiles, des chasseurs-bombardiers hurlent à basse altitude, des choses explosent pas très loin. Le train-train.

De nos fenêtres, nous voyons de misérables cohortes, des prisonniers tout neufs, se diriger vers les blocs occupés par nos collègues afghans. La télévision nous assure que tout baigne. Les différents intervenants sont touchants d'unanimité, ils détiennent la vérité, on les sent disposés à l'assener au lance-flammes.

A la réflexion, nous ne nous sommes pas trop mal débrouillés dans le domaine culturel. Aucune organisation de masse n'est assez puissante pour éteindre définitivement l'expression individuelle. Il y a terrorisme intellectuel certes, mais il ne s'agit souvent que de combats d'arrière-garde. Nos réseaux de communication sont suffisamment variés, pour qu'au bout du compte Galilée ait eu raison, Luther ait pu s'exprimer, Darwin ait fait école et Trotski du bruit, bien qu'il ait disparu des photos officielles dans son propre pays. D'accord, il y a le paramètre temps, qui est souvent conséquent, à notre échelle, et pas mal de chair humaine hachée menu dans le processus. C'est un peu comme si la souffrance des pauvres gens était un ferment indispensable à la propagation des idées.

Beaucoup de religions et de systèmes politiques maintiennent que nous ne sommes pas là pour rigoler, et que si nous en bavons bien comme il faut c'est excellent pour ce que l'on a.

Mouais...

L'Afghanistan est pour l'instant trop proche de moi, je crains la réaction épidermique, alors je choisis de méditer sur une période de l'histoire un peu plus lointaine, mais suffisamment proche cependant pour que nous ayons tous le souvenir d'y avoir laissé des plumes.

Le traumatisme mondial qui a suivi la montée en puissance du nazisme était-il nécessaire ? Hors sujet, me direz-vous, ça n'a rien à faire avec les réflexions d'un prisonnier à Kaboul.

Voire. On ne commande pas à ses réflexions, et, de toute façon, l'Afghanistan, aujourd'hui, paie pour nos conneries d'hier. Nous sommes plusieurs à plancher sur le sujet. Des entités, certaines victimes de l'époque, m'aident et parviennent même à me faire comprendre des choses.

L'Allemagne n'est pas seulement une donnée géographique, sociologique, économique, culturelle ou politique. C'est une entité collective, qui plonge ses racines profondément dans le temps. Les légions romaines se sont arrêtées sur les marches germaines, elles ont construit des murs pour protéger la « civilisation » contre les incursions des « barbares ». D'où viennent ces peuples ? De loin.

Aussi différent que puisse être un Bavarois d'un Prussien, il n'en reste pas moins qu'ils ont en commun une langue et une culture. Ils ont traversé ensemble bien des aléas de l'Histoire, ils ont en propre un type de civilisation. L'entité collective de Germanie est forte. Elle existe ici-bas, mais aussi dans les mondes d'à côté.

Cette entité collective qui englobe « l'âme » de l'Allemagne, c'est son dieu, si vous êtes monothéiste. Les courants qui la parcourent, qui se heurtent parfois, ou font cause commune lorsque l'enjeu est important, ce sont les dieux si votre philosophie vous porte vers le polythéisme. Ce que nous pouvons voir d'une société n'est que la partie visible de l'iceberg. Les tensions, les courants, les forces qui s'exercent sur la partie visible pourquoi ne s'exerceraient-elles pas sur la partie immergée ?

Mais de même que l'iceberg n'est pas seul au monde, le ou les dieux allemands ne sont pas seuls non plus. Des entités aussi anciennes, aussi puissantes, aussi expérimentées, et qui partagent des choses avec la Germanie les entourent. Goethe ou Beethoven ou Bismarck ne font pas exclusivement partie du panthéon allemand.

Nous pouvons ainsi remonter dans les sphères des puissances. Il y a Dieu au-dessus de dieu, à la façon des poupées russes, il y a système dans système dans système. A chaque fois que nous basculons d'un système dans un autre, les modes opératoires changent, les priorités diffèrent. Comme dans le monde matériel, ici-bas.

Les priorités d'un président de la République ne sont pas les mêmes que celles d'un chômeur. Mais s'il a correctement évolué, le président porte le chômeur en lui, ou du moins devrait-il être capable de comprendre le système chômeur. La réciproque n'est pas vraie, sauf chômeur d'exception.

Dieu porte le dieu des Germains en lui.

Les entités agissent sur le cerveau humain, elles sont capables d'inspirer ou, au contraire, de freiner le développement des théories qui participent à l'évolution de l'espèce. Si ce qu'elles m'expliquent est juste, nous avons tous les modèles autour de nous. Alors je regarde. Les communautés humaines sont des boîtes dans les boîtes, il y en a aussi à côté, dessus et dessous. En apparence c'est un sacré foutoir. Je suis parmi ces boîtes, rien ne m'empêche d'imaginer que les boîtes et moi sommes contenus dans un machin plus grand. Disons un magasin. Si tel est le cas, pourquoi l'univers de mon magasin serait-il plus ordonné que l'univers de mes boîtes ? Il peut y avoir concurrence, des gros, des petits, des escrocs...

C'est l'affrontement perpétuel. Pourtant, dans cet affrontement, on distingue des réseaux, des organisations, des soupapes de sécurité. Il y a communication. Ces boîtes, disposées à première vue de façon anarchique, ont trouvé leur place, même si elle est instable. La relative cohérence du tout est assurée par les grosses boîtes qui servent d'appui aux autres. Elles en écrasent aussi.

Dans mon système boîte, c'est le seul que je puisse pour l'instant étudier, Dieu n'existe pas. Il y a des boîtes refuges, des fortes, des intelligemment boutiquées, des bien présentées, des résidus de poubelle, des divinités en pagaille, mais Dieu, je vois pas.

Je suis donc contraint, si je veux expliquer la présence de ces boîtes dans le système, d'en imaginer un autre qui nous engloberait, donc de placer Dieu, cette entité que je ne comprends pas, ailleurs, loin.

Et de me dire : si je fous le bordel dans les boîtes, je déséquilibre mon système, mais ça aura des répercussions à côté. Même si des dispositifs tampons existent pour amortir les chocs, je vais bien finir, d'une façon ou d'une autre, par le chatouiller, Dieu.

D'accord, c'est pas sûr qu'il aime.

La conception, la mise en place, les massacres, les exactions des machines qui ont broyé les peuples dans l'Histoire, sont des chamboulements dans les boîtes, dans notre système. Si, dans une boîte donnée, une organisation de chômeurs se mettait à massacrer des travailleurs, histoire de faire de la place, l'essence de l'entité collective locale, le chef d'État par exemple, ne devrait-elle pas en assumer la responsabilité ?

Si ces « desperados » s'emparent du pouvoir, ils deviennent les instruments de forces qui les dépassent.

Une déprime a abattu le grand corps allemand après la guerre de 14-18. Une dépression dite nerveuse, c'est avant tout quelque chose qui lâche à l'intérieur, dans le moral diront certains, dans l'âme diront d'autres. L'instinct de survie est chevillé au corps, je ne vois que la foi, la rage ou précisément la déprime qui puissent le supplanter. Ce sont des manifestations intérieures qui procèdent du domaine de l'esprit.

Lorsqu'un organisme craque « nerveusement », les entités directement en contact avec cet organisme, celles qui bénéficient de son expérience et qui influent sur son destin immédiat, ont craqué elles aussi. Elles n'ont pas su résoudre les problèmes posés.

Il y a appel à l'aide.

Si un secours efficace est apporté, la guérison est une question de temps. Sinon, il y a destruction. Quant aux entités, à l'âme, il ne m'appartient pas encore de comprendre leur itinéraire.

Ma situation est plutôt spéciale. Avec ces communications ouvertes sur le monde d'à côté, je suis dans la position d'un journaliste qui a, de son bureau, la possibilité d'interviewer qui il veut, même l'inaccessible. Il est toujours difficile de se porter garant de ses sources, les seuls critères disponibles, souvent, sont l'instinct et le bon sens. Je sais, ce que je traverse est suffisamment hors normes pour, dans l'état actuel des connaissances admises, autoriser le lecteur à mettre sérieusement en doute et mon bon sens, et, pourquoi pas, mon équilibre mental.

Ni vous ni moi n'y pouvons rien. Il est ainsi des expériences incommunicables. Certains savent, beaucoup de recherches ont été faites dans le domaine de la communication avec l'au-delà. Elles ne sont pas toujours prises au sérieux, mais les choses, en ce domaine, devraient changer.

Puisque je suis en contact direct avec les entités et qu'elles semblent davantage disposées à parler de l'universel que de détails pratiques me concernant directement, pourquoi ne leur laisserais-je pas la possibilité de s'exprimer elles-mêmes sur ce qui nous a coûté des dizaines de millions de morts et des blessures qui ne sont toujours pas cicatrisées ?

Négliger cette possibilité qui m'est offerte prouverait un certain manque de conscience professionnelle. Il s'agit d'un scoop après tout.

Ce scoop risque d'écorner ma crédibilité. Eh bien, tant pis. J'ai tenu tête au KGB, je peux tenir tête à une certaine forme de dérision, inévitable, hélas !

Ces conversations intérieures ont tenu une grande place dans ma vie de prisonnier. C'était en quelque sorte ma façon de m'évader. Debout ou allongé, j'ai passé la plus grande partie de mon temps, à Pul-i Charki, dans les « nuages ». Je ne revenais à mon triste environnement qu'en cas de force majeure.

En composant ces lignes, je suis toujours en contact avec mes compagnons spirituels. Ils m'ont dicté des choses que vous trouverez en annexe car leurs exposés, un peu longs, alourdissent ce texte et m'ont été dictés hors prison. Ils m'ont, personnellement, passionné.

A leur manière ils prolongent nos réflexions de Pul-i Charki, sur le thème général : mais où est Dieu dans ce bordel ?

Comme nous en avons beaucoup parlé dans cette prison, voici quelques réflexions sur la sacralisation des textes. Je me méfie du sacré, et lui préfère, et de loin, le naturel. La plupart des entités, autour de moi, partagent cette façon de voir.

Pour celui qui en possède les clefs, le texte peut devenir un outil de pouvoir. Je trouve frappant que des activités aussi universelles que la médecine, le droit ou la politique prennent autant de soin à développer un jargon incompréhensible au commun des mortels, à préserver des expressions passées d'usage, à perdre autant de temps à enseigner aux étudiants un lexique spécialisé que des termes courants pourraient efficacement remplacer. Certains affirment que les termes spécialisés sont des véhicules de pensée, et qu'ils permettent d'harmoniser les communications au sein d'une même branche. C'est possible. Mais je crois surtout que ce vocabulaire, en tendant vers l'abstraction, aide celui qui s'en sert à perdre de vue le principal : il s'agit de sciences humaines. Il y a toujours un homme, en fin de compte, du mauvais côté du bistouri, des barreaux ou du code des impôts.

En théologie ou en philosophie c'est pire. Tout se passe comme si on voulait éloigner l'homme de la rue de la connaissance, en lui disant reste à ta place, nous, la caste des grands prêtres, nous te dirons quoi faire. On brandit un texte devant lui, on affirme : c'est la Parole de Dieu, elle t'est destinée mais tu ne peux la comprendre. Elle est immuable, comme Dieu. Tu dois respect absolu à la lettre, nous te dirons ce qu'elle veut dire.

Il faudrait être aveugle pour ne pas voir autour de nous que tout est changement, transformation, évolution. Or tout est en Dieu, d'après les principales théologies. Je trouve bizarre cette notion du dieu immuable, composé d'éléments en perpétuelle transformation. La caste des grands prêtres, forte de ses privilèges, a sans doute intérêt, à court terme, à figer les choses, à s'opposer à la compréhension, à la liberté d'analyser et de décider car, hélas ! il y a du Pouvoir en jeu.

Mais ceci devient grave lorsque, comme dans le monde qui nous entoure, textes et dogmes conduisent aux massacres, à la haine, à l'asservissement, lorsqu'ils poussent une société à la sclérose. L'Afghanistan est un bel exemple, au fond. On y brandit Marx et on tue. Demain, ce sera Mahomet, et on continuera à tuer.

24

C'est le remue-ménage dans la cellule. Hanif Shah a fait savoir qu'une délégation d'étrangers va passer dans la prison, et que chacun a intérêt à fermer sa gueule. Par l'intermédiaire de gardiens bien renseignés, nous apprenons qu'il s'agit d'une mission de la Croix-Rouge internationale.

Des guetteurs accrochés aux barreaux des fenêtres repèrent un jour un groupe d'hommes et de femmes, vêtus à l'européenne, qui arborent un insigne rouge et blanc sur eux et sur tout ce qu'ils transportent. Interrogé, je confirme, c'est la Croix-Rouge.

— C'est des Français ?

— Plutôt des Suisses.

— C'est la même chose, alors ?

— Presque la même chose.

Ce n'est pas la peine de se lancer dans un cours d'histoire européenne. La délégation est repérée en train de tourner dans le périmètre extérieur de l'octogone, l'humeur massacrante de Hanif Shah laisse présager des choses intéressantes. Il ne peut manifestement plus taper sur le monde, il en arrive même à être poli avec certains. Dur dur, pauvre homme.

Ils sont une demi-douzaine, dont quelques mignonnes nanas, accompagnés par le gratin de la garde, le commandant général, le commandant du bloc, Hanif Shah étincelant sous une casquette neuve — il a travaillé le sourire américain —, deux ou trois sbires du KHAD en civil. Après un demi-tour de périphérique, le groupe pénètre dans l'enceinte grillagée.

La haute silhouette d'Hanif Shah domine le cercle de prisonniers, il montre les dents en souriant. Son seul regard fige les pensionnaires, et personne n'ose répondre à l'allocution explicative du responsable de délégation. Je prends donc la parole au nom de notre collectivité pour souhaiter la bienvenue aux honorables étrangers.

Ils reviendront, nous assurent-ils. Ils ont obtenu l'autorisation du gouvernement de s'entretenir en privé avec chacun des détenus. L'un d'entre eux me demande cependant d'expliquer à mes compagnons que cette délégation n'a pas le pouvoir de s'occuper des cas personnels, aussi injustes soient-ils, qu'elle ne peut intervenir pour les faire libérer. Leur mission se limite à vérifier l'état général des prisonniers. Un vieux Pakistanais tente de glisser un message à un délégué — ça fait trois ans que le vieux est coupé de sa famille, comme presque tout le monde ici —, le responsable explique qu'ils n'ont pas le droit de recevoir — ni de transmettre — des messages. Le vieux remballe son papier pour aller l'avaler dans un coin, car Hanif Shah le couve d'un œil songeur.

Le lendemain, effectivement, le chef de délégation, un interprète, un médecin et un administratif viennent faire un relevé de la faune. Les gardiens, qui auraient bien voulu rester, s'éclipsent en boudant, la Croix-Rouge ne veut pas de leur aide. A la suite de conversations de groupe, je m'amuse des différentes théories exposées par les prisonniers. Les moutons expliquent que la situation sanitaire est excellente, pour preuves ils extirpent de leur poche des poignées de médicaments tout neufs. Les autres décrivent les conditions générales avec davantage de réalisme. Pendant plusieurs jours, le médecin aura le loisir d'examiner la plupart des détenus. Des notes sont prises sur les traces de tortures et de mauvais traitements, ces spécialistes des prisons peuvent étudier à loisir le niveau intellectuel — nul — de ces pauvres hères qu'on entend faire passer pour de dangereux prisonniers politiques.

Désormais, les victimes de Pul-i Charki savent qu'un organisme compétent, sérieux, digne de foi, est en mesure, aujourd'hui, de témoigner [1]. La générosité qui a participé à l'essor du mouvement Croix-Rouge, essentiellement basée sur l'assistance due à l'homme-individu, victime de circonstances inhumaines, avec une légitimité issue d'arguments moraux, prendra-t-elle le dessus sur la tentation de puissance,

1. Ce que la Croix-Rouge refuse de faire, compte tenu d'impératifs liés aux négociations d'implantations de son bureau de Kaboul.

dans un système politique, que traverse aujourd'hui cette institution ?

Le résultat des visites de cette délégation s'est traduit essentiellement par la possibilité pour les prisonniers d'envoyer des messages succincts à leurs proches. C'était essentiel pour le plus grand nombre, ces premières communications avec leurs familles, la possibilité de pouvoir dire : je suis encore vivant. J'ai pour ma part refusé de bénéficier de ces facilités car les miens connaissaient mes tribulations, d'autre part je n'ai pas voulu composer avec la censure. Il va sans dire que les messages Croix-Rouge sont soumis à l'approbation des autorités carcérales.

Par cette filière, les prisonniers ont également bénéficié d'une distribution de vivres bien venue.

Enfin, mais je ne suis pas sûr que la Croix-Rouge ait eu une influence en la matière, Hanif Shah a disparu. Promu ou puni, le départ du personnage a été un soulagement pour tous. Emporté par on ne sait quel élan de générosité, le pouvoir a décidé de payer irrégulièrement les prisonniers. J'ai été deux fois témoin d'une distribution de quelques centaines d'afghanis [1] par détenu en trois mois de campagne de relations publiques. Mon refus d'être stipendié par ce régime a vexé nos geôliers.

Le commandant général s'en est expliqué un jour avec le chargé d'affaires :

— Alain Guillo n'a pas besoin d'argent puisqu'il refuse celui que nous lui donnons.

Je lui avais auparavant souligné que ce n'était pas ma vocation que d'être incarcéré, que je refusais le job d'otage, et que, par conséquent, je n'avais pas à être salarié.

Monsieur Lambert m'a sagement expliqué que c'était vilain que de faire de la peine à ce pauvre homme, image même de la douleur sur pattes. J'ai eu très honte, en foi de quoi l'ambassade a pu continuer à m'assurer un standing de capitaliste.

Hedi le Tunisien, convoqué chez le commandant général, a la surprise d'y trouver un conseiller soviétique qui lui annonce qu'il va faire l'objet d'un échange. Un groupe de résistants accepte cet étranger comme contrepartie d'un Russe qu'ils détiennent.

1. Les sommes versées correspondaient en gros à 15 francs à chaque fois.

De retour dans la cellule, notre copain passe de l'espoir à l'inquiétude.

— S'ils voulaient me liquider ? Ils font souvent ça ici, ils te sortent de prison et tu disparais, pfuit, sans laisser de traces...

— Ce serait maladroit de leur part de me le faire savoir. Si tu sors d'ici, je serais sans doute au courant, j'en parlerais... S'ils devaient te faire disparaître, ils feraient comme pour le Palestinien, un transfert de cellule, une mise au secret, que sais-je... En tout cas, sauf s'ils sont complètement tarés, ils ne parleraient pas d'échange ou de libération [1].

Quelques jours plus tard, Hedi nous quittait avec son baluchon et son couple de pigeons.

Lorsque je « décolle » en direction des entités, allongé ou tournant en rond, je suis bien. La mauvaise période, celle qui m'avait poussé à me faire éclater la tête, est derrière. Je suis toujours, bien entendu, victime de tentatives d'intox, de manifestations de mauvaise foi ou d'incohérence, mais, dans l'ensemble, les communications passent bien, et dans la bonne humeur.

Les âmes continuent la valse dans mon cerveau, activant telle portion, déconnectant telle autre, j'en ai maintenant l'habitude. Ce n'est pas inconfortable, sauf pendant les crises où elles me mettent de la semoule dans la tête et où elles m'obligent à pédaler dedans. Cela ne dure jamais très longtemps.

Il y a des explications à tout. Le texte qui suit m'a été dicté par mon père au cours de la rédaction de cet ouvrage. Comme il éclaire le comportement des entités, surtout dans leurs manifestations de mauvaise foi, je préfère l'inclure ici, plutôt que de le renvoyer en annexe :

Quelques mots concernant une notion à laquelle beaucoup d'entre nous tenons. Toi, mon fils, tu es de ceux-là. Je veux parler de la franchise, de l'honnêteté, de la fiabilité de ce qu'on entend, de ce qu'on rapporte. Cette notion de fiabilité est essentielle ici, pour ce qui a déjà été dit comme pour la suite de cet ouvrage.

Je suis Jean. Comme je m'adresse au lecteur, je dirais que je suis

1. Je ne savais pas à l'époque que la libération de Mehdi, le jeune Iranien, était bidon.

le géniteur de l'escogriffe[1] *qui tape, encore que je ne saisisse pas très bien la raison pour laquelle tout le monde lui donne de l'escogriffe, ça ne veut pas dire grand-chose. Je sais bien que ce qualificatif a été sélectionné dans la longue liste d'injures qu'il nous a balancées à la face — parmi nous il y avait tous les saints du paradis, ou presque, y compris la Vierge et le Christ, son Fils — lorsque nous nous sommes emparés de son esprit et que nous lui avons fait subir cette dure initiation. Or, une véritable initiation est destinée à faire ressortir du sujet tout ce qu'il n'aime pas, tout ce qui peut, à terme, constituer une faiblesse, ou une faille comme disent certains, ici. Chez ce galopin que je connais pour l'avoir, par la force des choses, pratiqué, il n'y avait pas grand-chose à faire ressortir. Il a trop roulé sa bosse, il en a trop bavé, pour ne pas savoir que l'idéal, dans la vie, est de voyager léger. Pour parler en termes simples, le pognon, il s'en fout, la gloire, il s'en fout, l'amour, il y tient mais peut s'en dispenser. Il n'attend des autres ni démonstrations d'amitié, ni réconfort, rien, sinon un minimum de respect pour sa dignité personnelle. En gros, il n'aime pas qu'on lui casse inutilement les pieds. Or, la franchise, enfin un minimum de sincérité, il y tient, et de sa part et de la part des autres, car il considère que cela fait partie intrinsèque du respect dû à autrui.*

C'est pour cela qu'il n'aime ni les hommes politiques, ni les gros hommes d'affaires, ni les services spéciaux, ni les corps de métier qui ont intégré le mensonge comme outil de travail ou comme méthode de survie. C'est sa faille, sa véritable faiblesse. S'il peut déguiser la vérité pour ne pas nuire à quelqu'un d'autre, comme il l'a prouvé face au KGB afghan, il est incapable de se voiler la face très longtemps en ce qui le concerne. Il ne supporte pas que la réciproque ne soit pas vraie. Mieux vaut, à son avis — que je partage d'ailleurs —, se taire que de risquer d'induire quelqu'un d'autre en erreur, surtout lorsqu'il importe d'établir des relations de confiance. Nous avons donc été contraints de jouer sur ce tableau, et je le crains, de forcer la dose.

Le but à atteindre était le suivant : les aléas de l'existence sont tels qu'il faut vraiment être blindé de l'intérieur pour tenir le coup aujourd'hui. Un homme qui atteint un certain niveau de notoriété

1. Voir en annexe : les entités ne se gênent pas pour m'assener du qualificatif. J'en suis gêné pour elles. (*N.d.A.*)

offre une cible pour toutes les rancœurs, les jalousies, les aigreurs de certains de ceux qui restent derrière. Toute communauté humaine dispose ainsi d'un pourcentage d'esprits mesquins qui ne peuvent se réaliser qu'en empêchant les autres d'avancer. La puissance des médias, de ce qui constitue les caisses de résonance est telle aujourd'hui, qu'il faut se préparer à de virulentes attaques, amplifiées par la fée communication. Dans ce genre d'attaques, tous les coups sont permis, même les plus bas. La vérité comme le fair-play sont les moindres soucis de ces légions d'étranges combattants.

Nous avons donc cherché à développer chez notre élève une vertu, qui, de par sa propre analyse, lui manquait : la sérénité. Nous avons, je le crois, en partie réussi. Nous l'avons fait littéralement baigner dans le monde de l'illusion, de l'incohérence, du mensonge, du faux-fuyant, de l'hypocrisie, enfin dans cet environnement qui constitue un aspect, et non des moindres, de l'univers des peuples dits civilisés. Ce fut, je dois le dire, le côté le plus pénible de son « voyage » intérieur.

Pour en revenir à cet ouvrage, certaines entités lui ont tendu des pièges. En bon journaliste, il a cherché à éviter les plus grossiers, mais, devant l'insistance de certains « correspondants », il a finalement choisi de laisser faire. Car ces « pièges » te sont destinés, à toi, lecteur. Méfie-toi des incohérences des textes révélés. La nature humaine est ainsi faite qu'elle a du mal à réaliser que dans l'au-delà comme ici-bas, la Vérité comprend bien des facettes. Les textes qui vont suivre vont tenter de donner de cette Vérité plusieurs images, parfois contradictoires en apparence. Laisse-toi guider jusqu'au bout de l'ouvrage, puis fais un retour en toi-même. Utilise les filtres qui sont en toi, le bon sens d'abord — ou l'instinct, ce qui revient pratiquement au même —, l'intelligence ensuite — ou la raison —, le cœur enfin, le seul filtre vraiment généralisable dont nous disposions pour l'instant. Ce n'est qu'à partir de là que tu pourras te faire une bonne idée du Tout. Tu sais, en l'état actuel des connaissances de votre Univers, ici-bas, la modestie devrait imposer aux « savants » de reconnaître qu'ils ne savent pas grand-chose, et surtout d'admettre que leur outillage n'est pas adapté à la Compréhension de l'Univers.

Mais le but final de ces inexactitudes est de vous faire comprendre à tous que la lettre n'est pas immuable, qu'elle n'a aucun caractère sacré. Le mot, le Verbe, est un outil de communication dérisoire, lourd, difficile à manier. Lorsque nous communiquons par la pen-

sée, cela peut prendre quelques fractions de seconde. Il vous faut parfois une vie entière pour tout retranscrire sous forme de mots, sans garantie aucune que la pensée, au bout du compte, ne sera pas trahie.

Fausto Biloslavo, un journaliste indépendant italien, nous rejoint peu de temps après le départ de Hedi le Tunisien. Je suis convoqué par les puissances du bloc numéro trois, le commandant, vautré dehors au soleil, les faux derches du KHAD, en civil, répandus sur un banc, plus quelques officiers. Tous ont le sourire, il fait beau, de loin, comme ça, ils ont l'air de gens civilisés qui préparent une épluchette de blé d'Inde [1].

Dans ce groupe, un civil tranche sur le reste. D'une part il est mal rasé, d'autre part, il n'a pas de casquette de golf comme le sous-chef khadiste, en plus il semble tenir un baluchon. Le gros commandant me le présente :

— Un autre journaliste...

— Très heureux, comment allez-vous-how-do-you-do ?

— Very très bien, thank you, me répond-il.

On s'en serre dix, j'apprends qu'il s'agit de l'Italien signalé par la télévision, décrit lui aussi comme une redoutable crapule. Je lui demande s'il a des nouvelles, éventuellement, d'un Turc de nationalité allemande auquel la télévision attribue toutes les pertes aériennes soviétiques des dix dernières années. Il s'agit, je pense, d'un photographe. Fausto n'en a pas entendu parler, nous ne saurons jamais ce qui est arrivé à cet homme [2].

Le commandant me demande de servir de petite fée du logis et de faciliter l'intégration du nouveau camarade dans nos locaux et notre société. Je ne demande pas mieux que d'obliger.

Les copains ont vite fait de récupérer un lit à étage on ne sait trop où. Ils l'installent dans la chambrée, au détriment de l'espace sans doute, mais sans nuire au côté intime de notre environnement. Ça me surprendra toujours, nous sommes quatre à partager six mètres carrés, dont deux Européens enrichis de gestuelle italienne, eh bien, nous ne nous marchons pratiquement jamais sur les arpions.

---

1. Festivité locale québécoise, qui consiste à bouffer du maïs (le blé d'Inde), mais surtout à se murger la gueule. C'est extrêmement sympathique, et ça se commet en plein air.

2. Ce Turc, un dément, a fini par être libéré après un an de captivité. Il est soigné dans un hôpital psychiatrique en Turquie.

Fausto a pu avoir, il y a longtemps, une entrevue avec son chargé d'affaires, mais depuis, il se sent isolé, pour ne pas dire oublié. Les trois mois qu'il a passés à Sadarat lui ont été particulièrement pénibles. Je sens que ce garçon partage la même opinion que la mienne sur le système en général, et le sens de l'hospitalité exagéré de Najib & Gorba & Co. C'est vrai, ce n'est pas en le gardant par la force que vous allez développer le tourisme.

Il est originaire de Trieste, une ville qui a traversé bien des moments pénibles dans l'histoire contemporaine. Basé à Milan, il collabore avec une agence de presse, pour le compte de laquelle il effectuait un reportage au Badarchan. C'est le pays des lapis-lazulis, au nord-est, une région partiellement contrôlée par Ahmad Shah Massoud. Il a pu, sur place, interviewer le propre frère de Najibullah qui a rejoint la résistance. Sur le chemin du retour, à la suite vraisemblablement d'une trahison de l'un des guides, il s'est égaré, et s'est retrouvé tout seul dans une zone militaire. On lui a tiré dessus, on l'a capturé, on l'a roué de coups, des Soviétiques l'ont interrogé dans une ville de province. Tous ses documents, ses films, ses reportages ont poursuivi tranquillement leur chemin vers le Pakistan avec le reste de la caravane.

Après de longues journées d'interrogatoires, il s'est fait condamner à huit ans de prison. Comme il avait un petit bout de lapis dans la poche, d'une valeur de quelques centimes, il a, en plus, été condamné pour crime économique. Sa condamnation pour espionnage s'appuie principalement sur le fait qu'il était porteur de cartes vraisemblablement identiques à celles de l'espion Alain Guillo. Il n'avait aucun document sur lui, mais il a « avoué » qu'il voyageait avec des cartes topographiques.

C'est un garçon mince, délié, intelligent, qui partage avec son peuple l'art de mettre de la fougue dans les conversations les plus anodines. Courageux de surcroît, il s'est tout de suite attaché à emmerder l'administration.

C'est difficile, quand on entend des voix dans sa tête, d'expliquer à quelqu'un ce qui se passe en réalité. J'aborde le sujet avec Fausto en douceur, il y a suffisamment de dingues dans la cellule, je ne voudrais pas gâcher notre cohabitation en semant un doute quand à ma santé mentale. Je laisse passer plusieurs jours avant de lui expliquer que les longues heures que je passe allongé me permettent de « partir en voyage », et que si je suis peu bavard, c'est que j'ai tout un cinéma dans la tête. A ma grande surprise, il n'appelle pas au secours, mais me confie au contraire qu'à Trieste, sa ville d'origine, la population était connue pour des « dons » parapsychologiques. Certains membres de sa propre famille donnaient dans la médiumnité. A la suite de quoi nous vivrons nos vies parallèles avec la civilité indispensable à la vie communautaire dans un espace restreint.

Un jour, convocation immédiate et sur-le-champ chez le commandant général. C'est un peu en avance pour une visite de l'ambassade, mais sait-on jamais, après une série de déboires je me sens mûr pour une bonne surprise. Il devrait d'ailleurs se passer des choses, à mon sujet. Combien de temps faut-il à ces enfoirés de politiciens moscovites ou afghans pour se rendre compte que je ne veux pas, et ne leur serai pas, sous ces conditions, de la moindre utilité.

Je ne sais si le lecteur sent bien que ces entités avec lesquelles je dialogue librement, et auxquelles je cherche à extorquer des bribes de compréhension sur ce qui se passe autour de nous, sont apparemment royalement indifférentes à ma situation personnelle. Je sais qu'elles ne sont pas totalement étrangères à ce qui m'est arrivé, force pour moi est d'attendre et de voir venir. Elles en abusent souvent, comme je pense l'avoir expliqué, en jouant sur cette impatience qui vibre en moi de recouvrer ma liberté. Pour ne pas devenir ivre de rage contre leur manque de délicatesse, et pour tout dire leur comportement indécent lorsqu'elles me font miroiter tous les arguments qui jouent en faveur de ma libération immédiate, je suis contraint de pratiquer le doute systématique dès qu'il s'agit de ma petite personne. L'intense énergie qui brûle dans mes tripes m'oblige à contrôler mon impatience certes, mais me fait trouver parfois le temps singulièrement long.

Le temps n'est pas une valeur absolue, je ne m'y intéresse pas en tant que mathématicien, mais en tant qu'observateur des choses de la vie. Chez un gamin, bourré d'énergie concentrée, le temps a une tout autre valeur que chez le vieillard, qui a brûlé son énergie, ou qui la dérive dans la méditation par exemple. Je ne pense pas que le temps ait la même valeur chez la fourmi que chez l'éléphant. La fourmilière dans son ensemble a l'éternité devant elle, sauf catastrophe. La fourmi, comme vous l'avez noté, n'a pas que ça à faire. Ça bouge tout le temps, ces bêtes. Qu'en est-il du sens du temps dans une société ? Dans les vallées afghanes d'autrefois, le temps coulait au rythme des saisons, personne n'était d'ailleurs foutu d'estimer son âge. Il fallait s'en référer à la couleur de la pilosité des messieurs pour savoir si oui ou non ils avaient droit à la parole. Non, on ne vérifiait pas les dames, en islam c'est défendu. Qu'en est-il à Paris, New York, Londres (même Londres), Tokyo, enfin ces fourmilières humaines où tout est prévu pour qu'on prenne le temps de s'éclater ? Eh bien personne ne le prend, ce temps, sauf les clochards qui sont nos vrais primitifs, et quelques déchets dont parle Winston Churchill [1]. Il y en a, c'est vrai, qui cherchent à tout prix une parade à cette déflation galopante du temps. Certains y sont peut-être arrivés, mais je pense que c'est difficile.

Enfin moi, dans cette tôle, je suis pris d'accès de ras-le-bol, j'ai l'impression de le perdre, mon temps, je pense même que je poursuivrais tout aussi efficacement mes investigations de l'univers d'à côté allongé sur une plage à l'ombre d'un cocotier. C'est la seule méthode que j'ai trouvée pour faire taire cette ignoble conscience qui me gâche la vocation de fainéant. Payer pour. Voilà, cette putain de conscience du temps qui passe me contraint, pour lui échapper, à payer mes moments de farniente, donc à gagner le pognon nécessaire au risque de l'ulcère ou pire. Inhumain.

Bon, je vais donc vers la bonne nouvelle, en direction du bureau du commandant général, encouragé en cela par des voix anonymes qui disent que c'est pas trop tôt, qu'enfin les choses se mettent à bouger, que le jour de gloire est arrivé. Je me demande encore s'il n'y avait pas de l'Anglais là-dessous.

C'est un journaliste qui m'attend, un Français, le représentant d'AFP à Moscou. Le commandant préside à l'interview de derrière son bureau, il y a l'inévitable chafouin du KHAD et un collègue à lui qui porte l'étiquette du ministère de l'Information. Comme ce monsieur ne parle pas français, nous sommes priés de tenir nos conversations en anglais.

Après les civilités d'usage, j'apprends que mon collègue a reçu, pour me rencontrer, un blanc-seing de Moscou. Il m'annonce que là-bas des gens s'intéressent à moi, et que le président Mitterrand me fait savoir qu'on s'occupe activement de mon cas.

---

1. Voir annexes.

Diantre, ceci est trop d'honneur. Je me mets en devoir d'expliquer la prison, les conditions de détention, les pauvres types torturés et tout ça. Les observateurs cherchent à intervenir mais je n'ai pas trop envie de les laisser m'expliquer ce que je dois dire. Cette entrevue chronométrée dure trente minutes. J'espère que le collègue a suffisamment d'éléments pour son papier, j'espère surtout qu'il fera passer ce que je tiens pour important : je ne veux pas que la moindre concession soit faite à mon égard par les instances politiques françaises. C'est le seul moyen de décourager les prises d'otages, de prouver que ce n'est pas rentable.

En me quittant, il me suggère de faire attention à ce que je dis. Je n'ai pas vraiment le temps de lui expliquer qu'au point où j'en suis, je n'ai plus rien à foutre de Gorbatchev, de Najib, du commandant général ou du chafouin du KHAD, et que je me torche avec leurs états d'âme.

De retour en cellule, j'analyse l'événement pour le bénéfice de Fausto comme globalement favorable.

25

Sans le bouleversement intérieur que j'ai vécu dans ces prisons, aurais-je pu tenir, au moral, sans craquer quelque part ? D'accord, certains hocheront la tête en pensant « pauvre vieux, avec ce qu'on vient de lire c'est suffisant. Plus délabré au mental, t'es mort ». Qu'y puis-je ?

Les expériences — bonnes ou mauvaises — que les âmes me font traverser ont au moins le mérite d'élargir mon espace intérieur. Grâce à elles, j'ai pu affirmer aux geôliers que je restais un homme libre, j'ai pu les prendre à contre-pied, déjouer leurs manœuvres, leur dire : vous m'avez condamné à dix ans, eh bien, supportez-moi dix ans, je ne rentre pas dans vos combines. Cet élargissement de l'espace en moi-même était hors de leur portée. Il m'a permis de supporter, malgré quelques crises, la conscience du temps qui coule, inexorablement, de la seconde qui s'ajoute à la seconde, du vertige de l'heure à endurer dans une geôle infecte, la connaissance qu'après cette heure une autre doit suivre, inéluctablement, ceci pendant deux cent-soixante-dix jours, en gros.

L'équilibre, la sérénité et la force intérieure issus de cette expansion m'ont permis de ranger les tentatives de démoralisation au rang de menues vexations et de considérer les bourreaux avec un œil amusé. J'ai, grâce à tout cela, sauvé ma dignité. Je pense que ces bourreaux, les sous-fifres comme les chefs, ont compris que s'ils m'ont parfois fait sourire, il ne s'est en aucun cas agi d'un sourire de sympathie.

Voilà une vingtaine de jours que Hedi le Tunisien nous a quittés, d'après les geôliers, pour recouvrer sa liberté après cinq ans de détention. Il est en réalité enfermé au bloc numéro deux, le bloc des Services secrets. Certains l'ont repéré par les fenêtres, alors qu'il traversait une cour. D'où nous sommes, nous surplombons en effet les murailles qui séparent ces différents bâtiments. Pour le confirmer, je reçois un message de sa main, où il me dit en substance manquer de tout, de vêtements, de couvertures, d'argent — il a tout laissé derrière lui, pour les copains au moment de son départ. Son message se termine par un appel et une constatation désabusée : avertis la Croix-Rouge, j'ai peur, ce sont des salauds tu sais.

La filière suivie par le message est classique. Nous payons le gardien qui nous l'a fait passer, une bonne somme, car il n'est pas seul. Que puis-je faire pour Hedi ? Il ne m'est pas possible d'utiliser ce message auprès des autorités. Je rends donc visite au commandant général, en prétendant avoir vu ce compagnon, de mes yeux, par la fenêtre. Comme je sais qu'il n'a pratiquement rien emmené avec lui, sinon ses pigeons, j'insiste pour qu'on lui fasse parvenir le nécessaire, de la nourriture et de l'argent.

— Hedi Baouendi a été libéré, m'affirme le commandant.

Nous tentons d'utiliser une filière de gardiens, peine perdue, Hedi s'est volatilisé. Turgud, dont la confiance en l'administration est aussi limitée que la mienne, a peur, nous prions, chacun à notre façon.

— *Hedi est entre de bonnes mains*, me disent les voix.

C'est maigre comme assurance, cela peut être interprété de nombreuses façons. Ces voix s'obstinent dans leur politique de ne me donner aucun renseignement concret, fiable, sur ce qui se passe dans mon environnement direct. Tout ce qui me concerne personnellement semble tabou. Quelque chose, un instinct, une sensation me font affirmer à Turgud que notre ami est encore en vie.

Par chance, la visite du chargé d'affaires tombe pratiquement à la même période. C'est lui d'ailleurs qui me pose la question, il a reçu des demandes concernant Hedi. Je partage avec lui mes inquiétudes. Le commandant général, qui préside comme d'habitude notre petite réunion, est péremptoire :

— Hedi Baouendi a été libéré.

Nous n'en saurons pas plus. Par contre, ce diplomate m'apporte un élément d'information qui, je dois l'avouer, me plonge dans la perplexité : il ne faut pas vous attendre à être libéré avant les élections présidentielles...

Comme nous parlons souvent à mots couverts, j'attends quelques précisions qui ne viennent pas. C'est la teneur du message.

J'apprends, en outre, que les amis du comité de soutien ont édité un album avec mes photos, et que plusieurs personnalités ont collaboré à la rédaction des textes. Ce bouquin sera sans doute censuré en Afghanistan.

Je quitte mon cordon ombilical, comme d'habitude avec regret, chargé de tas de bonnes choses venues de France et de Kaboul. J'ai le plaisir de faire porter mes paquets par le chafouin du KHAD.

De retour en cellule, c'est la crise, littéralement. Le docteur est allongé au milieu de notre petit espace, livide, la sueur au front.

— C'est le cœur, parvient-il à articuler. J'ai un peu de belladone dans un flacon.

Pendant que Turgud et Fausto s'activent, je cherche le médecin afghan responsable du bloc. Des prisonniers m'arrêtent, en me disant :

— Le docteur vous demande de ne pas faire ça.

Effectivement, Turgud me confirme :

— Il ne faut pas qu'il aille à l'hôpital, ils vont le tuer.

La crise durera une heure environ, notre ami s'en remettra. Pour combien de temps ?

Le docteur Madjrouh vient d'être assassiné. C'est par un communiqué de la télévision afghane que j'apprends la nouvelle. Parmi les prisonniers, personne d'autre ne le connaît. Étrangers, ils n'ont pas été initiés au petit monde de la culture afghane contemporaine.

De retour de ma première incursion en territoire afghan, c'était en 1980, j'en avais gros sur la patate. Le sentiment d'injustice que je ressens toujours, ce petit peuple écrasé par un dictat occidental, était à lui seul suffisant pour m'inspirer le désir de « faire quelque chose ». Si vous vous souvenez encore du début du bouquin, vous avez en tête que ce voyage afghan je l'entendais sans retour. J'avais pris un aller simple, je n'avais pas d'argent, donc aucun moyen de rentrer. Comme il n'est pas dans mes habitudes d'appeler au secours, je me trouvais devant un intéressant dilemme : j'étais en terre étrangère, j'avais pris la décision d'y rester. Or, une nouvelle motivation m'avait redonné un peu de goût à la vie.

Le destin, je ne me souviens plus des conditions exactes, m'a fait alors rencontrer Madjrouh. Il avait une cinquantaine d'années et venait d'arriver à Peshawar avec sa famille. Il avait fui Kaboul en catastrophe car sa peau était en jeu. Dans la précipitation du départ, il lui est arrivé ce qui peut arriver de pire à un créateur, l'œuvre de sa vie avait disparu. Il était poète, son manuscrit, *Ego Monstre*, s'était égaré quelque part entre Kaboul et la frontière pakistanaise.

L'homme boitait, souvenir d'un retour de goguette conclu par un grave accident d'auto. Diplômé d'une université française [1], il avait enseigné à l'université de Kaboul où il était en charge de la philosophie. D'origine saïd, il gardait encore des attaches avec sa province d'origine, le Kunar, ma première initiation au pays. Le côté le plus énervant de sa personnalité était l'aisance avec laquelle il maniait les langues afghanes, mais aussi une pelletée de vocables occidentaux ou asiatiques. C'était un homme affable, torturé par son aventure personnelle — il avait matériellement tout perdu — et le drame que traversait son pays. Sans renier sa culture musulmane, il avait intégré un univers infiniment plus vaste, et se situait volontiers parmi les soufis, ceux qui cherchent. Grâce à lui, je peux dire : oui, il y a en terre d'islam des honnêtes hommes selon Montaigne, j'en ai rencontré un.

Ce personnage hors du commun dans la zone partageait en outre avec son peuple un trait de caractère depuis longtemps oublié chez nous, la générosité. Alliée au courage — le seul véritable intellectuel afghan à avoir osé affronter, sur la frontière, les risques du parler franc —, cette générosité en fin de compte lui a coûté la vie.

Je l'ai donc rencontré, j'étais fauché. Sans vraiment le lui avouer, car j'ai ce genre de pudeur, j'ai réussi à lui extorquer l'argent nécessaire à mon retour en France. Comment se l'est-il procuré, je n'en sais toujours rien, il a dû s'endetter. En retour je ne lui ai fait qu'une promesse : l'aider à parler des tourmentes qui ravageaient son pays. J'ai pu, avec l'aide de plusieurs amis, remplir ce contrat. Nous lui avons fait faire une tournée en Europe et aux États-Unis, au cours de laquelle il a pu rencontrer quelques puissants personnages. Il a même failli adresser la parole à Monsieur Mitterrand, alors chef du parti socialiste.

Je me souviens de sa rencontre, dans un grand hôtel de Madrid, avec un autre poète, le président du Sénégal, Léopold Senghor. Le courant qui passait alors entre ces deux hommes me semblait d'ori-

1. Montpellier.

gine surnaturelle. Ce n'est qu'aujourd'hui que je suis en mesure de m'expliquer ce phénomène. Entre le sage africain et le réfugié afghan la parole n'était pas nécessaire. Ils se comprenaient à demi-mot, on eût dit deux complices avec une large tranche d'existence en commun.

Aux États-Unis, il a été reçu au plus haut niveau par les équipes de Carter et de Reagan qui étaient en train de se transmettre le relais. Il a été l'hôte d'un club de diplomates, à New York, le plus prestigieux et le plus fermé. De retour dans le dénuement de Peshawar, il s'est alors lancé dans la création d'un centre d'information et publiait une revue condensant l'actualité afghane. Son bureau était devenu un point de passage obligé pour tous les journalistes couvrant la région.

Il s'était volontairement situé à l'écart des mouvances qui se déchiraient autour de lui. Il essayait, c'est un pari risqué, de considérer globalement la situation. Il savait, il m'avait confié ses inquiétudes, qu'il y risquait sa peau. Les extrémistes musulmans l'ont assassiné, car il ne partageait pas leurs convictions.

Cela a donné lieu à un exercice de style de la part du commentateur de la télé afghane. Sans vraiment condamner ce chercheur de vérité, donc fondamentalement un ennemi, il l'a utilisé pour tenter de discréditer la résistance dans son ensemble. En l'écoutant, je me suis posé l'inévitable question : à qui profite ce crime ? A vous, me suis-je dit, en regardant le zombi causer dans le poste, à votre fine équipe. Quel merveilleux outil de travail que ces fanatiques toujours prêts à tuer, quelle simplicité d'utilisation, quelle économie de moyens, en période trouble.

Mais un jour ils les auront aux basques, ces fanatiques qu'ils ont pensé manipuler. C'est eux qui hurleront au massacre, au nom d'Allah et du Prophète. Les grands frères soviétiques seront rentrés chez eux, ils ne pourront pas emmener tout le monde — s'ils prennent jamais la peine de s'encombrer de bagages inutiles. Pauvres zombis.

Adieu Madjrouh, je sais que tu n'es pas loin. C'est un honneur pour moi de pouvoir dire, à l'afghane :

Il a été mon professeur.

Il me rendra visite le vieux Madjrouh, en esprit, pour me parler de son Afghanistan, de la relativité, de l'Islam, de Kant...

Il y en a au moins deux, en prison, qui s'aperçoivent que nous ne baignons pas dans Kant. Il y en a un, Fausto, qui est italien. Il y a moi, qui suis un peu n'importe quoi. Fausto a fini par recevoir des visites de son chargé d'affaires, ce qui enrichit nos stocks de provisions. Mais ça ne va guère plus loin.

Il a l'impression, Fausto, que les autorités italiennes ne font pas grand-chose pour le récupérer. La politique italienne, dans certains cas, semble être avant tout un champ clos où des individus brillants s'occupent à se faire mousser et où il est important d'éviter qu'amis ou concurrents fassent de même. Réussir à neutraliser un projet intelligent, c'est déjà marquer des points. Ainsi se forgent certaines mentalités de gagneur.

Mon compagnon s'abîme parfois dans des méditations moroses. Il a l'impression d'être un ballon dans lequel, à six mille kilomètres de distance, des tas d'équipes veulent donner un coup de pied, mais qui manœuvrent pour avant tout empêcher les autres de jouer avec. Alors il hésite entre la grève de la faim, la tentative de suicide, et même la rupture des relations avec son ambassade. C'est vrai que c'est long d'attendre.

De mon côté, bien sûr, je sais que ce n'est pas le cas en France. Tous nos chefs politiques baignent littéralement dans l'œcuménisme des droits de l'homme. Nous avons même, à la tête du pays, un avocat, un vrai juriste celui-là, qui comprend mieux que personne ce qu'est un vice de procédure et qui ressent, comme tout homme de loi de chez nous, comme il est dur, pour un innocent, de moisir derrière des grilles. Nous sommes la patrie de la Déclaration des droits de l'homme et du citoyen. C'est d'ailleurs l'une de nos exportations majeures [1]. En plus, en tant que citoyen conscient de ses devoirs, je sais qu'il ne m'appartient pas d'emmerder dieu-le-père, que tout se fera normalement, simplement et sans perte de temps inutile. Mon job à moi c'est de tenir bon.

Évidemment, il y a cette petite phrase du chargé d'affaires : « N'attendez rien avant les élections. » Elle me turlupine, cette phrase. Voyons, en quoi une démarche énergique du gouvernement, ou de la présidence, auprès des Soviétiques, en ce qui concerne un déni manifeste de justice, une erreur en somme, pourrait-elle nuire au bon dérou-

1. Il y a des Américains qui disent : nous aussi.

lement de la campagne présidentielle. S'il est un sujet sur lequel tous les candidats à la présidence peuvent tomber d'accord, c'est bien celui-là, ou alors il vaut mieux qu'ils cherchent un autre boulot. Je vois difficilement un futur président avouer qu'il est nul en justice.

Il faut donc chercher une autre signification. S'agirait-il d'un message codé, et si oui, comment l'interpréter ? Bon sang, mais c'est bien sûr ! Ce vieux renard de diplomate de Lambert me fait simplement comprendre que d'habiles manœuvres sont en cours, sans doute en direction du Kremlin. Il faut donc rassurer les Afghans, leur faire croire qu'ils ont l'éternité devant eux pour surtout éviter de leur part un mouvement inconsidéré. Ma position en tant que futur témoin des exactions najibullesques est en effet délicate.

Le Président ne m'a-t-il pas fait savoir qu'il s'occupait personnellement de mon cas ? Tout est donc pour le mieux dans le meilleur des mondes, je peux dormir sur mes deux oreilles [1].

S'il n'y avait pas les entités pour me tenir compagnie, je me demande si je n'aurais pas succombé à une overdose de sommeil. C'est long d'attendre quelque chose pendant sept mois. Je suis devenu le recordman occidental de l'incarcération afghane. J'en suis très content, mais maintenant j'ai envie de rentrer à la maison. Fausto aussi.

Il y en a bien soixante dans le même cas, autour de nous. J'ai bien peur que ni eux, ni leur dieu-le-père n'ait jamais entendu parler ni de Kant ni d'Einstein, et que ces tout-puissants-là aient depuis longtemps tiré la chasse d'eau sur les considérations morales.

Le temps passe, très lentement pour certains. Ça entraîne des mouvements d'humeur. Turgud a mis une grosse tête à un Iranien épais qui le traitait d'enculé, puis, convoqué chez le commandant pour y prendre sa raclée, a entrepris de démolir le bureau. Il nous est revenu avec la main méchamment tailladée — il a passé le poing au travers d'une paroi vitrée — et le docteur l'a pansé comme il a pu. Il n'a pas de matériel pour faire des points de suture, mais ça vaut mieux que d'aller se faire couper le bras à l'hôpital. Le train-train.

1. J'ai par la suite appris que les autorités françaises, se démarquant comme je l'avais prévu des manœuvres italiennes, avaient, dans mon cas, appliqué avec la dernière fermeté une vieille tactique gauloise basée sur notre grand axiome stratégique : il est urgent d'attendre. La préparation des élections présidentielles retardera de plusieurs mois les démarches qui conduiront à ma libération.

A la télé, les troupes soviétiques commencent à se retirer sous les vivats de la foule. Sont-ils aimés ces Soviétiques ! Je ressentirais une affection pareille, je me mettrais en travers de la route, allongé, pour les empêcher de partir ! Je dirais au char : « Écoute, vieux, on t'en a tellement fait baver, on a été si méchants avec toi que je me mets à genoux et que je te supplie, reste, pars pas, sois pas fâché, regarde je te mets un beau collier de fleurs autour du canon, là, devant la caméra, y a du symbole, merde, regarde comme je suis content quand t'es là. » Que c'est beau la télé, Turgud, le docteur, Fausto et moi-même en avons les larmes au yeux.

Descendant de la montagne de farouches groupes contre-révolutionnaires viennent faire amende honorable devant l'objectif. Certains causent même dans le poste. Ils sont bisouillés, léchouillés, pelotés de partout par des zombis moustachus en uniforme d'autorité.

— Les bandes groupes se rendent en masse et choisissent de construire le socialisme, annonce le trombinoscope.

Oubliés les pépés, les mémés, les Julies, les bébés écrasés sous les Mig. Z'étaient tous dans l'erreur, ces cons. Moi, leur digne rejeton, la terreur des montagnes, le grand éventripoteur de Russes et de bons Afghans, je reconnais mes torts. A partir de ce jour je vous aime comme une folle. Rassoul, comme tu causes bien !

Car ce sont des Rassouls que la télé filme, à la tête de paysans regroupés à la hâte et déguisés vite fait en moudjahidin. Ces visions idylliques sont destinées aux Soviétiques de base, pour bien leur faire comprendre comme c'est bon, une armée aussi pacifique que la leur, comme ça réconcilie bien les sauvages, comme ça marche le socialisme, chez les autres...

Comme nous en avons vraiment notre claque d'attendre on ne sait trop quoi, Fausto et moi-même commençons à caresser des petites idées d'évasion. Lui serait plutôt pour l'escalade de murailles, je préfère personnellement utiliser les contradictions du système.

Il m'est difficile ici d'expliquer en détail ce qui peut servir à d'autres. Mais il est maintenant de notoriété publique que beaucoup de cadres du régime aspirent à s'en aller avant qu'il ne soit trop tard. Mais pour aller où ? Les moudjahidin les attendent au Pakistan pour leur faire éventuellement des misères. S'envoler vers les Indes n'est pas à la portée du premier venu. La voie soviétique n'est pas non plus idéale, quant à l'Iran, c'est toujours une mauvaise proposition pour un ancien communiste.

Par contre, assister un journaliste ou un cadre de la résistance dans une évasion qui ridiculise un peu plus le régime peut, s'ils se débrouillent bien, leur servir de sauf-conduit vers des régions plus calmes. C'est en gros dans cette voie que nous nous sommes engagés.

Sans préavis, comme d'habitude, Fausto et moi sommes soudain confrontés à une équipe de journalistes italo-française ou vice versa. Du monde et du beau monde. Il y a *Le Monde*, précisément, du moins l'un de ses représentants. Il y a *Libération*, sous la forme d'un ami. *Le Monde* m'informe que la publication d'un album photo patronné par des éminences l'a convaincu de ma qualité dc journaliste. C'est vrai que je suis indépendant. C'est vrai que j'ai produit quelques minutes de film pour la télévision, et, que dans les tiroirs d'un spécialiste du *Monde* doivent encore traîner quelques papiers sur l'Afghanistan jamais édités. Maintenant, ils sont convaincus, à la bonne heure, ça leur a pris six mois. Il y a des caméras, des photographes, dont un confrère de chez Sygma [1]. Il y a aussi un représentant de notre quotidien communiste, *L'Humanité*, avec lequel je m'offre le luxe d'un aparté tout en me demandant s'il ne vient pas à la curée.

Ceci se déroule dans une atmosphère de pagaille sympathique, les gens de la censure afghane ne savent plus où donner de l'écoute, nous passons trente minutes de mon point de vue fort agréables.

J'apprends par mon copain de *Libé* que les confrères harcèlent les dirigeants afghans avec des questions nous concernant. L'initiative est partie des États-Unis. Merci, les confrères américains. Nos grands journalistes, en France, pourraient apprendre de vous la signification du mot solidarité.

1. Agence photo. Le plus gros de mes produits télévision a été distribué par ses soins.

26

Depuis un certain temps ça pète sur Kaboul. Une mystérieuse trêve avait interrompu les explosions de bombes ou de missiles pendant plusieurs mois, maintenant la fête est repartie. Je dis bien la fête, car pour nous, les prisonniers accrochés aux barreaux, ces nuages de poussière et de fumée qui s'élèvent de la ville prouvent que quelque part, des homme luttent pour la liberté.

Les roquettes sont tirées par série de quatre, cinq ou six, rarement plus. Il y a quelques mois, lorsque j'étais à Sadarat, la résistance tirait de nuit. Aujourd'hui, elle fait ça n'importe quand, ce qui nous permet d'évaluer, de la cellule, la précision de ses tirs. Nous avons une caserne à quinze cents mètres de nous, pratiquement à la hauteur du Polygone[1]. Ça tombe presque dedans.

C'est difficile, sans jumelles, de se faire une idée exacte. Des colonnes noires semblent monter des bâtiments, provoquant la jubilation de presque tout le monde. Seuls les moutons purs et durs tirent une sale gueule en essayant de repérer ceux qui trépignent. Il va sans dire que Fausto et moi-même sommes dans le camp des gens heureux.

Le soir, la télévision montre les images des dégâts de la veille. Bien entendu, nombre d'engins s'écrasent sur des maisons, éparpillant les habitants parmi les décombres. C'est la guerre, sordide et tellement coutumière. *Mektub*, disent les habitants de Kaboul, à la grâce de Dieu. Assassins, gueulent les cadres du régime, dans le poste.

Quelque chose sortira un jour de ce bordel-là. La divinité

1. Terrain où sont perpétrées les exécutions massives. On y a beaucoup pratiqué l'enterrement au bulldozer.

afghane est en train de se construire, encore une fois à coups de chair humaine.

Les hélicos, frappés de l'étoile rouge ou non, partent en opération de représailles. Il leur arrive de frôler la prison de si près que ce qui reste de vitres éclate sous le vrombissement des rotors. Dans le lointain on entend les vibrations de leurs bombes.

Du ciel limpide et pur pleuvent les engins de mort. Je me retire en moi-même. Les associations d'idées n'ont rien à voir avec la décence, je suis avec Jean, mon père, nous pensons au ciel breton, bas et chargé d'eau, et à différents autres pots de chambre français. L'eau, la vie. Le feu, la mort. Et vice versa depuis la nuit des temps.

Je suis assis en face du commandant général, on m'a offert du thé. Le chafouin du KHAD n'est pas là. Un tête-à-tête en quelque sorte. Ces temps-ci on sent, physiquement, les tensions qui couvent entre les polices.

Les manœuvres, les coups fourrés, les peaux de banane, enfin toutes les gentillesses que se font entre eux ceux qui ambitionnent le pouvoir volent bas ces temps-ci au sein du gouvernement. Le ministre de l'Intérieur, auquel on n'a jamais demandé d'être vraiment futé, à l'impossible nul n'est tenu, vient de s'apercevoir qu'il avait une carte à jouer pour devenir chef à la place du chef. A mon avis, le moment est mal choisi pour se faire remarquer ; dans ces sphères, l'avenir sent mauvais pour les ambitieux du régime en place. Enfin, le comportement des chefs se ressent dans les rangs, et à Pul-i Charki le clan de la police cherche à faire de la peine au clan des Services secrets. Ils se sont tiré dessus, quelque part à Kaboul, le directeur général a décidé que, désormais, les mouchards devraient moucharder chez lui, en laissant tomber le chafouin du KHAD.

Le gros homme arrache pour l'instant des pages aux magazines qui me sont destinés, il élargit sa collection de pin-up. Une petite photo de Ahmad Shah Massoud est découpée avec soin, la tête du grand chef gardien exprime l'étonnement. Que vient faire ce chef rebelle dans des pages si bien fréquentées ? Je sens qu'il a un faible pour nos petits mannequins.

Ceci dit, ces magazines, bien anodins chez nous, peuvent provoquer des émeutes en milieu musulman, puritanisme oblige. En la matière, la censure règne partout en Islam, et la population en est au niveau atteint par la Bretagne profonde au début du siècle.

Pendant ces découpages, je suis reparti dans on ne sait quelle conversation intérieure. C'est à peine si je l'entends articuler :

— J'ai de bonnes nouvelles pour vous.

Aïe, je n'aime pas ça. Dans certains milieux, je me méfie des bonnes nouvelles. Je reste donc coi.

— Vous serez libéré demain.

— ???

En un éclair, Hedi Baouendi me revient en mémoire. Ce libéré-là n'est sans doute pas aussi libre qu'il le souhaiterait. Comme, de plus, j'ai pris le parti de ne pas croire un mot de ce que les officiels de ce pays racontent, je ne manifeste ni étonnement, ni curiosité. Aucun frémissement ne vient troubler ma placidité de légume.

Ceci interpelle le bovin d'en face.

— Vous n'êtes pas content ?

— Je serai content lorsque je serai libre. Qu'en est-il de Fausto Biloslavo ?

— Il faut que vous me promettiez de garder le silence. Il sera libéré quelques jours après vous.

— Ah bon.

Comme j'ai terminé mon thé et que l'essentiel a été dit, je retourne dans la cellule, accompagné par un garde qui pense à autre chose. J'ai un problème à résoudre, qui est la manière de présenter la chose à Fausto. Avec son tempérament latin il va m'assaillir de questions, questions que je n'ai pas posées et pour lesquelles je n'ai aucune réponse. D'autre part, je doute de tout.

C'est finalement ce que je choisis de dire. Ils m'en ont raconté une bien bonne, nous devrions être libérés sous peu, l'un après l'autre. Sous toutes réserves.

Ceci envoie Fausto dans ses propres méditations, je retourne aux miennes. Pour être franc, mon rythme cardiaque s'est quelque peu accéléré. Le docteur et Turgud viennent aux nouvelles. J'ai du mal à leur annoncer cette possibilité, si elle se confirme, eux restent derrière. Pourtant, je sens de la sincérité dans leur joie.

— Votre ambassade s'occupe de vous. Ils ne peuvent plus vous garder au secret. Vous serez bientôt à Paris, *inch'Allah*.

Étonnant. Au lendemain de cette entrevue avec le directeur de la prison, un peloton de gardiens vient me chercher.

— Vous allez être libéré.

A la bonne heure. Je récupère quelques ustensiles de toilette dans un sac plastique. Tout le monde vient me dire au revoir. J'ai du coton dans la tête, avec toujours, le doute. Est-ce réel ? Je m'arrache aux amis et pars avec les gardes.

Nous attendons une demi-heure, dehors. Le commandant du bloc numéro trois m'apprend qu'on ne peut mettre la main sur le pantalon qui m'a été confisqué. Il a dû s'évader. On me fait monter dans un panier à salade. J'ai le temps d'apercevoir le commandant qui embarque dans sa Toyota de service.

Je suis seul, en compagnie de deux gardes, vraisemblablement du KHAD car leur uniforme est de bonne qualité. Ils sont tout sourire. Les voix me laissent tranquille, sinon une ou deux qui m'empoisonnent avec des questions oiseuses du type :

— *Où va-t-on ? Alain, dis-nous où on va, de quoi s'agit-il ?*

Enfoifois ! Après une demi-heure de trajet, les portes de la fourgonnette me recrachent en pleine rue.

Alléluia ! Je vois des voitures, rares, quelques piétons. Un étalage en plein air offre des cigarettes. Il fait beau. Nous sommes devant un portail gris auquel je ne prête aucune attention.

La voiture du commandant arrive, le gros s'en extrait. Il frappe au portail. Merde, encore des formalités.

Nous entrons par une porte latérale dans une cour que je reconnais. C'est Sadarat, la prison du KGB afghan. Un gardien que j'espérais avoir oublié viens nous faire la causette, puis installe deux chaises, que nous nous partageons avec le commandant. En réalité celui-ci attend un bordereau de livraison et se retire sitôt son papier en main. Il a presque l'air ému de me quitter, pauvre homme !

Je suis enfermé dans une petite cellule, identique à la numéro cinq déjà occupée par deux prisonniers. Nous sommes en mai, il fait chaud. Je m'installe sur la couchette supérieure. En altitude la température est encore moins supportable qu'au ras du sol, mais dans l'état où je suis, je n'en ai rien à faire.

Qu'est-ce que je fous là ?

Les deux compagnons se sont fabriqué un jeu d'échecs avec de la mie de pain. L'un est incarcéré depuis deux mois. L'autre languit depuis plus de quatre mois.

— Nous sommes désolés de vous voir ici, me disent-ils. Pour nous, bon c'est notre pays, nous devons nous y faire. Mais pour vous, ce n'est pas juste.

Ils ont l'air d'avoir entendu parler de moi. Ces nuances dans l'appréciation de la justice continuent de m'étonner. Encore un autre système. Je m'allonge sur la couchette et décide de durer. Une nuit s'écoule, puis un jour. La bouffe est dégueulasse, je n'ai pas droit au régime de faveur, qu'importe, je n'ai pas faim.

Vers une heure du matin, on me tire de la cellule. Un étage plus bas, dans un petit bureau, je retrouve avec surprise le commandant de Sadarat en compagnie de Monsieur Ali, aussi rond que jamais. Ses yeux pétillent derrière ses grosses lunettes comme s'il évaluait son gibier.

— Comment allez-vous ? me demande-t-il.

Le commandant, lui, cherche à éviter mon regard, un peu comme si je le gênais.

Comment puis-je aller ?

— Vous serez libéré dans quelques jours, une semaine ou dix jours tout au plus. Je pense que nous avons beaucoup de choses à nous dire.

Monsieur Ali s'exprime en anglais. Je lui réponds qu'à mon avis, nous nous sommes déjà dit ce que nous avions à nous dire, et que ce n'est pas la peine de perdre notre temps. En conséquence, autoritairement j'en ai peur, je tourne les talons pour regagner la cellule.

Du coin de l'œil je surprends une drôle d'expression sur le visage de Monsieur Ali. Il hoche la tête, mi-surpris, mi-émerveillé, un peu comme s'il se demandait :

— Mais où va-t-il chercher tout ça ?

Le lendemain, vers huit heures du matin, un officier que je connais déjà me fait signe de le suivre. Nous sortons du corps de bâtiment, franchissons après une fouille consciencieuse les deux portes qui nous séparent du panier à salade. Nouveau départ, toujours avec deux gardes.

— Où qu'on va, où qu'on va ? s'affolent les houris.

Garces. Si je le savais. Dehors le bruit du trafic indique que tout un peuple s'active. Par l'ouverture d'aération du toit, j'essaie de suivre les lignes électriques. Par moments j'aperçois des feuilles, un peu de verdure. Dix minutes plus tard, le fourgon s'immobilise, les gardes descendent. Je reste seul.

Dehors, la circulation et les bruits de la rue me rassurent. Nous ne sommes pas dans un périmètre isolé. Je poireaute un bon moment, en transpirant tout ce que je peux. Le véhicule doit être en plein soleil.

Lorsqu'on me fait descendre, un petit personnage vêtu comme un civil, complet, cravate, chaussures de qualité décente m'accueille la main tendue. Bien que méfiant, ce qu'il me dit me met du miel au cœur :

— Je suis un fonctionnaire du ministère des Affaires étrangères, je vais vous conduire dans notre maison d'hôte où vous serez remis aux soins de votre mission diplomatique.

Je n'ai jamais rien entendu d'aussi beau.

La maison d'hôte est protégée par de hauts murs fildeferbarbelisés. Des gardes en armes l'entourent. Il y a une caserne de miliciens en face.

— C'est là que nous logeons les journalistes invités par le gouvernement.

Je ne vais pas faire la fine bouche. Après quelques tractations téléphoniques et une longue absence, le personnage revient et m'invite à réembarquer dans sa voiture.

— Nous allons vous remettre aux autorités de votre pays. C'est à l'hôtel Ariana.

Il y a pas mal d'uniformes dans les rues de Kaboul, parfois un char monte la garde devant je ne sais trop quoi. Peu de monde, finalement dans les rues. J'aurais imaginé une activité plus grouillante. La voiture s'immobilise devant le parvis d'un grand hôtel, on me fait pénétrer dans le bureau du directeur. Il est mieux installé que son collègue de Pul-i Charki.

Cinq minutes plus tard, je rencontre le secrétaire général du Quai d'Orsay, Monsieur Pérol, avec, je dois l'avouer, émotion. Je retrouve mes amis de l'ambassade qui manœuvrent magnifiquement pour m'éviter de serrer des mains qui ne m'intéressent pas. Une lettre du président Mitterrand à Najibullah serait à l'origine de cette libération. Elle ne constitue nullement une reconnaissance du régime, m'affirme-t-on.

Les diplomates parlent de grâce, les Afghans d'amnistie.

Qu'importe, je suis libre ! Nous sommes le vingt-huit mai 1988.

Épilogue

Mes outils de travail, mes caméras, mon matériel ont été, je le crains, condamnés à perpétuité. Je ne les ai pas revus. Derrière, en prison, je laisse Fausto — il sera libéré cinq jours après moi —, Turgud Ozel [1], le docteur Ibrahim Hamadi, mes amis. Une soixantainc de pauvres bougres étrangers attendent, Dieu sait quoi. Hedi, le Tunisien, sera échangé, un mois plus tard, contre un prisonnier soviétique. On l'aura gardé cinquante-trois jours dans un camp de l'Armée rouge, enfermé dans une cellule pis encore que celles de Sadarat. Avant son échange, un conseiller soviétique lui fracturera le pied. Des milliers d'Afghans et parmi eux mes compagnons, « Chopan » Mohamed Nazar et Saïd Abdul Samat, croupissent toujours dans ces prisons sordides. Ces deux derniers, j'en suis témoin, sont innocents des ignominies dont ils ont été accusés. Ce sont de bons Afghans, des honnêtes gens. Or, moi je suis libre...

En prenant mon premier bain depuis bien longtemps, à la Résidence de Kaboul, j'entends une voix me demander :

— *Qui es-tu ?*

Je ne puis que répondre :

— Un homme, un voyageur, un témoin.

Dans l'avion qui nous emmène à New Delhi, le secrétaire général du Quai d'Orsay me tend l'album photo *Témoin en Afghanistan*,

1. Son pays est parvenu à l'arracher à cette geôle à peu près au moment où j'écris ces lignes.

édité par mes amis. Il a, pour ce faire, attendu que le Boeing ait franchi la frontière afghane. J'y retrouve les paysages et les gens que j'aime, et des textes émouvants, des témoignages de gens qui m'ont connu.

A Delhi, puis à Paris, il y a la presse, le tumulte, un pas nécessaire à franchir avant de retrouver la normalité. Pour échapper au téléphone, je pars avec Jeanne en Amérique du Nord. Nous respirons un moment au bord d'un lac québécois. La prison, proprement dite, me laisse des souvenirs, bien sûr, des images. Je vois toujours les visages de mes compagnons d'infortune. Le plus profond, cependant, c'est l'initiation spirituelle qui me l'a apporté. Les « voix » sont toujours présentes.

J'ai essayé de me mettre un entonnoir sur la tête pour voir si j'étais fou. Ça glisse. *Idem* pour les autres ustensiles de cuisine. Des spécialistes disent que ces manifestations schizophréniques sont fréquentes chez les prisonniers récemment libérés. Je ne suis resté que neuf mois en prison, fallait-il que je sois fragile pour craquer de la sorte ! Pour rassurer mon entourage immédiat, certains affirment que ce n'est pas obligatoirement dangereux. A la bonne heure.

Pendant combien de temps encore cette chape de dogmatisme qui empêche les scientifiques intéressés d'aborder franchement ces problèmes va-t-elle rejeter ce qui m'est arrivé, ce que je ressens toujours, sous le paillasson d'un quelconque jargon psy, ou pire, dans le vide-ordures de la paranormalité, de la parabidulie et autres incongruités ? Pendant combien de temps encore les spécialistes de ces phénomènes vont-ils se retrancher dans leurs chapelles ésotériques ? L'époque ne serait-elle pas venue de laisser derrière nous les grands prêtres et les savants à œillères ?

Que ceux qui me considèrent comme un doux dingue prennent leurs responsabilités. D'autres avant moi ont traversé ces types d'expériences, d'autres les traverseront. Un jour, nous finirons par comprendre les mécanismes qui les régissent. Pour jouer jusqu'au bout mon rôle de témoin, j'affirme qu'il s'agit de phénomènes naturels, et qu'il n'est de mystères que dans l'ignorance. Ils se sont déclenchés chez moi à la suite de vives émotions affectives. La première fois, lors de la mort de mon père, et je l'aimais, la deuxième fois, lorsqu'en prison j'ai pris le temps de réaliser la profondeur de l'affection qui me reliait à ma famille, à mes compagnons prisonniers et aux victimes de la connerie des hommes. Alors des portes se sont ouvertes.

Je ne pense pas avoir viré mystique. J'aime toujours le vin, les femmes, je tousse parce que je fume trop. Mais j'ai évolué, en profondeur. Et j'ai vaincu la mort.

Les voix m'ont aidé dans la rédaction de cet ouvrage, car je ne suis pas un écrivain. Nous avons développé des relations de confiance. Je comprends maintenant qu'elles ont cherché à me former. Pourquoi ?

Peut-être est-il trop tôt encore pour le savoir.

Merci à vous, mes amis des comités de soutien, je sais que vous n'avez pas ménagé votre peine. Vous avez déclenché le processus de libération. Merci à vous, hommes politiques, officiels, fonctionnaires, puissants ou anonymes qui m'avez sorti du piège. Rien, dans ce qui a trait à ma détention et à ma libération, n'est fortuit, j'en suis intimement convaincu. Les femmes, les hommes, les âmes qui ont travaillé ensemble pour m'arracher aux machines ne se sont pas rencontrés par hasard. L'avenir le démontrera.

Merci, Marie, la Mère Universelle, d'avoir été près de moi en ces heures difficiles. Merci, Marie, de prendre soin de mes compagnons, les prisonniers, les victimes de l'arbitraire, des machines à écraser l'homme. Merci de protéger les pauvres de ce monde. Merci de guider nos pas, à nous, qui voudrions être de bonne volonté. Merci à vous, mes âmes, mes guides, mes professeurs. Vous m'avez conduit au travers d'un étrange voyage, vous m'avez fait franchir un grand *kotal*[1], le premier, j'en ai peur.

Pigalle, le 10 décembre 1988

1. Passe de montagne, col afghan.

Annexes

Annexe 1

Ce qui suit m'a été dicté par des entités en réponse à des questions concernant la finalité de ces manifestations.

POURQUOI ?

— Pourquoi avez-vous décidé d'ouvrir ces contacts ?
— *Je suis Jean, ton père. Je vais répondre à cette question car elle est fondamentale, compte tenu du principal fil conducteur de ce livre. Il relate en effet l'ouverture d'un être simple, d'un traîne-latte, comme tu le baptises toi-même, sur des phénomènes qui dépassent pour l'instant la compréhension de beaucoup de monde, ici-bas. Nombreux, bien sûr, sont ceux qui ont expérimenté des communications avec notre univers, mais votre science dite officielle ne s'y intéresse pas. Il faut en finir avec les dogmes matérialistes qui nient le domaine de l'esprit, notre domaine. Il est temps maintenant d'intégrer nos différents systèmes, car vous devez comprendre qu'ils sont étroitement liés, l'un n'allant pas sans l'autre. Vous avez besoin de nous au même titre que nous avons besoin de vous. Nous avons été vous, un jour vous serez nous, ensemble nous sommes partie prenante d'un super-système que j'aimerais appeler « espèce humaine ».*

Point n'est besoin d'aborder ici la notion de cycle de développement, ce serait long et fastidieux. Chacun sait que le monde matériel est déchiré en quelque sorte entre spiritualistes et matérialistes athées. Selon les périodes de l'Histoire, selon surtout les stades de développement de la pensée et de la connaissance dans une civilisation donnée, la balance penche tantôt d'un côté, tantôt de l'autre. C'est ainsi que progresse le savoir, qui nous concerne tous, vivants et morts. Cette dernière appellation nous rebute un peu, car nous nous estimons aussi « vivants » que vous l'êtes, mais l'important est de bien se comprendre.

Nous sommes plusieurs ici à penser qu'il est temps maintenant de tenter une synthèse de toutes nos connaissances, qu'elles soient propres à l'Esprit ou à la Matière. Il vous faut « comprendre », ce qui revient à dire qu'il vous faut scientifiquement démontrer les imbrications de nos systèmes. Hors de cette méthodologie, nous ne sortirons pas des querelles d'écoles qui opposent les croyants aux autres. Il nous faut donc faire abstraction de la « Foi », pour entrer dans l'univers pur et dur du matérialisme scientifique. Ce n'est qu'à ce prix, aujourd'hui, que nous pourrons établir des liens cohérents entre toutes les composantes de notre espèce, les Hommes, et, nous l'espérons aussi, toutes les autres espèces, car dans ce domaine il faut voir très large.

Que ceux qui ont la foi ne se lamentent pas, bien au contraire. Les outils que nous voulons forger leur permettront d'aller plus loin encore dans l'introspection, dans la découverte des univers intérieurs, dans la recherche de la transcendance et, pourquoi pas, de l'absolu. Ces croyants-là seront en quelque sorte les explorateurs de nouveaux univers, ils ouvriront des portes pour les autres. Mais avant de partager leurs découvertes, il est indispensable que sautent certains dogmes qui aujourd'hui empêchent tout progrès d'ensemble. Il faut convaincre certains mandarins de la science, il faut surtout qu'une nouvelle génération de chercheurs puisse trouver, sans craindre les foudres de ces autorités d'un autre âge.

Il serait inutile, par exemple, que nous nous étendions ici sur des descriptions techniques de l'univers des âmes. Ceux-là mêmes qui sont payés pour manifester de la curiosité les qualifieraient d'élucubrations, ce qui aujourd'hui est suffisant pour enterrer n'importe quoi.

L'important dans ton aventure, Alain, c'est que tu sois en position de témoigner, et aussi d'être cru. La teneur des communications est sans importance pour l'instant, ce qui prime c'est la description clinique en quelque sorte de cette « ouverture », c'est que cet ouvrage soit, c'est que ces lignes existent. Il est possible d'ouvrir des communications entre nos systèmes, sans pour cela entrer dans l'univers de la magie ou de l'ésotérisme. C'est fondamental.

Tout maintenant repose sur ta crédibilité. Les puissances qui nous gouvernent, ici, ne t'ont pas choisi par hasard. Nous pensons qu'au pire, il y aura en ta faveur bénéfice du doute, le doute dont tu te réclames systématiquement dans tes rapports avec nous et qui n'est pas une mauvaise chose s'il s'allie à l'objectivité. L'avenir parlera de lui-même.

— Comme l'a expliqué ton père, il n'est pas utile pour l'instant de rentrer dans le domaine de la technique. Ceci concerne les chercheurs scientifiques. C'est Louise, ta mère, qui parle.

Il me suffit de confirmer que tu as été choisi en fonction de certains critères qui nous ont facilité le travail. Ces ouvertures se produisent souvent à la suite d'intenses chocs émotifs, tu n'as pas été épargné dans ce domaine. Souviens-toi seulement que la grande ouverture, celle où tu as approché la Puissance, s'est déclenchée dans un moment d'intense affection. Cette affection allait de toi vers tes proches, et réciproquement, pour s'étendre à ton environnement, les victimes, les prisonniers, les pauvres gens. Il ne s'agissait pas d'un appel égoïste, tu as prié pour eux, tu as été entendu.

Tu en as bavé, selon tes propres termes, car il fallait que cela soit. Tu n'es pas seulement environné par ceux qui te connaissent et peuvent te faire une relative confiance. Je dis relative, car, même à notre niveau, nous ne pouvons être sûrs de rien. Nous prenons des garanties, nous essayons de placer des garde-fous. La tentation de puissance, chez l'homme comme chez d'autres espèces, peut aboutir au meilleur, mais aussi au tragique. Voyez l'Afghanistan, voyez l'histoire récente de l'Europe, voyez le Japon, voyez les « contradictions de l'époque ».

Nous savons ici utiliser ces contradictions et les drames qui en résultent pour faire progresser l'espèce. Mais il est toujours difficile pour une entité collective, nous préférons d'ailleurs le terme entité de puissance, d'assumer les conséquences de ses erreurs. Nous sommes conscients que ce que nous déclenchons chez certains individus peut s'avérer dangereux.

L'« initiation » que tu as subie n'avait pour but que de rassurer des âmes qui ne te connaissaient pas. Je sais que tu vas objecter que nous pouvons lire en toi comme dans un livre. C'est vrai mais ce n'est pas si simple.

Il ne m'appartient pas de m'étendre sur ce sujet complexe. Pour simplifier, je dirais que l'individu est multiple, résultat d'une longue évolution, de nombreux traumatismes, de mutations subtiles ou, dans certains cas, brutales. Comme dans l'image que tu te fais de Dieu, l'homme est une entité à tiroirs. Nous ne savons pas toujours ce qu'il y a dans certains de ces tiroirs, car là réside le libre arbitre sans lequel il n'y aurait pas de construction possible.

Voilà pourquoi nous t'avons retourné dans tous les sens, voilà pourquoi certains ont même cherché à te casser — pour voir comment tu étais « boutiqué ». Ça ne nous a pas appris grand-chose, à nous, tes proches qui te suivons depuis longtemps, mais ça en a rassuré d'autres, suffisamment en tout cas pour que nous puissions aujourd'hui avancer.

C'est ce qui nous reste à faire, avancer. Tu auras des choix à faire, ils t'appartiendront, même si nous sommes prêts à te conseiller. Ce n'est pas parce que tu nous parles que tu cesses d'être responsable de tes actes, je sais que dans le fond de toi-même tu trouves que c'est bien ainsi.

En rédigeant ce bouquin, je me suis trouvé en situation de prendre sous la dictée des communications signées — je ne peux me porter garant des signatures — de personnalités extrêmement diverses. Ces communications, intéressantes certes, sont souvent longues, et pour certaines hors sujet. Suivent certains extraits que je mentionne à titre indicatif, parce qu'ils font partie de l'aventure de ce livre, et qu'ils tournent autour de sujets de méditation qui ont occupé mon temps en prison.

UNE IDÉE A PEINE FARFELUE CONCERNANT LA DETTE DES PAYS DU TIERS-MONDE

Pourrait-on donner un nouvel essor à nos économies en donnant une chance aux pays pauvres ?

— *Prends un exemple concret, me suggère une voix, un pays que tu aimes...*

Bon, prenons les Philippines. C'est superbe ce qu'elle tente de faire, cette petite bonne femme de Cory Aquino. C'est écrasant ce que la population attend d'elle. Pourtant, que d'avantages dans cet archipel ! Position géographique, intelligence et ingéniosité, main-d'œuvre de qualité lorsqu'elle est motivée, générosité de la nature. Il ne manque qu'un peu de souffle, un petit rien pour desserrer l'étau qui l'étrangle. Ce pays, pillé par un dictateur, ruiné par une aristocratie irresponsable, n'a pour horizon que la servitude ou la révolution qui l'entraînerait dans une soumission plus abjecte encore.

Je vois un truc, il est gros comme une maison.

— Est-il possible d'évaluer la valeur capitalisée de l'entreprise « Philippines ».

— *Oui, me répond une voix.*

— En se basant sur le PNB ?

— *Corrigé peut-être d'un facteur qui intégrerait l'énorme potentiel de développement de l'entreprise.*

— Serait-il possible de traduire ce capital en actions, négociables en Bourse ?

— *Sans doute, dit la voix.*

— Une partie de ces actions pourrait-elle couvrir la dette ?

— *Non seulement nous pourrions couvrir la dette, mais le reste, et ce serait la majorité, resterait constitutionnellement entre les mains du peuple philippin. Nous n'engagerions pas notre indépendance. Les capitalistes qui détiendraient des actions de l'entreprise « Philippines » partageraient avec le principal porteur, l'État philippin, le même intérêt dans la croissance du pays...*

— Qui es-tu ?

— *Appelle-moi Ninoy*[1], répond la voix.

A PROPOS DE FILS ÉLECTRIQUES

Le coût d'infrastructure de la distribution d'électricité constitue un frein pour l'amélioration du niveau de vie des pays du Tiers-Monde. Créer des centres de production ne sert à rien si on ne peut disséminer cette énergie. Tout au plus réussira-t-on à créer des concentrations d'activités, donc de population, aux points favorables, rejoignant le système masse de la révolution industrielle, et les solutions prônées par les communistes de l'ancien temps. En courant le risque de bousiller les structures de ces peuples fragilisés.

Pourquoi faudrait-il, eux qui partent avec un tel handicap, qu'ils suivent le même parcours que nous, avec nos mêmes errances ?

Supposons...

Supposons que les cristaux vibrillonnent sous certaines conditions. Supposons même qu'ils soient faits pour ça, puisqu'ils nous lasérifient n'importe quoi. Alors, si on excite un cristal bien proprement, ne serait-il pas capable, au moindre coût, de nous créer une onde porteuse, une idée de direction dont une grosse décharge électrique pourrait s'emparer pour aller quelque part ?

— *Sais-tu ce que tu risques, en donnant à l'électricité une idée de direction ?*

Je n'en sais trop rien.

— *Tu risques de récupérer au passage de l'électricité que l'on dit statique qui, elle, ne sait pas où aller. Avec, à ton point de réception, davantage d'énergie que tu n'en as envoyé.*

— *Vous allez nous griller les oiseaux avec vos manigances. Arrêtez-les. Aux fous ! Ils veulent griller les oiseaux...*

— *Nous sommes prêts à parier que vos abrutis de piafs vont s'amuser dans nos couloirs à énergie. Ils vont se sentir drôles en les traversant, mais ils n'ont pas intérêt à nous les casser, à nous, les ingénieurs.*

1. Ninoy Aquino, époux de Cory, homme politique d'opposition au régime de Marcos, a été assassiné par les sbires du dictateur.

Il en ressortirait que même les volatiles pourraient s'habituer. J'imagine alors un paysage débarrassé de trucs à haute tension, la plaie des photographes, avec une transmission d'énergie par canal hertzien. Plus de lignes à tirer, plus de paysages à ravager. On pourrait même se servir de satellites.

Un Américain, John F. Kennedy, vient me souffler à l'oreille :

— *Tu sais, avec notre programme de la guerre des étoiles, on a été assez loin dans cette direction. C'est encore top secret. Mais, comme partout ailleurs, on bosse dans la même voie, ça n'a plus guère d'importance. L'idée est en l'air.*

SUZANNE ET FOCKEWULF

— *Je suis Suzanne, une Juive. Ce n'est pas mon vrai nom, car vois-tu, lorsque nous communiquons, nous ne pouvons nous servir que du vocabulaire que tu mets à notre disposition. Nous avons perdu la faculté du langage, car nous n'en avons pas besoin. Nous apprenons vite, ici, à émettre et recevoir ce que toi tu appelles des images-pensées. C'est plus rapide, plus subtil aussi, et, de cette façon, dans nos prières nous sommes en communication avec le reste du cosmos, du moins ce que nous pouvons atteindre. La parole, l'écriture sont des outils pesants, à peine dégrossis.*

Je suis la mère de Jeanne, ta compagne, je suis avec celui que tu as baptisé Fockewulf, on ne sait trop pour quelle raison. C'était mon compagnon.

Je l'ai baptisé Fockewulf, parce que, dans mon imaginaire, il est affublé d'un long nez. Or le Fockewulf Long Nez s'est avéré être l'un des meilleurs chasseurs de la dernière guerre. Je pense d'ailleurs qu'Israël, aux temps héroïques, avait essayé d'en récupérer quelques-uns.

— *C'est vrai, c'était un bon avion. J'ai travaillé comme esclave dans une usine d'aviation, je veux bien que tu m'appelles ainsi, d'autant que tu ne connais pas mon vrai nom. Moi je double la mise, dans le système nazi, car je suis juif et communiste. Enfin, j'étais communiste. Je me pose aujourd'hui la question. Le mot communiste ne demanderait-il pas une nouvelle définition, parce que enfin toi, Alain, tu es un communiste, un vrai, selon mon cœur. Or tu fais un rejet du système masse qui était notre credo car ce n'est que dans ce système que le petit peuple pouvait puiser une force suffisante pour pouvoir s'exprimer, se défendre, se battre au besoin. Tu es sensible à l'exploitation de l'homme par l'homme, du faible par le fort. Nous aussi, les communistes de l'ancien temps, des temps héroïques, nous le ressentions. Le communisme était la seule voie balisée qu'il nous a été donné de connaître, car il y avait une théorie forte derrière, le marxisme, comme ces apaches de nazis avaient la leur de théorie, avec* Mein Kampf...

*... Est-ce qu'un jour quelqu'un va réaliser que ces textes ont été écrits dans le langage de l'époque, qu'ils manient les concepts de l'époque, et qu'un livre, même inspiré, ne peut l'être que par une entité de l'époque ? Nous ne savons pas tout, nous les entités, nous n'avons pas la prescience. Parfois, nous pouvons avoir des fulgurances, comme dans ce texte qui te tient à cœur et que j'ai lu avec toi : l'*Apocalypse *de votre saint Jean. Pour moi, il est Jean, c'est un mec qui a eu une vision qui ne pouvait s'exprimer qu'au travers de ses connaissances à lui, Jean, du premier siècle de l'ère chrétienne. Et pourtant nous y avons trouvé de l'inspiration, nous aussi nous avons eu nos fulgurances, grâce à lui.*

Les textes, si on médite dessus, peuvent apporter des choses, souvent des mises à jour. Mais quelle aberration de l'esprit, quelle fainéantise de l'intellect que de prétendre : ce texte est figé à jamais, il y a dedans toute la connaissance du monde, présent, passé et à venir...

... Maintenant, en ce qui concerne les nazis, moi, l'esclave, moi le survivant de Dachau et de Buchenwald, eh bien, je leur pardonne, compte tenu de ce que je connais aujourd'hui. Mais attention, quand je dis nazis, je parle des partisans du national-socialisme qui, à une époque, a été le seul moyen pour une communauté honorable de refaire surface. Mais nous, les Juifs, nous, les communistes, et je crois pouvoir dire nous, les âmes de bonne volonté, nous ne pardonnons pas aux bourreaux, aux déviants, à ces esprits faibles qui puisent leur force dans une machine, et en profitent pour écraser d'autres êtres, pour détruire d'autres âmes. Ils sont partout ces faibles qui aspirent à la puissance, qui ne peuvent jauger de leur pouvoir qu'en en abusant. Ils sont à l'est, ils sont à l'ouest, au nord et au sud. Ils sont en France. Nos femmes pleurent les enfants arrachés par ces mécaniques, n'est-ce pas, par les hommes qui s'abritent derrière, armés du Droit et du Règlement. Vous, nous ne vous aimons pas. C'est un communiste dont le cœur saigne qui a parlé.

HILDA

— Je m'appelle Hilda, j'ai vécu ces temps difficiles. J'ai aussi très bien connu Hitler. Voici ce qu'il m'a apporté :

De la dignité, en temps que femme d'un peuple vaincu, déchu, déshonoré. Le discours qu'il nous a tenu, pour reprendre tes idées de cristaux, est dans l'essence celui-ci : nous sommes un peuple fort, uni aujourd'hui dans la défaite et dans la honte. Des forces obscures s'achar-

nent contre nous. Mais nous allons tenir le coup, nous allons surmonter nos misères, nos handicaps, en nous unissant encore plus, sous une bannière, la mienne. Je veux que ce peuple devienne un cristal pur et indestructible, qu'il puise sa force dans ses racines, qu'il impose à ceux qui veulent notre mort la loi du talion. Que le Germain se respecte lui-même dans ses frontières, et qu'il soit craint, donc respecté, à l'extérieur. Voilà en gros ce qu'il m'a apporté, Hitler.

Et tu sais, ma vie n'était pas brillante à l'époque. Je n'avais plus rien, plus d'homme, j'étais ruinée par la crise. Je n'étais pas une mauvaise fille. Il m'a montré le chemin de l'honneur, Hitler, à moi, une de ces filles allemandes que vous, les Français, traitiez comme des putes en Rhénanie.

Alors j'y ai cru à ce type, comme une désespérée qui croit trouver une planche de salut. Oui, j'ai eu foi en son programme, ce genre de foi qui soulève les montagnes et que vous, les riches, les nantis, avez perdue car vous pensez ne plus en avoir besoin. Tu l'as connue cette foi, quand tu étais en difficulté, elle est moins vive maintenant que tu crois écrire en sécurité, mais elle te reviendra dans les coups durs.

Toi, tu peux témoigner que la foi peut transformer un être plutôt mou, comme tout le monde, en un diamant indestructible. Certains ont essayé de te briser au moral, là où ça compte. Tu leur as merveilleusement tenu tête. Mais tu as prié pour. Cette force de résistance ne t'est pas venue comme ça, toute seule. Elle était là, bien sûr, en toi, mais il fallait que tu la révèles, que tu la trouves. Eh bien, nous les Germains, nous avons entendu ton appel, comme toutes les autres entités du cosmos, et oui, les Juifs, nos victimes, et les Gaulois, et les Nipponais comme tu les appelles. Tu peux y mettre toutes les âmes sincères qui ont connu des problèmes de leur vivant, et qui, ici, dans le monde d'à côté, mettent du temps à s'en remettre. Ton appel a été entendu au-delà de nos limites, à nous, dans les hautes sphères spirituelles. Nous avons reçu l'autorisation d'intervenir. Sans elle nous ne pouvions rien faire. Les hommes sont relativement protégés de ces interventions, ils ont leur libre arbitre, mais comme tu le dis plus haut nous pouvons influencer des processus de réflexion, des événements. Mais nous ne sommes pas Dieu, dans le sens où le définissent les spiritualistes. Non, nous sommes des entités de puissance lorsque nous unissons nos efforts. Cette puissance lorsqu'elle vient soutenir une foi vibrante peut soulever des montagnes.

Hitler nous a dit : devenez purs comme des cristaux. Agglomérez-vous autour de moi. Mais prenez bien garde qu'aucun corps étranger, qu'aucune souillure, qu'aucun crapaud, puisque c'est la langue des lapidaires, ne vienne s'immiscer entre vous et moi. C'est à ce prix que nous atteindrons une cohésion sans faille et que nous pourrons puiser à nos sources germaines l'énergie qui nous fait défaut.

Oui, nous nous sommes replongés dans nos sources, en cherchant à créer une nouvelle tribu — ou clan puisque tu parles ici de clan — regénérée par la foi, l'épreuve et le travail. Car nous avons travaillé, oh ! comme nous avons travaillé ! Nous avons sorti l'Allemagne de l'ornière comme un seul homme, dans un seul élan. Ça a été pour nous, les Allemands, notre véritable heure de gloire, ces années qui ont précédé l'Anschluss.

Dans le processus nous avons fait des victimes. Tu l'as bien senti, il s'agissait moins de problèmes de race — encore que nous maintenions, comme toi, si tu es franc, que chaque race présente des caractéristiques différentes, et qu'elles ne sont pas toutes « compatibles » les unes avec les autres — que de problèmes opposant un nationalisme exacerbé à des entités supranationalistes, ou internationalistes. Communistes, Juifs, gitans appartenaient à ces catégories que nous percevions en tant que groupes comme des crapauds dans le diamant germanique.

Et ils étaient différents, gitans surtout, et Juifs des ghettos. Ils formaient des tribus dans la tribu, ça ne nous semblait pas supportable, d'autant que nous ressentions leur volonté de différence comme une provocation. Eux étaient en bons termes avec nos vainqueurs, ceux qui cherchaient la destruction de l'Esprit allemand. Enfin, c'est comme ça que nous le ressentions, nous avions tort, parfois. Beaucoup de petits boutiquiers, de petites gens partageaient nos difficultés, ils s'étaient battus pour l'Allemagne, ils se sentaient autant allemands que nous. Ce sont les erreurs des systèmes, ne pas tenir compte de l'individu, calculer en masses, en ensembles, en oubliant l'homme.

Tu as raison, nous étions en plein dans ton « système masse », dépersonnalisés, bridés par une discipline qui nous tenait à cœur. Les « lobbies » qui auraient pu venir en aide à ces victimes n'ont pas pu s'implanter, officiellement. Il n'y avait pas de place pour eux. Le système les a contraints à se forger dans la résistance au régime. Pour nous les nazis, tes lobbies étaient des traîtres.

Voilà la déposition d'une ardente supportrice de Hitler, je voudrais que tu mettes Chancelier, car c'était son titre. Je n'en ai pas honte, j'étais sincère. Je cherche, comme toi, à comprendre où est la volonté divine dans tout ça.

CANARIS

— Je m'appelle Wilhelm Canaris, j'étais amiral. Non que j'aie été un grand marin, mais je partageais avec les marins un intérêt pour le monde, notre planète et ce qui s'y passe… Moi, je le voyais, ce monde,

de mon quartier général de l'Abwehr, le Service de renseignements de l'armée allemande, l'équivalent du GRU soviétique...

... Si tu veux comprendre la carrière, et surtout le niveau intellectuel, philosophique et pratique de Hitler et de ses séides, reporte-toi à ce que tu connais de la carrière de ce Gulbudin[1] *et de son entourage. Un homme posé, pondéré, mûr et réfléchi pour certains, c'est l'image publique qu'il — ou qu'on — travaille pour lui. Pour les autres, pusillanime, brouillon, intellectuellement limité, mais en proie à des pulsions terriblement puissantes qui en font un homme totalement imprévisible. Ces pulsions le font paraître comme un caractère fort aux yeux de certains, comme un dément dangereux aux yeux des autres. Lui aussi est parvenu au fil des ans à éliminer tout ce qu'il y avait de sain dans ce club hétéroclite qu'était l'Hezb-i Islami des premiers jours. Les leaders « historiques » sont morts, assassinés ou autrement, ou à la tête d'autres formations qui s'opposent quand elles le peuvent, mais qui surtout craignent la démence de cet homme qui tient désormais l'appareil d'un parti puissamment soutenu de l'extérieur.*

Ce parti en effet, par le hasard des circonstances, se trouve à la jonction des intérêts de forces puissantes. Quelles sont ces forces ?

Le régime de Kaboul d'abord qui a besoin d'un repoussoir pour maintenir une certaine cohésion parmi ses troupes. « Si vous n'êtes pas sages, Gulbudin vous mangera », pourrait en substance être le leitmotiv des responsables communistes afghans et soviétiques. Car cet homme sert bien entendu les intérêts soviétiques, en faisant peur aux Afghans tièdes qui pourraient incliner vers la résistance, en créant une pression sur leurs propres sympathisants en Afghanistan, car pour les Soviétiques sensés, il n'est pas possible de prévoir de quoi demain sera fait sur ce baril de poudre qu'est l'Afghanistan. Il vaut mieux dans certains cas contrôler le Diable et son contraire, qui n'est pas Dieu, contrairement aux croyances répandues. Eh bien, les Soviétiques, le GRU, en particulier, font en sorte de « contrôler » Gulbudin. Car, c'est l'amusant des choses, tu as été une victime des ambitions du GRU, qui pense, en utilisant les travaux issus de ta détention, déstabiliser leur ennemi de toujours, le KGB, bien qu'ils présentent un semblant de front commun. L'armée et le Parti sont, en URSS, deux entités distinctes, et leurs intérêts souvent divergents. Tu as vu toi-même quel était le statut du « conseiller politique », le khadiste comme tu l'appelles, au sein de cette organisation paramilitaire qu'est la police afghane. C'est un empêcheur de tourner en rond, un vilain rapporteur,

1. Gulbudin Hekmatyar, chef d'un parti fondamentaliste, composante de la résistance afghane.

un type que l'on méprise. Calque cette situation au sein des unités de l'Armée rouge, c'est la même.

Gulbudin, il va sans dire, sert aussi des intérêts pakistanais, arabes et américains — ceux-là feraient d'ailleurs bien de reconsidérer leurs cartes. Tous ont la quasi-certitude de le contrôler, ce qui permet à Gulbudin d'être parfaitement autonome, donc, nous n'avons pas peur de le dire, éminemment dangereux...

STALINE

... L'entité collective russe est vieille, aussi ancienne en tout cas que l'entité germanique. De Pierre le Grand à la Grande Catherine, les potentats au pouvoir n'ont eu qu'une seule ambition : protéger un peuple qu'ils maintenaient en esclavage pour la survie et, si possible, la gloire de l'entité collective. L'idée collectiviste est plus ancienne qu'on ne le pense, son principe est de demander aux vivants des sacrifices parfois inhumains pour le bonheur de générations à venir.

Le socialisme a été construit, imposé, dans le feu, les larmes et le sang. Il y a eu une déchirure au sein de ce peuple profondément ancré dans ses racines, dans sa tradition. Cet ancrage le faisait accuser d'immobilisme par des sociétés plus dynamiques, plus mobiles. Il ne faut pas croire que la décision prise par Lénine de tuer le passé, de tout démolir pour, éventuellement, reconstruire mieux, plus durable, plus solide, a été prise de gaieté de cœur. L'homme — et la femme — russe est à ce point attaché à ses traditions qu'il se confond avec la terre, la terre sacrée de Russie. Les Allemands, et avant eux Napoléon, en ont fait l'amère expérience. L'image utilisée par de Gaulle : « Le peuple russe est une lourde glèbe » ne nous déshonore pas, nous les Russes, que nous soyons soviétiques ou de l'Ancien Régime.

Cette terre, nous avons peur que d'autres la convoitent et nous la prennent. Nous sommes sur la route des grandes migrations, des grandes invasions. Il nous a fallu souffrir pour conserver le peu que nous avions. Cette idée de conservation de nos maigres richesses est là, inscrite dans nos gènes.

C'est notre hantise. Comprenez, vous les peuples à l'abri derrière des frontières naturelles, qui avez vécu votre passé dans un jardin clos, ce que c'est que de vivre dans une plaine, ouverte à tous les vents, dans un espace infini où rien n'arrête le regard, sinon la météo et la courbure de la terre. Nous sommes des marins de la terre, mais sans mobilité, ancrés comme la flotte française bloquée dans son port de Toulon[1] *aux heures douloureuses de son histoire.*

Nous, les peuples russes, ou soviétiques comme on dit aujourd'hui, nous sommes donné un système de gouvernement qui vaut ce qu'il vaut, mais qui convenait jusqu'à ces derniers temps à l'ensemble de la population. Lorsque je dis l'ensemble, je ne veux pas dire la majorité, cette curieuse notion qui part d'un préétabli : que chaque habitant majeur en âge devient automatiquement majeur en pensée et en sens politique. C'est vraisemblablement le cas chez vous, les démocraties, qui cherchez à nous imposer un système que nous estimons bâtard, incomplet, inachevé. Chez nous, en effet, cette notion ne peut s'appliquer, et pour une raison simple : notre territoire est trop grand, trop peuplé, il y a trop de différences de culture, des niveaux d'éducation — liés à ces différences culturelles — trop disparates, pour que le jeu de la démocratie pure, mettons le suffrage universel — une âme « majeure » en âge, un vote — puisse s'appliquer sans distorsion.

Je donne un exemple, les pays claniques. Tu en as pratiqué certains et tu ne peux te porter en faux contre cette constatation : dans ces pays, les directives — ou les consignes — données par l'autorité supérieure, qu'elle soit chef de clan, conseil de notables ou de barbes grises, ne se discutent pas. Il est à souhaiter, pour que le mécanisme clanique fonctionne correctement — sinon il s'agit d'autocratie ou de dictature individuelle — que ces décisions soient l'aboutissement d'une étude, d'une discussion, et pourquoi pas d'un vote, entre individus compétents et individuellement reconnus comme représentatifs de la « masse ».

Voilà où je veux en venir : nous, en Russie, sommes un pays à structures tribales, ou claniques élargies. Notre population, jusqu'à ces derniers temps — nous en sommes en partie responsables, nous, les chefs de clan —, n'avait pas les mêmes facilités d'accès à l'information, donc il faut le souhaiter à la connaissance et à la compréhension, que des populations plus petites, plus concentrées ou plus riches.

Car nous sommes un pays pauvre. J'irai jusqu'à dire pauvre à l'origine et, de surcroît, ruiné. Ce sont les conséquences de ces révolutions qui ont pour but de tout détruire pour reconstruire. Il s'agit là d'un calcul hasardeux, qui en l'occurrence n'a pas payé, en Union soviétique. Sais-tu combien de temps ça prend pour développer une « classe » de fonctionnaires indépendante des pouvoirs, assez forte pour ne prendre en compte que le règlement qui les concerne, sans autre notion d'intérêt

1. Le 27 novembre 1942, la flotte française de Méditerranée s'est sabordée en rade de Toulon, pour éviter la capture par les forces de l'Axe.

que l'ancienneté, donc l'expérience, et les bonnes notes, donc la reconnaissance, avant même les promotions qui sont un droit acquis, automatique...

... Voilà, je suis Joseph Staline. Avec Hitler, nous sommes peut-être des monstres, mais nous sommes des monstres sacrés, compte tenu de l'ampleur de ce que nous avons déchaîné. C'est le seul moyen de juger du sacré d'une action, que d'en étudier l'ampleur des résultats. C'est à ce titre que nous, les monstres du XXe siècle, nous jugeons Jésus, dit de Nazareth, et Mahomet, aussi connu comme le « Prophète » par un quart de l'humanité. Eux aussi étaient des monstres de leur temps. Leurs enseignements, pourtant porteurs d'espoir et de sagesse, se sont traduits par des massacres qui, à l'échelle, valent bien les nôtres.

Ils nous ont apporté un enseignement de base qui, j'en ai peur, restera longtemps valable : il faut s'intéresser aux autres, en les aimant ou en les convertissant, ce qui n'est pas antinomique. Le problème chez ces deux maîtres, c'est qu'ils ont omis une notion, ou du moins n'ont pas mis assez d'emphase sur un facteur capital du développement d'un individu ou d'une nation : soi-même. Ceci, votre Voltaire l'avait pressenti lorsqu'il recommandait, au bout du compte, de s'occuper de son jardin. Mais le personnage de Voltaire, Candide, inverse les propositions. Il s'occupe d'abord du monde, des autres, avant de conclure qu'il s'enrichira autant intérieurement en s'intéressant à lui-même.

C'est la signification de ton « voyage initiatique », ta percée au cœur de l'illusion, qu'elle soit terrestre, parmi ceux que tu fréquentes en prison, ou spirituelle, car nous passons notre temps à te tromper, toi le chercheur de vérité. Nous voulons voir si tu es capable de surmonter les déceptions qui te poursuivent jour après jour, si tu ne craqueras pas devant ces libérations anticipées que nous t'annonçons quotidiennement en t'expliquant de façon sensée pourquoi celle de la veille a foiré, et pourquoi celle d'aujourd'hui est imparable. Car tu y tiens à ta liberté, c'est la seule faille que nous ayons trouvée, pour l'instant. Demain il y aura les tentations, tentations de puissance, tentations de « te prendre pour un autre », tentations des richesses. Nous verrons...

CANARIS

— *Nous sommes, je le rappelle, à la recherche de l'entité divine qui correspond aux esprits groupes — je préfère ce terme à celui d'entité collective que tu utilises à tort. Car tu vois, ce que nous allons démontrer, si cela peut être considéré comme une démonstration compte tenu de la complexité des relations entre groupes (ou ensembles), ce que nous allons tenter de dégager en simplifiant, c'est à quel niveau se situe l'entité de puissance responsable des massacres et des exactions au sein de chaque « boîte » concernée, pour reprendre ton modèle. J'insiste, car j'ai toujours été un farouche partisan de l'exactitude et de la précision, qu'en ces domaines, pour bien faire comprendre au plus grand nombre les systèmes en présence, il est nécessaire d'utiliser des images et des schémas visualisables. Il ne nous est pas possible ici de nous lancer dans les mathématiques matricielles ou les dimensions absconses...*

...Tous les modèles sont dans la nature au sens large. Ils sont autour de vous, vous baignez dans l'évidence. Tous les grands laboratoires de recherche disposent des clés, parfois en ordre dispersé, dans des disciplines différentes mais combien complémentaires. Il n'est pas un secteur de l'activité humaine qui ne dispose de sa ou de ses clés. Le manque de communication, les préjugés, qui séparent les chercheurs ou les maîtres, vont vous obliger à un vaste travail de compilation, de comparaison, d'évaluation. Nous vous recommandons, ainsi que nous l'avons fait à l'élève[1] qui tape ces lignes, d'élaguer, de vous débarrasser du superflu et des jargons. Vous vous rendrez compte alors que l'architecture, les squelettes, les trames ou les schémas sont cohérents pour reprendre une expression chère aux mathématiciens, ou compatibles, si on utilise une expression d'informatique. Tout colle ensemble, dans un écheveau complexe, certes, mais qui est à la portée des puissances de calcul et d'analyse dont vous disposez aujourd'hui. Mettre le monde, l'Univers — de l'infiniment petit à l'infiniment grand —, en équations est à la portée de l'époque. Ces équations vous permettront de rentrer dans les systèmes qui, pris dans leur ensemble, constituent le système divin, ou Dieu, pour simplifier. C'est à partir de ce moment que se réalisera la prédiction des grands sages et des prophètes : Dieu descendra sur la terre pour prendre directement en main le gouvernement des hommes, ou mis sous une autre forme : l'homme, ayant acquis la conscience de Dieu, prendra en main son propre destin pour atteindre les limites du système supérieur, ce que les philosophes et certains sages visionnaires appellent les frontières de l'absolu. Au-delà commence le domaine qui reste à inventer, le livre dont les pages s'écriront au jour le jour. Nous aurons atteint le zéro de notre boucle, dans un espace différent...

... Rien ne peut être construit de durable, décent, d'aimable à vivre, de psychologiquement confortable, sur la haine, la méfiance, l'hypocrisie et la mauvaise foi. La force issue de ces principes ne dure jamais longtemps, nous sommes bien placés pour en parler, nous, les anciens nazis.

1. Certaines voix disent « le cancre ».

Nous ne vous annonçons pas l'époque bénie que certains appellent l'ère du Verseau. Ceux qui pensent qu'elle peut prendre place dans des régions « élues », car il y fait bon vivre, doivent s'attendre à des lendemains difficiles. Il y a trop de contradictions — j'utilise à dessein ce terme dont les communistes abusent — sur cette planète. Chacun, individu, clan, commune, société, nation ou groupe de nations, doit avoir sa chance. Tel n'est pas encore le cas. C'est à cette œuvre herculéenne que nous vous convions, tous les moyens, soyez-en sûrs, vous seront donnés, par les forces d'ici-bas et les forces de l'au-delà, si vous prenez comme credo :

Que les hommes et les âmes de bonne volonté s'unissent pour résoudre les problèmes de ce monde...

... De toute façon, et c'est là l'amusant pour certains, ici, vous n'avez pas le choix. Nous non plus d'ailleurs. C'est pour cela que dans ces pages, les prophètes, ceci comprend Marx, Mao, Mahomet, Jésus et les Autres, parlent d'une seule voix, avec les grands criminels du monde, les fauteurs de Puissance. Parce que ce qui risque de se déclencher, si vous ne vous rendez pas à l'évidence, c'est une catastrophe, un « Armagedon » sans commune mesure avec ce que vous et nous avons connu. Nous risquons la destruction d'une espèce, responsable devant la création d'autres espèces, nous courons à la destruction d'une évolution qui remonte à la nuit des temps, nous allons gâcher un investissement inchiffrable. Ni vous ni nous n'y avons intérêt.

Il ressort de ce que nous venons de dire que nous avons, nous les acteurs de la tragédie qui continue encore aujourd'hui, été les victimes des forces de l'époque, victimes conscientes, ceux qui en ont souffert, ou inconscientes, ceux qui pensaient tenir le bon bout du manche, les grands manipulateurs. Ceci est vrai pour nous, les monstres qui avons perdu — Staline fait partie du lot —, aussi bien que pour les « vainqueurs ». Car si nous avions gagné, ne vous faites aucune illusion, Roosevelt, Churchill, de Gaulle, pour n'en nommer que quelques-uns, auraient eu droit eux aussi à cette étiquette infamante, preuves circonstanciées à l'appui. Nous ne rentrerons pas dans cette querelle d'école, des arguments majeurs ont déjà été échangés à ce sujet par des historiens de bonne foi. La fameuse maxime de Mao, « On ne fait pas d'omelette sans casser des œufs », s'applique à tous ceux qui ont demandé des efforts héroïques à leur peuple, et infligé des tourments hors de proportion avec l'objectif à atteindre aux populations civiles de l'ennemi. C'est la grandeur, mais aussi la honte des chefs.

Toi, avec ton clan Kuramoto, tu te places au niveau de ceux qui reçoivent « les bombes sur la gueule » — c'est ton expression, pas la mienne. Moi je dis ceux qui souffrent dans leur corps, dans leur mental, dans leur âme, sans pouvoir comprendre, sans pouvoir agir. Ils prient, ces gens, pour que leur notion de Dieu intervienne, fasse arrêter les massacres, allège les souffrances. Ils prient avec sincérité, et la prière est globale, elle s'élève des camps de concentration, des chambres de torture, des prisons, de dessous les décombres de Dresde, de Lorient, de Haiphong, des débris calcinés de Nagasaki ou d'Hiroshima, du sein des monceaux de mourants qui gèlent sur les steppes russes, des corps hachés par la mitraille qui se noient sur une plage de débarquement, elle s'élève vibrante des murs où on fusille : Seigneur, épargnez cela aux miens, à mes proches, aux autres, c'est inhumain, Seigneur, faites quelque chose. Elle vibre parmi ces peuples réduits à l'esclavage, qui voient leurs enfants partir à la mort pour une cause qui n'est pas la leur.

Et ceux qui ne croient pas maudissent — les croyants aussi, d'ailleurs, combien sont-ils à avoir insulté Dieu en de telles circonstances ? Toi tu as perdu la foi en revivant par l'esprit certains événements de cette malheureuse époque.

Les spiritualistes diront : c'était l'époque où Dieu s'est retiré des hommes, s'est désintéressé des problèmes de l'humanité. Nous les analystes lucides, de là où nous sommes et avec le recul que nous autorise cette position un peu particulière, tous groupés autour d'un prisonnier qui se pose des questions fondamentales, nous pouvons dire : c'était l'époque où Dieu a donné à l'homme la puissance divine, pour voir ce qu'il allait faire avec. C'est l'avis de ceux qui parmi nous sont croyants, qui ressentent qu'il y a « autre chose ». Les autres, ce n'est pas antinomique, car dans la nature comme dans les sciences, pour être il faut souvent deux pôles, disent : c'est l'époque où l'homme a arraché son pouvoir au hasard, où il est en mesure d'organiser son cadre de vie et son destin. Que les philosophes méditent sur l'emploi du passé et du présent dans ces prises de position, nous, nous insistons sur ces deux façons de voir car elles constituent les clés du raisonnement qui va suivre.

Nous avons deux pôles, dans nos façons de penser, de voir l'environnement, d'appréhender les sujets, qu'ils soient économiques, politiques, philosophiques, même scientifiques ou religieux. Certains d'entre nous possèdent même la faculté étrange de pouvoir cohabiter avec eux-mêmes et leur contraire. C'est la notion du tout, qui exige l'équilibre. Cet équilibre ne s'obtient souvent que par menus ajustements de déséquilibres, c'est la règle générale de tout système en évolution, donc en mouvement. Un coup de barre à droite suivi d'une petite correction à gauche permettra au bateau de tenir son cap. L'être humain, qui en marchant passe successivement d'un pied sur l'autre, compense automatiquement — certains disent instinctivement — les déséquilibres, l'ensemble constitue le balancement de la démarche et lui permet, le plus souvent, de marcher droit. Il s'agit là de micro-équilibres, les mécanismes restent identiques dans les grandes phases, qu'elles soient historiques ou telluriques.

Nous avons étudié là des équilibres dynamiques, en mouvement. Qu'en est-il maintenant de l'équilibre statique, là où rien ne bouge ? Je crois pouvoir dire, moi, l'ancien chef de l'Abwehr que cette perception d'équilibre est dangereusement illusoire. Si on fait intervenir la durée, la fameuse notion du temps, qui pour certains ici n'a rien d'absolu, je suis en mesure d'affirmer que rien n'est vraiment figé dans le temps, rien n'est statique. Il se passe toujours des érosions, des décompositions chimiques ou biologiques, de subtils gains ou déperditions d'énergie, enfin il se passe toujours quelque chose pour empêcher qu'un élément ou un être soit éternel[1] *dans l'immobilité. Nous rejoignons d'ailleurs ici le sage conseiller chinois d'Alain, qui lui a dit : « Dieu, c'est là où tout est immobile. » Nous sommes navrés de le constater, rien n'est immobile dans les systèmes qui nous concernent.*

Si nous tenons absolument à mettre Dieu dans les boîtes qui nous concernent, alors force nous est d'affirmer : Dieu évolue avec nous, il a donc besoin de nous, car tout dans ces boîtes se transforme, y compris la notion de contenant. Exit la pérennité de la Nature Divine.

Si nous plaçons Dieu hors de notre « boutique », il est dans un système qui nous dépasse, nous serions bien présomptueux de nous lancer à l'heure actuelle dans des hypothèses, car nous manquons des éléments d'analyse de base.

Force alors est de considérer les deux autres hypothèses courantes. Pour les uns, il y a système imbriqué dans système relié ou dépendant d'autres systèmes. Il est alors possible d'englober le tout dans une gigantesque équation et de dire : voilà le système Dieu, c'est l'ensemble des composants qui forme le Tout, nous finirons un jour, en séparant, analysant et rassemblant les éléments que nous percevons, par nous donner une idée juste de la nature divine. C'est l'essence de mon précédent message. Si, en effet, tous les modèles sont dans notre nature, complémentaires ou concurrents, il n'est pas impossible d'imaginer qu'ils soient également présents dans les natures qui nous échappent. Tout au plus, pourrait-il y avoir changement d'échelle, ou mise au point de prototypes trop peu répandus pour distordre l'image globale. Il y a une constante dans tout système cohérent : on pousse ce qui marche aux limites, on introduit des modifications au fur et à mesure de l'évolution des besoins,

1. Regardez vos diamants, mesdames, et soyez sûres qu'il leur arrivera des choses au fil des âges. Leur apparente solidité, dans un sens, en fait la fragilité. Ils seront volés, découpés, écrasés, perdus dans un caniveau et soumis aux lois de l'érosion. Les diams ne sont pas Dieu.

on teste le nouveau qui peut s'avérer inutile, complémentaire, révolutionnaire dans l'instant, quelquefois durable.

Si on superpose tous les systèmes qui se répètent dans les différents domaines de la création, chacun à son échelle, on risque d'obtenir une arborescence, ou, s'il y a concurrence, plusieurs arbres de dimensions inégales. Il nous est alors possible d'évaluer les ensembles de systèmes, ceux qui ont le vent en poupe, ceux qui sont en voie de disparition et ceux qui promettent.

Nous retrouvons par là la notion d'arbre de vie chère à certaines traditions. Chacun pourra alors se positionner par rapport aux rameaux — ou aux différents arbres, s'ils existent — et visualiser à partir de là la notion divine qu'il ressent naturellement. L'épaisseur des troncs ou des branches sera fonction de la durée et de la pérennité des évolutions qui les concernent. Il sera possible, en faisant jouer ce facteur temps, de visualiser les progressions ou les dégénérescences.

L'aspect drôle de ce processus de recherche est que, pour retourner aux sources, aux origines, les primitifs, les aborigènes des antipodes, les Indiens perdus d'Amazonie ou les Pygmées d'Afrique deviendront les professeurs des diplômés de nos grandes universités. Puisse cela leur rendre la modestie et la simplicité qui n'auraient jamais dû quitter l'arsenal du vrai chercheur.

La dernière hypothèse que nous devons retenir, communément admise par le plus grand nombre aujourd'hui est : Je sais tout, je comprends tout, je n'ai rien à faire de la notion divine, ça n'existe pas. Je fais appel au hasard et à la loi des probabilités quand je suis mal à l'aise. Tout se passe très bien pour moi, merci. C'est le pôle opposé aux propositions précédentes, qu'elles soient spiritualistes ou naturalistes (il s'agit là de visions complémentaires et non pas diamétralement opposées). C'est un pôle nécessaire à la compréhension juste. Si les résultats des recherches du premier pôle résistent aux filtres du second, alors nous toucherons des vérités fondamentales, universelles. Les démonstrations ne seront peut-être pas convaincantes pour tout le monde, mais il y a des cas où le principal, c'est le résultat...

FOCKEWULF

... Vibrations, résonances. Tout est là. Lorsque plusieurs êtres humains se rencontrent pour faire quoi que ce soit ensemble, qu'ils y croient, quelque chose de très fort s'empare d'eux, vibre en eux, se met précisément en résonance et interpelle parfois très loin des esprits ou des vivants « accordés » à cette vibration. Vous en percerez très vite le secret,

nous l'espérons, de ces ondes qui nous mettent tous en communication les uns avec les autres. Certains laboratoires, souvent couverts par le secret, disposent d'éléments disparates. Nul encore n'a la solution globale, sinon des êtres simples et frustes qui vivent naturellement en contact avec les « éléments » et ne se posent donc pas de questions inutiles.

Ils sont nombreux, de par le monde, à avoir intégré ces vibrations, ces résonances, grillots, porteurs de la mémoire de leur peuple, chamans, gardiens des traditions et souvent des institutions, par-dessus les potiches que l'Occident impose à la tête de ces pauvres États artificiellement constitués, souvent mutilés dans leurs ethnies, qui n'arrivent même pas à trouver leur premier souffle pour démarrer...

JEAN MOULIN

— Je m'appelle Jean Moulin, je suis un « héros » de la Résistance, comme toi je réfute cette appellation de héros, car elle tend à mythifier un être de chair et de sang, en proie aux mêmes affres, aux mêmes angoisses, aux mêmes peurs, aux mêmes souffrances que les autres. Surtout, elle tend à éloigner du commun des mortels la valeur d'exemple qu'elle devrait finalement avoir : il est toujours pénible pour ceux qui ont essayé de faire leur devoir, en allant parfois jusqu'au bout d'eux-mêmes — je ne parle pas forcément pour moi —, d'entendre des hommes sains, normalement constitués dire de nous :

— Eux, c'étaient des héros ou des saints.

Et de choisir la démission, de composer en face du moindre problème, de baisser les bras devant la difficulté. Tu parles d'un « esprit Jean Moulin », qui a animé en toi une volonté de résister à cette machine qui te détient, qui veut t'utiliser, envers et contre tous, quitte à y laisser ta peau, ou pis encore, ta liberté. Si cet esprit peut renforcer en vous, les Français et tous les autres, ***car j'entends que ce soit un esprit universel,*** *la notion de dignité humaine, pour vous-même et pour autrui, alors, moi, dont certains cherchent à faire un symbole de la résistance, je suis heureux d'y participer. Car je ne serais pas seul à animer cet esprit, auquel j'aimerais ajouter dévouement, courage, et parfois obstination, à la Churchill ou à la de Gaulle.*

Tous les grands, tous les obscurs, qui ont tenu mordicus le raisonnement suivant pendant les heures de tourmente : « Je tiendrai, je ne baisserai pas les bras, je ne courberai pas la tête, ni devant l'homme ni devant l'adversité », sont avec moi, ou du moins suis-je avec eux. Ils sont de partout, notre esprit est universel. Vous, qui traversez des moments durs de l'existence, et qui privilégiez la dignité parmi les valeurs fondamentales, vous pouvez l'invoquer — ou le prier, car moi, j'étais croyant, et je sais que nous sommes proches de la notion de Dieu que les croyants portent en eux.

Je n'en veux pour preuve que ce qui est arrivé à notre ami qui « tape » ces lignes. Il a dû d'abord lutter seul, malgré ses peines et ses angoisses, car c'est ça avant tout le climat que ces machines font régner dans leurs prisons, l'angoisse, qui ronge les déterminations les plus affermies, la peur du lendemain, l'incertitude totale. Il a dû entamer son combat seul, contre les autres, ceux qu'il appelle les rouages de la machine, mais surtout contre lui-même. Il a décidé de tenir, il aurait sans doute tenu seul, contre lui, contre tous, mais surtout, et c'est une décision terrible à prendre pour un croyant, même mécréant, contre sa propre notion de Dieu.

C'est pour ça que nous sommes venus à sa rescousse, que nous l'avons tiré d'affaire, par moments, quand il était vraiment trop seul contre trop d'« éléments », dont la composante terrestre, vous devriez le sentir au travers de ce récit, était encore le moins dur à supporter. Car c'est la composante morale et spirituelle qui s'est montrée à son égard la plus féroce, la plus impitoyable, qui l'a poussé à choisir la mort, presque le sourire aux lèvres pour bien prouver qu'il ne s'agissait pas de désespoir, mais d'une décision réfléchie, prise dans le calme et la sérénité, s'il y avait eu droit. Il a suivi en cela l'exemple de ses maîtres japonais, dont il porte le sang en lui, et qui choisissent, le moment venu, lorsque leur présence risque de causer du tort à leur communauté et qu'ils ont été jusqu'au bout d'eux-mêmes, jusqu'au bout de ce qu'ils pouvaient humainement faire pour régler le problème, de disparaître, à leur manière, dans la dignité et la sérénité. Ils savent, ces hommes qui ont choisi d'être responsables devant eux-mêmes des conséquences de leurs décisions, sans révolte et sans bruit inutile, qu'ils peuvent rejoindre dans l'honneur l'âme collective de leur peuple.

Ceci nous a étonnés, nous, les entités françaises, d'avoir sous la main, si nous pouvons nous exprimer ainsi, un individu qui partage à ce point nos convictions culturelles qu'il peut être considéré de plein droit comme membre à part entière de notre communauté, mais qui, en même temps, peut décider de partir, sans regrets, ni pleurs, ni cris, ni imprécations, parce qu'il en a décidé ainsi, et qu'il estime avoir été jusqu'au bout de son chemin. Il est vrai qu'à cette époque nous lui avions retiré toute possibilité de manœuvre, sinon une seule : appeler au secours sa propre notion de Dieu. Il a refusé en se basant sur un principe : « Point n'est besoin d'emmerder les puissances avec ses problèmes. » Comme ces problèmes avaient précisément les puissances pour origine et qu'il le savait, il nous a coincés dans notre propre logique, et nous a contraints, nous, qui sommes proches de Dieu, à intervenir directement pour le sortir du sac d'embrouilles — ce sont ses expressions — dans lequel nous l'avions fourré.

C'est en ce sens qu'il a été «retenu», comme il l'a ressenti, et que nous ne lui avons pas permis de se faire éclater la tête. Nous avons également pris soin de sa santé, comme il le reconnaît lui-même, et nous avons pris garde qu'il ne lui arrive rien d'irréparable, car nous avons besoin de lui comme témoin. C'est son rôle majeur, maintenant qu'il écrit ces lignes. Nous insistons encore, il s'agit d'une dictée pour partie de cet ouvrage et d'inspiration pour le reste — car ce n'est pas un véritable écrivain, ou du moins n'a-t-il jamais fait preuve de la moindre disposition dans cette matière. Pour l'avenir, nous lui laisserons son propre choix, son libre arbitre, car d'une part il y tient, et d'autre part c'est la seule façon d'aller jusqu'au bout de son destin...

DE GAULLE

... Avec nous, je le confirme, sont l'esprit du Christ — le scribe préfère l'appeler par son nom, Jésus, c'est son droit —, de Mahomet, le grand prophète des croyants qui remettent leur destin en Allah, ou en Dieu. D'après Jean Moulin, nous comptons davantage de musulmans[1] *en France que n'en recensent les statistiques, trop concentrés, à mon goût, dans le service de l'État. Il y a bien sûr tous les prophètes de la tradition hébraïque, et puis, et surtout, les nouvelles grandes âmes des pays oubliés. La Chine est là, avec ses traditions, Mao, Tchang Kaï-chek, et tous ses empereurs et ses héros, cette grande Chine à laquelle nous devons tant, et à laquelle nous devrons encore davantage. Et il y a Gandhi, le seul maître conscient du scribe, l'homme honorable, courageux et sage qui a déclenché la première grande mutation indienne depuis des siècles. Depuis Gandhi, l'Inde est sortie de son sommeil millénaire, il a été l'étincelle qui a déclenché le mouvement du plus grand peuple spirituel de la planète. Ce mouvement ira en s'amplifiant, mais vous, peuples craintifs, nous vous le disons d'ici, faites confiance en la sagesse indienne, car c'est une sagesse inspirée...*

1. Il s'agit de ceux qui s'en remettent à l'État-dieu pour régler leurs petits problèmes.

... Comme je vais parler de la drogue, je quitte pour un instant le ton enjoué que nous aimerions conserver pour aborder vos problèmes, à vous les êtres humains vivants, car ce ton a le mérite de prouver que nous ne ressentons pas, à notre niveau, vos problèmes comme trop graves. Il y a solutions en vue, qu'elles soient humaines ou technologiques.

Seulement la drogue, avec deux ou trois autres choses que d'autres aborderont plus tard, c'est sérieux. C'est une menace, non pour l'humanité en soi, mais bien pour le fonctionnement d'institutions qui, nous le savons, doivent élever, à terme, l'individu au rang de citoyen responsable. Le jeu n'est pas gagné d'avance, surtout lorsqu'un faible pourcentage de la population tire tous les autres vers le bas. Vous devez comprendre que les mesures policières, les contrôles aux frontières, la mise en fiche systématique de tous nos visiteurs, le climat de délation que les forces de police doivent entretenir et encourager dans certains milieux, pour ne pas dire dans tous, rappellent étrangement les mesures adoptées à l'époque stalinienne et qui ont si bien survécu. Nous, ici, nous savons qu'une fois le pli de la répression adopté par un gouvernement, sous couvert de salut public, il lui est, une fois le danger passé, très difficile de faire marche arrière. Ça nous agace profondément, nous qui avons la vraie démocratie chevillée à l'âme, quelles qu'aient été nos tendances passées — au bout du compte, réfléchissez-y —, nos ambitions ultimes étaient les mêmes : voir nos peuples tenir solidement sur leurs jambes et assurer leurs responsabilités vis-à-vis de la communauté, librement, soumis à nulle autre contrainte que celle qu'ils ont naturellement acceptée, et qu'en anglais j'aimerais appeler the natural rule, *ou la loi naturelle — de voir l'acquis actuel disparaître en fumée, par la faute de malheureux irresponsables, de crapules appâtées par le gain, et de gouvernements criminels, non seulement vis-à-vis d'eux-mêmes, mais vis-à-vis de l'humanité entière, et pis encore, vis-à-vis du grand cycle d'évolution qui cherche à nous attirer vers le haut. Il leur en sera demandé des comptes aux complices de cette damnable forfaiture. Ce qu'ils connaissent aujourd'hui, dans leurs pires cauchemars, sera leur lot quotidien, plus tard, car nous les attendons. Et leur sort sera plus terrible encore s'ils poursuivent, en pleine conscience de leurs responsabilités, l'activité criminelle qui est aujourd'hui la leur. Je veux parler des dealers, des trafiquants, des chimistes des laboratoires clandestins, mais également des financiers qui encouragent sciemment ces monstres à continuer dans leurs coupables activités en leur fournissant l'argent et en recyclant leurs profits. Je veux bien entendu parler aussi des responsables politiques qui utilisent la drogue comme moyen de déstabiliser des popula-*

tions qui, somme toute, ne leur ont rien fait. Car il y a un fossé entre la guerre idéologique, puisque vous, pays de l'Est, avez choisi de la déclencher et de la poursuivre alors qu'à une époque le terrain était mûr pour une réconciliation et la compréhension mutuelle — ce fut mon espoir et mon erreur —, et le massacre que vous perpétrez des structures vives de certaines civilisations dont vous avez besoin.

Vous savez, de cette prison où vous avez maintenu le scribe, il y a eu de longues heures passées à méditer sur ce problème, avec les éléments de preuve accumulés sur le terrain. Oh, elles ne sont pas formelles ces preuves, vous êtes suffisamment habiles pour cacher à votre propre population que la fantastique croissance de la production d'héroïne sur les frontières afghanes est due en partie, mais en partie majeure, à une volonté politique définie sous les lambris du Kremlin. En effet, si telle n'avait pas été votre volonté, les premiers laboratoires financés par vous, les Soviétiques, et bien entendu par vos sbires afghans, sur le territoire pakistanais, n'auraient pas pu être rapatriés — c'est le terme exact — si rapidement à l'abri de vos garnisons frontalières. Ne mettez pas cela sur le compte de la résistance, prise comme un ensemble. Il y a, voyez-vous, un argument technique imparable qui vous en empêche : il n'y a pas d'électricité dans les zones de la résistance, sinon quelques petits groupes électrogènes transportables, donc trop peu puissants pour fournir l'énergie nécessaire à la transformation de l'opium en héroïne. Vous êtes les seuls à contrôler la puissance électrique indispensable à cette opération.

Et comme dans le sketch de l'arroseur arrosé, vous commencez maintenant à développer votre propre problème de drogue au sein de vos forces armées. Il n'est pas impossible que cette constatation ait pesé son poids dans votre décision de rapatrier enfin vos jeunes gens. Vous voyez, nul n'est gagnant dans le crime contre l'humanité. Vos sbires de Kaboul vont protester, si vous décidez d'intervenir en la matière, car ils vont perdre leurs principaux agents qui sèment désordre et insécurité sur le territoire pakistanais. C'est un argument politique d'état de guerre. Cet argument majeur, que vous avez si bien éludé lors de la conférence de Genève, alors qu'il s'agissait selon vous de calmer le jeu dans cette région, est toujours d'actualité, car le Pakistan, et vous le savez, ne pourra jamais tolérer, pauvre comme il est, d'avoir ses structures sociales démolies avant même de les avoir construites.

C'est nous, les Anglais, les Britanniques devrais-je dire, qui avons décidé de soulever ce grave problème ici, car nous devons, pour être francs vis-à-vis de nous-mêmes, reconnaître que c'est nous qui, les premiers, avons utilisé l'opium comme levier politique en Chine et dans certains autres pays de la zone asiatique. Nous avons contraint différents gouvernements chinois à importer, sous notre contrôle, de l'opium en lar-

ges quantités. Nous savions que l'appât du gain affaiblirait l'administration chinoise, et qu'en rendant dépendants notables et gens du peuple, nous créerions une pression politique interne qui ne pouvait que pousser ces gouvernements dans les bras de ceux qui avaient établi un monopole sur cette drogue : nous étions à l'époque actionnaires majoritaires dans cette opération.

Nous le payons aujourd'hui. Il nous est, de plus, difficile de faire la morale à des États ou des ethnies qui ont souffert de nos procédés criminels. Mais à vous, les Soviétiques du futur, vous qui vous interrogez sur ce que sera demain et ne cherchez dans le passé que ce qu'il peut vous apprendre, qui méditez avec une tête froide sur les difficultés de l'heure, vous n'avez aucun intérêt à vous coller sur le dos une étiquette de trafiquants de drogue. Pourquoi chercher à vous venger des sociétés occidentales ? Dans leur succès, vous ne pouvez que trouver un immense espoir pour votre propre avenir, car ces sociétés partageront avec vous, elles y sont tenues par leur morale, leurs traditions et leurs intérêts, si elles estiment pouvoir vous faire confiance sur le reste. Car chez nous, s'il est fair-play d'aider un ennemi tombé, hors d'état de nuire, il est indécent, pour ne pas dire criminel dans la stupidité d'aider un peuple qui passe son temps à vous combattre avec les procédés les plus déloyaux qui soient…

EINSTEIN

… Il y a accélération quelque part, les mathématiciens me comprendront. J'irai même jusqu'à dire il y a accélération partout. Ceci serait désastreux si les vitesses que nous dominons aujourd'hui — et qui iront en augmentant — étaient contenues au sein d'un espace fixe. La charge d'énergie qui en résulterait deviendrait vite explosive. Lorsque se produit quelque part une accélération, si on néglige la notion d'espace, pour des raisons de conservatisme ou de grands principes rigides, par exemple, on court au désastre, à la révolution, aux famines, aux épidémies, aux guerres, ou pis encore, au mal de vivre qui peut entraîner le suicide de l'espèce. Dans le domaine des connaissances, compte tenu qu'on rajoute à ce que nous offre le passé et que nos centres de recherche sont animés d'une dynamique propre, sensible aux accélérations ambiantes, nous passons du stade de la boule de neige à celui de l'avalanche. Il est grand temps d'élargir le paysage tout autour pour ramener l'avalanche à de plus justes proportions…

… J'ai un souhait à formuler, moi le vieux monsieur qui ai passé une partie de ma longue vie à me perdre dans mes nuages intérieurs et qui

rajeunis de jour en jour en m'intéressant à la terre et à ce qui s'y passe : quel que soit l'objet des recherches, que les hommes et les âmes de bonne volonté se mettent ensemble pour comprendre et résoudre les problèmes qui se posent sur la planète Terre, mon pays. Les outils existent, les modèles sont à portée, tout autour de nous, le potentiel humain de recherche n'a jamais, d'histoire d'homme, atteint un tel niveau. Voilà ce que je voudrais qu'on appose, dans toutes les universités du monde, dans tous les hauts lieux du savoir, de la connaissance et de la recherche : ***que les hommes — ceci comprend les âmes ou les esprits, selon votre vocabulaire propre — de bonne volonté se regroupent, animés de la même flamme, de la même soif de connaissance, sans distinction d'origine, de race, de couleur, de langue, de religion ou de façon de penser, de niveau culturel ou de diplômes autour d'une même notion : la dignité.*** *Le terme implique la fragilité, qui nous est propre, et le courage qui la transcende...*

GANDHI

... Vous n'emmenez pas avec vous vos richesses matérielles, ici. La seule gloire, la vraie richesse dont puisse s'enorgueillir un responsable politique, dans ce monde d'à côté du vôtre, c'est le respect ou l'affection de son peuple. Là est sa puissance. La poudre aux yeux ne sert à rien, on ne peut bluffer personne, ni même soi-même. Une âme est nue, construite ou pas, pleine de son expérience. L'âme a la possibilité de se voir de l'intérieur, là réside ce que vous appelez le jugement dernier, vous les religions du Livre. Certaines prendront beaucoup de temps avant de pouvoir s'affronter, si elles y parviennent. De là provient la sagesse contenue dans la maxime : « Connais-toi toi-même », affronte-toi tous les jours, ne te cache rien car tout ressortira et tu devras faire ton propre ménage. Ohé, les bourreaux, vous comprenez ?

Non, certains ne veulent pas comprendre, ni vous ni moi n'y pouvons rien. Si vous, les vivants, ne parvenez pas à avoir leurs peaux, ils s'en occuperont eux-mêmes, chez nous, et ils seront puissamment aidés car d'autres les affronteront pour faire leur propre ménage intérieur. Vous voyez d'ici les milliers de victimes d'un potentat comme Najib s'accrochant à ses basques, toutes n'ont pas le sens du pardon développé par les chrétiens. C'est dommage d'ailleurs. Car tout le fiel, toute la haine contenue dans une âme doit disparaître avant qu'elle puisse se rendre vraiment utile, faire des choses intéressantes. Tu vois, Najib, ce qui va se déverser sur toi si tu ne fais un effort dès maintenant, si tu ne te rends pas utile, à toi-même, à ton peuple et à tes victimes qui croupissent tou jours derrière les barreaux. A chaque fois que tu fais exécuter quelqu'un, tu allonges la liste de ceux qui t'attendent, et derrière eux les familles prendront le relais, pashtounwali *oblige. C'est parce que je savais ça que j'étais non violent, opposé aux exécutions qu'elles soient légales ou non, pas question pour moi de me mettre un tel* karma *sur le dos. Mais toi tu fais confiance à tes maîtres soviétiques pour te tirer d'affaire, tu n'en veux pour preuve que Staline ou Hitler qui ont pu, dans ces lignes, s'exprimer librement. Grand bien te fasse. Ils ont pu parler car ils avaient en bout de ligne un journaliste, un vrai, je l'ai été moi aussi, qui entend ignorer la haine, même s'il peut montrer ses ennemis du doigt. Ce type, que tu as enfermé contre toutes les règles internationales, toi qui es si friand de cette expression, au mépris du droit le plus fondamental, puisque tes sbires n'ont jamais rien pu prouver et que les accusations lancées contre lui étaient volontairement fausses pour voir si ça allait le faire craquer ou remuer des choses dans son pays — tu vois, bien peu de choses ont bougé chez lui, une poignée d'amis, quelques sympathisants des grandes causes, mais rien dans le gouvernement, rien au sein des médias, parmi ses propres confrères. On ne s'est intéressé à lui qu'à partir du moment où il devenait un « risque » politique, jouant ainsi le jeu du potentat barbare qui entendait en faire la démonstration à ses sbires. Ainsi vont les choses en Occident. Vous, les terroristes, auriez bien tort de ne pas en profiter — ce type donc, te méprise, tu le sais, mais d'un mépris sain, circonstancié en quelque sorte. Il ne te hait pas au point de vouloir ta mort par exemple. Il sait par contre que ton avenir n'est pas rose et il pense, en toute sincérité, que c'est tant mieux...*

... Il y a eu, en cours de bouquin, l'introduction d'un petit élément d'apparence anodine qui a sans doute échappé à l'attention de certains. Je veux parler de cet extraordinaire chouia, ce plus petit n'importe quoi qui se permet, lorsqu'un système tend vers ses limites (il y a de nombreuses dimensions) de le faire basculer dans un autre, différent, où les règles de fonctionnement changent, parfois du tout au tout.

... Donc, il y a quelque part en l'homme une notion de chouia qui permet, au prix du moindre effort, de le faire basculer dans un autre système lorsque son stade d'évolution précédent est terminé, qu'il a en gros engrangé l'expérience nécessaire pour affronter l'inconnu, enfin ce qui lui est inconnu, puisqu'il l'aborde en explorateur de nouvelles limites. D'autres l'ont fait avant lui, mais en ces matières, l'expérience est difficilement transmissible, puisqu'il s'agit d'évolution personnelle pas obligatoirement généralisable. Il suffit pour s'en convaincre d'écouter le tollé qui va suivre la publication de ce livre. Le terme d'escroquerie va fleurir dans les bouches de nombreuses autorités. Comme dans le cas des bourreaux, ni vous ni moi n'y pouvons rien, ceci appartient à la nature

humaine. Votre Christ, Jésus comme nous préférons l'appeler, l'avait déjà pressenti à son époque. Il n'est de pire sourd que celui qui ne veut pas entendre ni de pire aveugle que celui qui ne veut pas voir. Aussi ne vous laissez impressionner ni par les titres ni par le statut social des détracteurs de ces lignes, mais écoutez, à l'intérieur de vous-même, ce que vous dit votre âme, sondez votre conscience, réagissez d'instinct au besoin. L'instinct est un sûr garant de la survie, en cette matière au moins il ne vous trompera pas. Vous l'avez senti, vous n'aviez pas besoin de nous pour ça, nous l'espérons, il y va quelque part de la survie de l'humanité.

J'en reviens à Dieu. L'homme est mûr pour changer. Le plus dur c'est évidemment de le faire mûrir, quoique le changement de système puisse parfois poser problème. Les psychiatres peuvent en parler...

... Avant donc de déclencher une action de type chouia, il faut organiser un vaste courant porteur d'évolution pour conduire le plus grand nombre utile aux limites. C'est le b.a.-ba de l'activité divine. Car elle est là, la première manifestation de la divinité, dans ces courants qui s'affrontent souvent, s'opposent parfois, pour enfin se joindre et porter le plus grand nombre vers un autre destin. Il peut arriver que la Divinité Transcendante choisisse, pour des raisons pratiques — qui peuvent avoir trait à l'urgence (souvenez-vous de la rencontre du scribe avec son « prophète », Jésus, aussi connu sous l'appellation symbolique de Christ : il était survolté, une puissance extraordinaire en émanait qu'il a communiquée à tout le monde, ici et dans la cellule numéro cinq, l'essentiel de son message était : je suis pressé, avec ou sans majuscules) —, la confrontation entre les grands courants pour régler certains problèmes une fois pour toutes. Voici pour les grands courants. L'évolution de la connaissance humaine est si rapide que l'opposition des courants, retardée de quelques années, peut avoir des conséquences tragiques sur le destin de l'humanité. L'investissement consacré à l'homme depuis des millénaires peut, du jour au lendemain, s'évanouir en poussière, comme l'ont prévu certaines Écritures. A moins que ne se dégage de l'homme en général la notion royale de l'Agneau, tel que l'a vu Jean, le meilleur ami de Jésus. Ceci est un symbole, l'Agneau n'est pas l'animal bêlant et plutôt stupide que certains aiment sous forme de méchoui. Non, il s'agit de l'homme débarrassé de ses craintes, donc de toute agressivité inutile, qui prend conscience de son rôle universel et de sa responsabilité face à lui-même et à la Divinité transcendante. Lorsque cette notion deviendra universelle, sur la Terre, alors le pari sera gagné : Dieu prendra directement en main les affaires de ce monde, puisqu'il en fera partie intégrante. Il sera à la fois Conscience et Connaissance. En d'autres mots, ce sera la naissance de l'homme Dieu. Voilà pour le règne de l'Agneau.

Ce n'est pas demain la veille, me direz-vous. Changer l'homme ne se fait pas en un jour, n'est-ce-pas Messieurs de la politique. Est-ce d'ailleurs vraiment nécessaire ? Dans un véritable État de citoyens, y aura-t-il des partis politiques ? Regardez autour de vous, voyez comment vous êtes perçus, méditez sur votre utilité réelle, regardez qui vous courtisez les jours d'élection, vous avez suffisamment de matière pour réfléchir à l'avenir par vous-mêmes. Au fond, cette politique politicienne n'intéresse personne ici, sauf en cas de chambardement...

... Nous avons vu que dans ces manifestations divines, il y avait d'abord une volonté de la Puissance Transcendante de répondre à des besoins exprimés par la base, ou parfois d'anticiper si la base est aveugle. Ensuite prennent le relais des entités de puissance qui naviguent au symbole. Mais quid du chouia qui va tout faire basculer ?

Voilà, à son époque, c'est Hitler qui a été choisi pour chouia. Il présentait les prérequis suivants : c'était une âme simple, profondément convaincue qu'il fallait faire « quelque chose ». Il avait en outre la capacité de « s'écouter de l'intérieur », il était donc possible d'agir au travers de sa voie instinctive, qui était largement ouverte à toutes les influences. A partir de là, il s'est construit lui-même, pour devenir une entité de puissance à part entière, rassemblant autour de lui les entités qui partageaient les mêmes convictions. C'est là, pourrait-on dire, qu'il a basculé dans le système « monstre », car un déclic s'est fait en lui, un chouia a basculé, comme tous les monstres il est devenu incontrôlable, et par les entités de puissance qui l'avaient placé sur les rails, et par lui-même car il avait drainé autour de lui tout le sombre côté de l'humanité allemande dont il était devenu le phare, l'inspirateur et le jouet. N'est-ce pas, Monsieur le Président Najibullah ? N'est-ce pas, Gulbudin Hekmatyar ?

Le but de cette manœuvre était de créer un traumatisme salutaire qui a, ma foi, assez bien fonctionné. A quel prix me direz-vous ? Voyez Staline, voyez Mao. Hélas ! nous sommes, nous, les individus, bien peu de chose quoi qu'on prétende pour l'instant. Le Christ n'a pas plus de respect pour ses intégristes que Staline n'en avait pour ses commissaires politiques bornés ou que Mao n'en a éprouvé pour les fourmis zélées qui lui ont fait son ouvrage. Aux yeux des grands, au sein d'un système masse, nous ne sommes rien.

Voilà. Que chacun médite sur cette notion, du plus grand au plus petit : nous ne sommes rien. Si certains se mettent à vouloir être quelque chose, vraiment, sans hauts cris, sans moulinets des bras, en toute simplicité, tout peut alors changer. Mais que ceux qui veulent ce changement n'oublient pas, ce n'est pas chez les autres mais chez soi qu'il faut d'abord faire le ménage...

ARMSTRONG

... Je suis Louis Armstrong, j'étais noir comme c'est pas permis, et j'en ai des plus noirs encore autour de moi. Ils viennent d'on ne sait trop où, d'Afrique ou d'ailleurs, mais il y en a une palanquée. Ils me disent tous, dis-leurs-y, dis-leurs-y, il y en a même qui commencent à balancer. On va finir par faire un bœuf. Y a aussi l'amiral, le nazi, qui commence à bouger la tête comme s'il allait danser... Non, il me fait signe que j'ai la parole.

Ah bon, c'est pas trop tôt !

Parce que nous les nègres, on en a marre de se faire traiter en nègre par les chinetocks, hein le scribe, les gooks[1]*, les crouilles, les youdes et autres métèques dans ton genre.* T'ENTENDS, LE NÈGRE ?

Bon, il tape tranquillement. Il est donc d'accord avec moi. Il faut désacraliser des tas de choses et dans tous les sens. Il y a des vocabulaires qui sont naturellement porteurs de haine et créateurs de tensions, entre autres tout ce qui touche au racisme et aux différences, n'est-ce pas mesdames. Le scribe, je l'appelle nègre — dans ma bouche c'est affectueux, nous avons quelque chose en commun — ou gook, ou chinetock, ça n'a pas d'importance car ces mots sont vidés de leur agressivité, de la peur, donc du mépris ou de la haine qu'ils véhiculent parfois. Je m'adressais aux dames pour leur expliquer comment des expressions évoluent. Le mot con, par exemple, qui désignait un charmant organe, est devenu, différence oblige, un qualificatif désobligeant qui ne s'applique qu'aux mâles de bien des pays. Vidé de son contenu initial, il ne fait plus sourire personne, sauf lorsqu'il est exprimé dans la bonne humeur. Dans certains pays, semble-t-il, là je lis dans la tête du cancre — il est nul en musique — tout le monde est un con pour tout le monde, le terme est à ce point universel qu'on finit par se demander pourquoi dans un pays de cons le terme reste péjoratif. Imaginez qu'en Afrique, ou qu'à Harlem par exemple, on utilise le mot nègre avec une connotation hostile. Ce ne serait pas vraisemblable, n'est-ce pas ?

Eh bien si, ils l'utilisent, ces cons de nègres pour s'insulter en rond. Ça peut même déclencher des bagarres, surtout aux States. Ce qui prouve d'ailleurs l'influence parfois néfaste d'une culture qui se veut dominante, pour ne pas dire dominatrice, pour ne pas dire asphyxiante. Vous, les peuples qui avez les moyens d'exporter en boîte l'expression de votre culture, donc de vos mœurs, pensez aux dégâts que vous pouvez causer à des

1. Surnom sans doute affectueux que les Américains donnent aux Vietnamiens.

consciences simples. Imaginez ce que peut ressentir une petite bonne femme noire, dans sa case, en Afrique, lorsqu'elle voit un feuilleton comme Dallas. *C'est plein de clinquant et de fausses valeurs, mais a-t-elle les moyens de l'analyser ? N'est-elle pas tentée de tout prendre au premier degré, quitte à expliquer à sa gamine :*

— Tu vois, petite, si tu veux réussir, et nous en sortir de notre condition, eh bien, il faudra que tu te conduises comme ces Blanches-là.

Cette petite fille risque de se graver dans la mémoire le symbole d'une femme aigrie, acariâtre quoique bien carrossée, en l'associant à la notion de réussite. La seule chose qui puisse alors la sauver d'une vie désastreuse serait le bon sens africain qui lui soufflerait :

— Tu dois vivre avec les hommes, alors autant que tu sois bien avec.

La question ne se pose pas aujourd'hui, car faute de moyens Dallas *ne pénètre pas encore les jungles et les savanes. Mais attention, avec ce qui nous attend, l'augmentation du niveau de vie des peuples protégés par la pauvreté va être si rapide que des effets secondaires, tels que celui-ci, risquent de se multiplier si des penseurs de tous pays, et cela comprend des gens simples — le scribe n'a aucun diplôme — ne commencent pas, dès maintenant, à travailler sur ces problèmes. La communication est comme la langue d'Ésope, le meilleur et le pire. Moi, j'étais une bête de scène. Que les bêtes de scène d'aujourd'hui comprennent leur responsabilité, et trouvent des parades. La censure n'est pas une solution, il faut une éducation intelligente, il faut faire l'effort d'expliquer les différences, permettre aux gens de se situer eux-mêmes parmi la multitude de systèmes qui ont cours aujourd'hui. Bien leur expliquer que les règles varient en fonction des structures sociales, et que ce qui est bon pour certains peut être terriblement néfaste pour d'autres.*

En cela je rejoins, moi le pauvre nègre qui n'ai pu me faire connaître que par ma musique, ma joie de vivre, mon sens du partage, et des plaisirs et des peines — surtout des plaisirs, d'ailleurs, je n'étais pas Sidney Bechet —, l'entité qui se forme sous le pavillon de l'humanisme et de la bonne volonté. Je suis des leurs, ils sont des nôtres, vous entendez, nègres de tous pays, de toutes couleurs, de toutes races...

JEANNE D'ARC

... Je suis Jeanne d'Arc, aujourd'hui réclamée par les nationalistes les plus rétrogrades. Les temps changent, mes petits cocos, vous ne vous en rendez pas compte ? Vous êtes miros, ou quoi ? Que vous faut-il comme preuve que le monde d'aujourd'hui n'est plus ce qu'il était, que nous sommes aspirés dans la grande spirale ascendante — enfin je le crois —

des temps? Demandez donc à vos femmes si elles supporteraient aujourd'hui d'aller s'habiller dans un atelier de mécanique, de vous voir leur sauter dessus clé à molette en main, pour le petit câlin, ou de se faire charger dans leur auto avec un chariot élévateur. Beaucoup diraient, comme moi aujourd'hui, que le jean — ou ce qu'elles se mettent sur le dos — c'est quand même plus pratique. Alors si vos nanas changent, vous ne pensez pas, vous les mecs, que vous devriez faire l'effort d'évoluer vous aussi, faire l'effort de comprendre qu'on ne conserve rien, ni même l'énergie, mais qu'on la transforme? Comprenez que la notion d'espace réservé, à l'heure des communications à tout va, est antédiluvienne, vous l'avez reçu sur la tronche le déluge de feu qui est venu bouleverser ces données. Ça vous plairait, à vous, les racistes blancs, de vous faire refouler de Thaïlande parce que vous avez un gros pif et que vous puez des pieds?

Quant à vous, les autres, les racistes de toutes les couleurs, car il n'y a pas que du Blanc là-dedans, il y a aussi du Jap, par exemple — je ne fais pas là référence au racisme du scribe, qui n'est somme toute qu'une prise en compte inévitable des différences — du youtre, du nègre, du musulman, du catho, du communiste, du socialiste, et là flanquez tous les « ismes » que vous voudrez, ce sentiment d'appartenir à n'importe quoi qui vous rend d'office supérieur à l'autre, et vous autorise mépris, haine ou peur suivant votre échelle de puissance, ce sentiment, tout compte fait, est le mieux partagé du monde. Il va falloir faire machine arrière dans ce domaine, j'en ai peur, si nous voulons que des relations de confiance et d'amitié s'établissent entre les peuples de la Terre...

... Nous pouvons puiser dans vos prières, bien sûr, l'énergie qu'il nous faut. Mais vous savez, nous préférons de beaucoup, ici, la foi simple, la foi confiante, la foi d'amour — sous toutes ses formes si elle est sincère —, enfin celle que je partage toujours avec les saints, les vrais, de toutes origines et de toutes religions. Tous ensemble, avec vous, nos frères d'ici-bas, selon la parole de notre Seigneur, le Christ, le Symbole vivant qui est parmi vous, les hommes de bonne volonté, qui est vous, dans votre ensemble, nous pouvons déplacer les montagnes. Si vous L'adorez comme faisant partie de la Puissance Transcendante, comme dit le Mahatma Gandhi, de Dieu, comme nous disons, tant mieux. Faites cependant attention de ne pas le mettre hors de portée de votre compréhension, certains symboles, en devenant trop forts et trop lointains isolent parfois l'individu. Si, par contre, vous l'intégrez dans votre vie de tous les jours, c'est bien aussi, cela peut vous permettre de voir le Christ chez ceux qui vous côtoient, et surtout chez vous, en vous-mêmes, si vous avez réussi à faire votre ménage.

Cette parenthèse fermée, je voudrais ici m'intéresser à un problème ô combien actuel! la drogue. Il serait curieux qu'au bout du compte, l'association entre deux héréditaires de base, un Anglais et une Française que d'autres Français ont brûlée pour son compte à lui, du moins ce qu'il représentait à l'époque, car notre cher Winston — au fait monsieur Churchill, étiez-vous, en votre temps, du même bord que Gandhi[1] ? — ils sont étonnants, ces politiques, enfin, Winston est une grande âme qui vient de loin. Il serait curieux que nos efforts conjugués parviennent à endiguer ce fléau, à le ramener à des proportions raisonnables. Il est vrai que nos deux nations ont quelques responsabilités à partager en ce domaine.

Maintenant, moi Jeanne, l'héroïne française qui entend s'ouvrir sur le monde, je vous dis, à vous les Français, faites taire vos sentiments de supériorité, vous êtes un peuple solide, mais en rien supérieur à nul autre. Ce n'est pas faire acte d'humilité que d'écouter ce que les autres ont à dire, mais acte d'intelligence. Laissez-moi vous dire que, quelles que soient les prétentions que vous pouvez avoir en la matière, vous n'en faites guère preuve, d'intelligence. Gardez, gravé en vous-mêmes, que vous êtes peut-être le seul peuple développé de la planète à avoir construit un système qui élimine d'office ses meilleurs éléments. Pensez à une petite Française, une payse à moi, qui a inventé quelque chose qui, nous vous l'assurons, est primordial pour le futur et qui, outre-Atlantique, rumine en elle l'amertume d'avoir été chassée de son propre pays[2]. Car lorsque vous interdisez, avec vos règlements à la con qui vous protègent si bien qu'aucun responsable de ce crime économique et culturel n'émergera jamais, surtout chez les politiques, à un créateur de créer, à un penseur de penser, à un communicateur de communiquer, vous vous placez au même rang que les barbares staliniens, et vous n'avez aucun droit au titre de peuple éclairé.

Alors, les Français, et surtout vous, l'intelligentsia, branchez-vous sur les Hollandais. Ils ont, pour la drogue et bien d'autres choses, des tas de solutions à l'échelle humaine. Ils se torchent avec les principes, l'important c'est que ça marche. Et ça peut marcher, leur truc, si vous arrêtez de miner le terrain sous leurs pieds.

Voici, pour résumer, les conclusions de nos réflexions dans la prison de Pul-i Charki :

— Interdire c'est encourager la pègre. Interdire la drogue, c'est offrir l'occasion au plus noir côté de notre société de s'enrichir démesurément, donc de devenir une puissance suffisante pour infléchir les lois et les règle-

1. Ah, duplicité féminine et française ! J'en ai pour, nous jouions à l'époque dans des équipes différentes. Mais le temps coule... Winston Churchill.

2. La jeune inventrice de la commande vocale...

ments. C'est encourager le prosélytisme de ceux qui mettent leur âme dans leur portefeuille.

— Interdire la drogue, c'est en faire un produit à haut risque, donc cher. Avec le phénomène d'accoutumance, ceci revient à obliger la victime des crapules mentionnées ci-dessus à entrer dans la délinquance pour se procurer les revenus que lui impose ce qui est désormais une maladie.

— Ceci entretient le climat d'insécurité sur lequel capitalise un autre côté sombre de nos sociétés, je veux parler des répressifs à tout crin.

— Le législateur qui s'oppose à une libéralisation de la drogue est donc le complice et de la crapule, et du totalitaire d'instinct. Alors qu'en toute franchise, il se démarque. Il ne manque pas en France de partis à vocation totalitaire, c'est une supercherie, une fraude, qu'un tel élu adhère à des formations à vocation humaniste.

Ceci sont des faits, des réalités. On n'agite pas les grands principes face à la réalité la plus urgente, face à la catastrophe. Ça fait du vent inutilement, car la population, elle, dans son grand bon sens, comprendra de quoi il retourne. Français, méfiez-vous de ceux de vos élus qui agitent ainsi des principes hors d'âge pour justifier le statu quo dans les périodes difficiles. Vous avez maintenant une presse suffisamment affûtée, imposez-lui, au besoin, de faire son travail. Car tout dépend de vous, opinion publique.

Voilà la base de nos réflexions. Et voici leur aboutissement complet :

Il faut des centres, non des centres carcéraux ni des centres hospitaliers au sens propre du terme, mais des espaces de profonde liberté, où l'individu qui se drogue pourra librement faire le retour en lui-même, indispensable pour sa guérison. La volonté en cette matière est d'ordre individuel et non social. Pour qu'il trouve la paix intérieure nécessaire, il lui faut de la drogue, car c'est un malade, il faut la lui fournir gratuitement. Ceci cassera le marché, les trafiquants devront se reconvertir. Que des médecins qui comprennent que leur art n'a rien à voir avec les totalitarismes s'occupent des problèmes d'hygiène et assurent les soins indispensables, à la bonne heure ! Ces espaces doivent être des espaces ouverts, de pleine liberté, où le malade, sachant qu'il a la possibilité de partir, de s'absenter sans avoir de compte à rendre à personne, pourra concentrer tout son potentiel intérieur à chercher sa propre solution. Pour ceux qui auraient encore le sens de la dignité, il faut des ateliers, des espaces maraîchers, des animaux à soigner, des machines à écrire, les outils nécessaires pour que chacun puisse s'adonner, à la façon de Thélème, à l'activité pratique, physique, artistique ou intellectuelle qui, au bout du compte, emportera le morceau. Il faudra des gens de métier pour aider, n'est-ce pas les retraités, des consciences, n'est-ce pas les grand-mères. Il faudra des jeunes pour ouvrir, à ceux qui ne savent plus, les nouveaux horizons, n'est-ce pas, les scouts, n'est-ce pas les jeunes qui glandez en vous demandant :

— En quoi pourrions-nous être utiles. Qui a besoin de nous ?

Il y aura des abus, des scandales et des provocations. Il faut s'y attendre, c'est dans l'ordre des choses. Il y a des puissances qui ne s'avoueront pas facilement vaincues, trop d'argent est en jeu. Nous sommes une société saine, un infime pourcentage va-t-il imposer ses valeurs à l'ensemble ? Ceci fait partie en quelque sorte des tests que tout un chacun doit affronter pour prouver sa bonne forme.

Mais bon sang, comme cela va coûter cher ! Vous avez calculé, bande de mous de la comprenoire, combien coûte à une société des dizaines de milliers d'inactifs. Aider des hommes et des femmes démolis par notre société à reprendre goût aux choses de la vie, et ça comprend l'activité, est un investissement à court terme. Interrogez les compagnies d'assurances sur le coût de la délinquance. Il n'est même pas impossible qu'une bonne partie des frais de ce programme soit volontairement couverte par des entreprises commerciales qui auraient intérêt à réduire le petit banditisme de, mettons, 50 pour 100. Que celles qui ont un intérêt à sa survie, pour ne pas dire sa progression, comprennent que le moment est mal choisi pour le subventionner. Il faut savoir se reconvertir, et dans le monde de demain, les occasions ne manqueront pas.

Une autre retombée, et non des moindres, d'un tel programme, pourrait être la recherche, sous toutes ses formes, sur tout ce qui a trait au psychisme de l'homme, sur ses distorsions. Les drogués, s'ils sont volontaires pour vous aider, les scientifiques, peuvent, car ils ont en eux des connaissances qu'ils ne savent pas toujours exprimer, vous conduire assez loin dans la compréhension de ce qui est encore, pour vous, l'irrationnel...

TEILHARD DE CHARDIN [1]

... Tu te souviens, Alain, tu nous as appelés, nous, les conseillers spirituels, lorsque tu étais en perdition, que tu ne comprenais plus rien. Bon, c'est nous qui t'avons joué ce sale tour. Nous ne pouvions donc te venir en aide. La seule chose que nous avons faite pour toi a été de te restituer une partie de l'énergie que tu avais fournie aux autres, autour de toi. Tu l'as senti, il y avait pas mal d'énergie d'amour, ce que tu pre-

1. Pierre Teilhard de Chardin (1881-1955) : jésuite, philosophe, aventurier au sens noble du terme. Il a notamment participé à la « Croisière jaune », cette grande première automobile qui a relié Paris à Pékin dans les années trente. Dans sa vision de la transcendance, il a eu raison trop tôt, pour sa hiérarchie.

nais pour les effets de psychotropes dont tu soupçonnais tes gardiens de te bourrer. Il n'y a jamais rien eu de semblable, ta grève de la faim, ou plutôt le long jeûne, puisque tu ne négociais rien, tu l'as fait en pure perte, n'est-ce pas ? Encore que tu aies affirmé que tu te sentais soutenu, et que tu n'as pas eu l'impression de t'affaiblir. Tu n'as eu ni faim ni soif — ceci est capital. Qui, en effet, peut tenir pendant une longue période sans boire ? Qui peut arrêter de manger sans s'affaiblir ? Tu es une preuve vivante que les énergies spirituelles peuvent soutenir un homme au-delà de ce qui est considéré, mécaniquement, comme humainement possible. Mieux encore, tous les rapports, les dossiers te concernant, patiemment compilés par les sbires du KHAD, avec en prime leurs réflexions personnelles, celles de tes gardiens, celles aussi de certains de tes compagnons de cellule qui, tu t'en doutais, n'étaient pas du même bord que toi, enfin au début, sortiront au grand jour, non censurés, si nos frères d'Union soviétique le veulent bien. Car c'est là que réside ta force, et elle est imparable, mon vieux. Tous les renseignements sur une période étrange de ta vie sortiront de sources que l'on ne peut soupçonner de sympathie avec toi. A moins, bien entendu, qu'on ne prétende que tout est arrangé avec les Russes, que ceci est une vaste opération de déstabilisation mise au point par le Kremlin. Si cela était, ce serait à désespérer de l'engeance humaine...

... Tu l'as parfaitement senti, ce n'est pas par hasard si on t'a mis, toi, le plus intransigeant des observateurs — quand tu es en colère — en contact avec ce que tu appelles les exactions du régime, et que d'autres, des militaires en particulier, préfèrent couvrir sous le terme pudique de bavures. Tu les as vus ces malheureux déments, ces pauvres bougres innocents au sens propre du terme, ces victimes de la torture. Ce n'est pas par hasard. Pour appuyer tout ce que tu pourras dire, ils t'ont même fourni deux témoins de choix. Un journaliste italien, Fausto Biloslavo, et un jeune Tunisien, Hedi Baouendi, lui-même victime de l'exclusive dans son propre pays.

Ces gens qui te voulaient du bien, ceux qui t'ont volontairement maintenu en prison, puis qui t'en ont fait sortir lorsque le moment est venu, c'est chez nous, les âmes, qu'ils ont puisé l'inspiration. Nous les avons en quelque sorte poussés à la faute. Certains n'ont guère résisté, d'autres se sont demandé ce qui se passait, mais n'ont pas agi. Ainsi en va-t-il de la nature humaine. Dans la plupart des cas, l'homme peut trouver « ailleurs » l'inspiration, il faut qu'il trouve en lui-même la motivation pour agir...

A PROPOS D'ACTION HUMANITAIRE

Au Hazaradjat, cette région chi'ite au cœur de l'Afghanistan, une association humanitaire maintenait une antenne médicale. Cette région est démunie, n'y cherchez pas de médecins, il n'y en a pas.

L'hôpital comprenait plusieurs bâtiments et des tentes, l'équipe médicale, des Européens, comptait deux filles et deux garçons. Ces professionnels formaient, dans la mesure du possible, des assistants parmi les jeunes gens du pays. Il va sans dire que, compte tenu de la guerre et des conditions d'hygiène traditionnelles, l'hôpital travaillait à capacité.

Cette région est un lieu de passage presque obligé pour le voyageur qui désire se rendre dans le Nord en évitant Kaboul. Je connaissais cette route. Lorsque j'ai appris qu'il y avait des compatriotes dans le coin, je leur ai rendu une petite visite.

Une première surprise m'attendait dans le petit bazar voisin de l'hôpital. J'y ai rencontré un commerçant que je connaissais de vue et lui ai acheté quelques cigarettes.

— C'est pour vous ou pour l'hôpital ?

— Pour moi.

— Ah, bon ! ça fait cent afghanis le paquet.

— Vous pouvez me le faire payer moins cher, si vous avez des accords avec l'hôpital...

— Non, pour eux c'est le double, deux cents afghanis.

En casant quelques points d'interrogation dans ma tête, je me mets à la recherche du chef du village, car j'ai besoin d'un véhicule pour monter voir ces médecins qui sont à quelques kilomètres de là. Celui-ci me reçoit assez cavalièrement et exige, pour le transport, une somme exorbitante. Je n'ai pas le choix.

Je passerai deux jours en compagnie de cette fantastique équipe, qui dans des conditions innommables assurait un difficile travail.

Leur association avait fourni aux autorités régionales, une branche secondaire de la résistance hazara, des véhicules et des fonds pour assurer la logistique indispensable à l'hôpital. Il va sans dire que les soins y étaient gratuits et, dans l'esprit des médecins au moins, accessibles à tous. C'est difficile de faire comprendre à des Afghans que des soins médicaux puissent être dispensés, comme ça, à tout le monde. C'est rare, donc c'est cher, donc ça doit rapporter quelque chose à ceux qui contrôlent. Du pognon ou du pouvoir.

La santé des populations, la vie même de ceux qui n'appartiennent pas à leur environnement immédiat, vous pensez bien qu'ils s'en tamponnent. Les responsables locaux imposaient aux médecins, lorsqu'ils allaient vacciner les gosses dans les villages, une garde plus encombrante qu'utile qu'il leur fallait, de plus, payer fort cher. Les véhicules mis à leur disposition, ceux-là mêmes que l'association avait fournis, leur étaient loués à des prix faramineux.

Le prix des denrées alimentaires était multiplié si elles étaient destinées à l'hôpital. Pour montrer leur autorité, les chefs locaux venaient donner des ordres aux toubibs en matière de priorité de soins. L'un d'entre eux s'est même fait gifler, car il résistait.

Une responsable parisienne de ce programme s'est emportée un jour que je lui mentionnais ces faits. Il faut savoir prendre sur soi, en somme, lorsqu'on veut aider.

Cet hôpital a fermé ses portes quelque temps plus tard. Des responsables hazaras ont essayé d'élever le ton, en ma présence, exigeant de moi que j'intervienne pour sa réouverture. Je les ai envoyés se faire foutre.

GRAND-MÈRE

Oui, je suis la grand-mère d'Alain, le scribe, qui n'est pas plus un imbécile que n'importe qui et, en cela, n'a pas à se prendre pour un autre. Ce qui lui est arrivé aurait pu vous arriver à vous, lecteur, pour autant que les conditions nécessaires suivantes aient été remplies :

— Une vie difficile, mais formatrice.

— Un réel intérêt pour les autres.

Il faut un caractère trempé et serein. Nous n'aimons pas beaucoup ici les mentalités aigries, qui par ce qu'elles dégagent nous causent beaucoup de tort. Il n'y a aucun appel à la vengeance dans ce livre, mais de simples constatations au sujet d'hommes ou de régimes qui n'appartiennent pas à l'univers mental du scribe. Il s'agit de critiques sincères qui n'ont rien à voir avec l'aigreur. On ne peut évoluer si on ne peut critiquer, encore faut-il que la critique apporte quelque chose de positif, qu'elle soit constructive en somme. En ce qui concerne le régime afghan, le journaliste a tout à fait le droit de témoigner. On lui en a offert la possibilité, c'est en quelque sorte son devoir. Il n'y a pas à mâcher ses mots si ce qu'il ressent le lui interdit. Il doit parler vrai, mais avant d'en arriver là, il faut faire la preuve qu'on est capable de s'interroger en profondeur, que ce qu'on va propager passe aussi bien au travers des filtres de l'intelligence, de la pensée profonde et, chose vaine diront certains, du cœur. Ce dernier point est primordial. Avant de poursuivre, la nonne — bouddhiste de surcroît — que j'ai été va vous suggérer une prière, que vous pourrez adresser à la divinité qui vous convient, que vous ressentez la plus proche de vous : ***que rien ne me réussisse, qui ne soit passé par le filtre du cœur.***

Ceci pour éviter que des idées brillantes, profondément intelligentes, n'aboutissent en fin de compte à des catastrophes pour l'humanité. C'est votre meilleure garantie, car le cœur, que vous le vouliez ou non, messieurs, est le vrai symbole de la féminité, un symbole protecteur. N'oubliez pas, chrétiens, que votre Christ a mis beaucoup d'emphase sur le cœur, et qu'il vous a donné Marie, sa mère, notre grande protectrice ici — même pour les « païens » —, comme garante de ce symbole. Adressez-lui cette prière, vous aurez vos réponses. Les bouddhistes, les animistes, les religions de l'Inde, tous les êtres en fait qui ressentent un besoin de spiritualité, possèdent leur propre voie vers ce symbole.

Tout ceci pour dire que celui qui a rédigé — parfois sous la dictée — ce livre s'est toujours interrogé sur ce point : les idées ou les principes développés ne risquent-ils pas, en fin de compte, de provoquer des conséquences mauvaises, nuisibles, contraires à ce que je recherche, qui est d'établir des traits d'union entre les peuples et les communautés qui en ont besoin ? Eh bien moi, sa grand-mère, je peux vous dire maintenant que oui, il peut y avoir conséquences mauvaises, à court terme, mais que le filtre du cœur, le grand espace d'amour universel, a estimé qu'au bout du compte tout serait bénéfique. Car voici comment ça se passe :

Vous vous êtes certainement interrogés sur la finalité des massacres que nous avons connus. Ce n'est pas nouveau, le massacre, le pogrom, le génocide, l'extermination, appelez ça comme vous voudrez. C'est une constante de l'histoire humaine. Vous vous dites : c'est injuste, toutes ces souffrances, tout ce vaste gâchis, toutes ces morts inutiles. Vous en souffrez, et c'est bien.

Reportez-vous maintenant à l'anecdote que raconte le scribe en tête de chapitre, et posez-vous la question : pourquoi ces médecins, des bienfaiteurs en somme, qui viennent la main tendue faire bénéficier une population démunie de leur savoir et de leurs moyens sont-ils accueillis aussi mal, traités comme des serviteurs, pour ne pas dire des esclaves ? Pourquoi le droit à la dignité qu'eux reconnaissent ne leur est-il pas reconnu ?

Si vous avez suivi les différents raisonnements de ce livre, vous avez tous les outils pour analyser et comprendre. Pour les autres, il est suffisant de dire que nos « valeurs » occidentales ne valent pas grand-chose ailleurs, qu'elles prêtent même souvent à rire. Un Afghan intelligent a un jour répondu à une infirmière qui lui disait :

— Si nous avons un jour des problèmes en France, vous ferez comme nous, vous viendrez nous aider.

— Ça va pas la tête, pourquoi voudriez-vous qu'on vienne vous aider ?

Surtout une aide gratuite. Bon, si à la limite il pouvait y avoir un intérêt financier, peut-être même politique, soutenir par exemple une révolution musulmane, d'accord, on irait donner un coup de main à nos frères musulmans, mais pas parce qu'ils sont français.

Ceci, nous en sommes témoins, est une réponse sincère, un rien provocante peut-être, mais qui cadre bien le sujet. Aider, pour quelqu'un qui n'a pas intégré la générosité comme une valeur globale, c'est courtiser le bon vouloir de quelqu'un, donc se mettre en position d'infériorité, de servage. Un serf n'a pas son mot à dire, ce n'est pas un citoyen. Moi, la Japonaise, je peux vous en parler en connaissance de cause.

Lorsque donc, au nom des grands principes, vous vous mettez ainsi, main tendue, en position d'infériorité face à des gens qui ont la hiérarchie sociale gravée dans les gènes, vous ne vous rendez pas service, bien entendu, mais vous faites pire. Vous sabotez littéralement les efforts de ceux qui passent derrière vous, et qui eux ont besoin de conserver leur dignité pour travailler et pour survivre. Voilà un thème de méditation que bien des humanitaires préfèrent éluder. Maintenant vous avez les moyens à votre disposition pour vous situer par rapport à un autre système. Car il s'agit bien de cela : toute rencontre entre cultures différentes provoque un choc. La tentation immédiate est de se positionner par rapport à l'autre. Vous, les Occidentaux, vous pensez, à juste titre souvent, être d'essence supérieure. Vous devez le prouver et par vos actes et par votre comportement. Point n'est besoin de rouler les mécaniques comme un Américain de base, ceci prête à rire. Mais vous devez être d'une absolue intransigeance dès que vous ressentez qu'on s'en prend à votre dignité. Sinon vous savez ce qui vous attend. Une fois votre dignité ébréchée, vous ne reprendrez plus le dessus. Il y a un principe absolu, en Asie, qui je crois peut s'appliquer dans le reste du monde : on ne doit pas perdre la face. Comme dit mon petit-fils de scribe, ce n'est pas parce que je veux aider qu'il faut me casser les couilles.

Bonnes âmes qui vous penchez sur les misères du monde, même de votre propre monde, n'émasculez pas vos sociétés. Vous seriez balayées. Il faut un minimum de rigidité dans l'épine dorsale des individus aussi bien que des peuples.

Mais pour pouvoir agir avec doigté, car il en faut, il faut que vous sachiez qui est en face de vous, bien sûr, mais surtout qui vous êtes. Vous savez, généralement, jusqu'où vous pouvez aller. Savez-vous ce que vous représentez, pour l'autre ? Balayez vos illusions, il ne vous voit pas comme vous vous ressentez, il n'a pas les mêmes références.

Même si vous êtes prêts à donner beaucoup, soyez prudents. Les individus, les civilisations sont différents. Certains font du rapport de forces leur pain quotidien, certains sont naturellement généreux. Dans certains cas, même une petite avance dans la « bonne » direction peut être interprétée comme un geste de soumission et constitue, parfois, le premier pas vers des relations catastrophiques. Pour ne pas aller jusque-là, il faut de la force, surtout intérieure. Ceci est le secret des maîtres d'art martiaux japonais, qui conduisent leurs élèves jusqu'au stade où ils n'ont pas à la prouver, cette force. Elle se sent dans le comportement, dans la confiance en soi, et surtout dans le calme apparent. Il faut que l'interlocuteur, individu ou nation, sache qu'il ne doit pas aller trop loin, mais que s'il est tenté de le faire la confrontation, hélas ! est inévitable. La diplomatie face à des gens qui, comme Hitler ou d'autres dictateurs, prouvent qu'ils cherchent, pas à pas, à reculer leurs limites au dépens de celles des autres n'est pas une saine solution. Mieux vaut un conflit violent mais bref qu'une longue période de pourrissement qui rend ensuite les catastrophes irréversibles. Deux êtres qui se respectent ne s'affrontent pas, sauf s'il s'agit de survie. Pensez au comportement des Occidentaux face aux odieuses prises d'otages iraniennes ou irano-libanaises. Les pays dits civilisés ont perdu la face, dans ces histoires, il vous sera difficile de remonter la pente, à moins d'une prise de conscience qui ne peut être que globale. Il est honteux que des Français se frottent les mains quand un principe aussi intangible que le respect dû aux diplomates est violé comme il l'a été par le gouvernement iranien. Ces diplomates étaient américains, et alors ? Il ne s'agit plus là de gros contrats ni d'opérations juteuses, mais de principes universels. Vous savez maintenant, surtout vous, les Français, que vos diplomates, vos journalistes et même vos hommes d'affaires ne sont plus en sécurité nulle part, dans les zones musulmanes. Nous craignons même que cela s'étende à certains pays d'obédience marxiste.

Vous savez que, pendant que mon petit-fils se battait pour sa dignité et la vôtre, en France, certains de ses compatriotes le prenaient pour un fou. Dans le fond, vous vous ferez l'univers qui vous convient.

Il est un autre principe qui dérive de la philosophie des bouddhistes : seul celui qui respecte les autres a le droit au respect. Ce précepte est complémentaire du précédent : on ne doit pas perdre la face. Vous comprendrez facilement pourquoi nous nous en prenons à certaines tendances qui conduisent au mépris, par principe. Ces tendances ne sont pas respectables, n'est-ce pas l'Islam d'aujourd'hui, n'est-ce pas l'extrême droite française, n'est-ce pas les hiérarques. Le complexe de supériorité n'est précisément que cela, un complexe. N'importe quel psy vous conseillera de vous en débarrasser, pour votre bien, pour votre propre confort intérieur.

Ceci posé, vous constaterez qu'au bout du compte bien peu de gens, bien peu de sociétés passent au travers de ces filtres, intelligence, cœur, dignité. Ceci est encourageant, diraient des optimistes, car il y a là matière à progrès. Ceci est lamentable, diraient les autres, l'inertie de la masse, la couardise généralisée, l'indigence de la pensée politique, l'égoïsme aveugle, la mesquinerie aboutissent en s'additionnant à ce complexe de supériorité qui semble le véritable point commun de l'espèce humaine.

Souvenez-vous, Français, de la manière dont de Gaulle vous qualifiait : des veaux. Scandaleux ! pensez-vous. Pas tant que ça, vu d'où nous sommes, certains penseurs honnêtes vous le confirmeront. Or, vous êtes l'un des peuples les plus avancés de la planète. Que valent donc les autres ?

Comme vous, pas tripette. Vous avez certainement remarqué que la peau d'un Blanc valait plus qu'une peau de couleur. Quarante otages américains émeuvent l'opinion publique, des dizaines de milliers de morts en Afghanistan, dans la corne de l'Afrique ou sur les hauts plateaux andins valent à peine quelques entrefilets dans vos gazettes, lorsqu'on les mentionne — souvenez-vous de l'hécatombe de Timor. Ils ne constituent un cas politique que lorsque des individus décident de créer un lobby. La conscience politique des pays occidentaux préfère se faire pousser plutôt que d'anticiper, ce qui pourrait être son rôle compte tenu de ses moyens d'observation et d'analyse, ce qui pourrait aussi limiter les dégâts. A quoi bon, me direz-vous, ce ne sont que des nègres.

Vous avez peut-être raison. L'investissement que représente un diplomate américain est hors de proportion avec ce que représente un village africain. Le village africain, d'autre part, n'a qu'à organiser sa propre défense, c'est à lui de s'occuper de ses relations publiques. Ces gens, nous l'avons vu, ne portent aucun respect à la vie des autres. Seules comptent la leur et celle de leurs proches.

En gros, vous avez fait le tour du problème. Ajoutez à cela que le respect de la vie d'autrui est une notion récente, même en Occident. S'il vous fallait une preuve, prenez l'Irlande du Nord, le terrorisme à l'occidentale — qu'il soit basque, irlandais, allemand, ou italien, car il n'y a pas que des Arabes dans ce business —, prenez les bombardements en tapis ou le concept de destruction de zones par missiles ou tout autre moyen, vous verrez que le Blanc encore récemment écrasait gaillardement du Blanc sans états d'âme superflus.

Ais-je parlé d'état d'âme ? Prenez-le au sens propre, et voyez le monde comme nous le voyons. Que vaut la peau humaine, pour nous, qui avant vous avons souffert ici-bas ? Nous sommes bien où nous sommes, les âmes sincères, nous pouvons faire des tas de choses intéressantes. Ce n'est pas une calamité que de venir nous retrouver. Même les salauds, ici, s'activent, ils sont aussi forts que chez vous, mais contre nous qui avons évolué par rapport à eux, ils ne peuvent que faire capoter certains de nos projets, pas tous. Il y en a contre lesquels ils ne peu-

vent rien. Lorsque se manifeste la Puissance Transcendante, rien ni personne ne peut s'y opposer. C'est ainsi, nous, les âmes de bonne volonté, sommes au dernier stade avant de rejoindre la Puissance, avant de nous fondre en Elle. Les salauds ont encore beaucoup du chemin à parcourir, nous leur souhaitons bien du plaisir, car nous ne les aimons pas, et surtout nous ne les respectons pas plus qu'ils ne vous respectent, vous les hommes. Et ils sont nombreux, ils viennent de l'aube de l'humanité et chaque génération les renforce. Cette assurance vous permet de choisir votre camp en tout état de cause.

Certains choisiront le camp des plus nombreux, donc des plus forts, en apparence. Le fait, pour vous, d'avoir réfléchi dans ce sens nous permet, ici, de vous situer. Si tel est votre cas, la survie prime tout, même la morale, ou alors la puissance immédiate, quelles qu'en soient les conséquences. Vous savez, quelques salauds, de vrais salauds, se sont glissés dans ces pages et ont pu librement s'exprimer. Nous sommes heureux qu'ils aient pu le faire, car cela nous permet de parler du noir côté de Dieu.

Dieu est puissance, c'est pour cela que nous l'appelons parfois la Puissance. Cette puissance est multiple et nous pouvons tous y puiser, sous une forme ou sous une autre. Nous l'avons déjà noté, l'amour comme la haine, la jalousie comme la générosité sont des « moteurs » qui délivrent de la « motivation ». Plus celle-ci est grande, plus le moteur est puissant, plus votre branchement sur le côté de Dieu concerné est important. Faites donc la liste, pour vous-mêmes, de ce qui vous motive, de ce qui vous apporte l'énergie supplémentaire pour vous arracher au train-train, remontez ensuite aux valeurs essentielles — la jalousie implique la haine, l'amour, la générosité. Dans le fond, les catholiques peuvent fouiller dans les péchés capitaux, ils sont porteurs, chacun à leur façon, d'énergie. Ensuite cherchez leur contraire…

… Nous en revenons aux salauds. Oui, le « mal » existe et nous le définissons par tout ce qui s'oppose à la progression naturelle de l'espèce humaine. L'homme tend vers Dieu, vers la Puissance. Son destin n'est-il pas de transformer une énergie neutre en énergie d'amour, ou plus ? Je vous laisse méditer là-dessus. Peut-être y trouverez-vous matière à vous émerveiller, quel destin fantastique pour l'espèce ! Peut-être rejetterez-vous cette notion ? La libre détermination existe. Mais, en l'occurrence, il s'agit davantage de retarder ou au contraire d'accélérer un processus en marche depuis bien longtemps.

Ces salauds, qui sont-ils ? Eh bien, comme vous et moi ils évoluent. Notre époque, si elle en a des beaux, n'a pas exactement les mêmes qu'il y a mille ans. L'être humain se construit au fil des générations, certains salauds d'aujourd'hui auraient pu être de saints bienfaiteurs à l'époque des cavernes. Si maintenant vous regardez en vous-mêmes, vous vous analysez avec honnêteté et froideur, vous verrez par vous-mêmes que vous n'êtes pas encore absolument parfaits. Certains, plus rigoureux que d'autres, diront même : loin s'en faut. A la bonne heure. Ici, nous sommes des optimistes et nous avons confiance en notre espèce. Il y a encore place pour des évolutions, et nous, on aime, ça nous maintient occupés. Qu'adviendra-t-il de l'homme lorsque tout le monde sera parfait ? Nous entrerons dans un autre système, nous aurons tous rejoint la Puissance Transcendante, ce sera un autre voyage. Alléluia, disent certains, ainsi ont parlé les prophètes. Fasse, disent d'autres, que ce ne soit pas trop emmerdant. Si Jacques Brel, Ella Fitzgerald, Louis de Funès se retrouvent en Dieu, personnellement je ne m'inquiète pas trop. Comme dit mon petit-fils, ils sauront bien y foutre le bordel…

Annexe 2

CAMPAGNE POUR UNE LIBÉRATION

Le matin du 29 mai 1988, nous sommes arrivés vers 6 h 30 à l'aéroport de Roissy, Jeanne Lesieur, la compagne d'Alain Guillo, Bertrand Gallet, aujourd'hui député PS et moi-même, véhiculés par une voiture de l'Élysée. Bientôt, dans le salon particulier où nous attendons, entrent les hauts fonctionnaires du Quai d'Orsay qui se sont occupés de cette affaire, le conseiller du préfet, quelques officiels, Marek Halter. C'est la dernière attente après tous ces mois.

L'avion atterrit sur une piste spéciale, dans une section de l'aéroport où n'ont accès que les officiels et leurs hôtes. Juste en face du sas où nous nous trouvons apparaît, de l'autre côté du hublot, Alain Guillo, le visage terreux comme n'ayant pas vu le jour depuis des mois, amaigri. Il est sans moustaches. Il nous voit et fait signe. La porte s'ouvre.

Quand nous débouchons, au bout du couloir, dans la salle où se tient la presse, c'est à n'y pas croire. Au moins cent vingt photographes le mitraillent tous à la fois. Alain évoque le sort des autres incarcérés à Kaboul, ses compagnons de cellule. J'annonce la tenue d'une conférence de presse pour le surlendemain. Une bousculade assez raide suit, les photographes cherchant parfois avec brusquerie à faire leur métier. Guillo est à la une pour la seconde fois depuis son arrestation. La première remonte au 5 janvier, au lendemain de la caricature de procès où il avait été condamné à Kaboul.

Le Comité des Amis d'Alain Guillo s'est constitué au début de novembre 1987 — trois semaines après que la nouvelle de sa capture eut filtré — et s'est réuni chaque semaine jusqu'à la fin de mai 1988. Composé d'environ vingt-cinq membres actifs dont une notable proportion de gens ayant séjourné dans les maquis afghans, et représentant une dizaine d'associations dont on trouvera la liste plus loin, ce Comité s'est efforcé de mener une double campagne pour faire libérer Guillo : l'une en direction des pouvoirs publics, l'autre en direction des médias et de l'opinion.

C'est le 18 octobre 1987 que Jean-José Puig, l'un des meilleurs spécialistes de l'Afghanistan, prévenu par téléphone de Peshawar (Pakistan), apprend à Jeanne Lesieur qu'Alain Guillo a été capturé. La nouvelle est officieuse. Cependant, le lendemain, j'alerte le Quai d'Orsay et informe le cabinet de Claude Malhuret alors secrétaire d'État aux Droits de l'Homme. Le surlendemain Alain Rauch, chargé des affaires afghanes au Quai d'Orsay, m'apprend que deux télégrammes concernant le sort d'Alain Guillo viennent d'arriver de Peshawar. Je lui rends visite et, d'emblée, s'établissent des rapports de cordialité qu'il entretiendra avec nous de bout en bout. Trois jours plus tard, selon le Quai d'Orsay, Kaboul nie qu'Alain Guillo soit entre les mains des autorités afghanes. La capture remonterait cependant au début de septembre. Toute inquiétude est permise : les disparitions, les liquidations sommaires se passent au début d'une capture lorsque l'incarcération n'est pas encore attestée. Le 26 octobre, les premiers articles concernant Alain Guillo, sa capture, son incarcération à Kaboul, paraissent dans la presse française.

Contactée par les médias, l'Agence Sygma qu'Hervé Chabalier, avec lequel nous avions des rapports, quitte à ce moment-là et à laquelle collaborait Alain Guillo, déclare ne pas l'employer. D'emblée la position de celui-ci, reporter indépendant, se retrouve plus fragile encore. Par la suite cependant, le directeur de Sygma, M. Criton, vient aux réunions du Comité pour excuser ses collaborateurs incompétents et apporter son soutien actif.

A partir du 27 octobre, les médias diffusent et commentent la nouvelle : Marek Halter et Bernard-Henri Lévy qu'Alain a brièvement pilotés en Afghanistan en 1982 sont interviewés, ainsi que Christophe de Ponfilly qui a réalisé plusieurs films sur les maquis afghans pour la télévision et Patrice Franceschi, auteur, avec Pascal Manoukian, du tout premier livre sur la guerre en Afghanistan. Le 2 novembre, Claude Malhuret exprime sa « vive inquiétude ». Le lendemain, la capture de Guillo est officiellement confirmée par les autorités de Kaboul. Alain est déjà prisonnier depuis deux mois.

Il est le cinquième Français arrêté en Afghanistan après Jean-Paul Silve, François Missen, Antoine Dardaud, le docteur Philippe Augoyard, Jacques Abouchar d'Antenne 2. A Moscou, le chef de l'État afghan confirme le 5 novembre que Guillo a bien été arrêté et fait l'objet d'une « enquête judiciaire ». Pour nous, la nouvelle signifie d'abord qu'Alain est vivant. Alain Rauch communique, de la part du Quai d'Orsay, à

Jeanne Lesieur que Moscou a confirmé également la capture de Guillo. Marek Halter intervient dans *Le Quotidien de Paris*. Le Quai convoque le chargé d'affaires afghan pour lui remettre un message demandant la « libération rapide » et réclamant « dans l'immédiat le droit de visite ». Le 6 novembre, Jean-Bernard Raimond, ministre des Affaires étrangères, convoque l'ambassadeur d'URSS pour lui exprimer sa « vive préoccupation ». Jacques Abouchar, naguère détenu à Kaboul, déclare au micro de Radio Monte-Carlo qu'il est préoccupé par le sort de son confrère, journaliste indépendant, donc plus vulnérable, n'étant pas puissamment soutenu, comme il l'a été, par une chaîne de télévision.

Une première réunion est tenue au « Club de la Presse » où est émise l'idée d'un Comité de soutien. Le 10 novembre 1987 paraît le premier appel collectif en faveur d'Alain Guillo « dont le seul crime aura été de témoigner, d'informer » ; il est signé Jacques Abouchar, Philippe Alfonsi, Lucien Bodard, Jérôme Bony, Rony Braumann, Hervé Chabalier, Gérard Chaliand, Marek Halter, Eugène Ionesco, Guy Konopnicki, Bernard Kouchner, Bernard-Henri Lévy, Christian Malard, Edgar Morin, Yves Montand, Christine Ockrent, Christophe de Ponfilly, Françoise Sagan, Anne Sinclair, Charles Villeneuve, Olivier Warin.

Le syndicat des journalistes, sollicité, refuse de s'associer aux actions en faveur d'Alain Guillo, celui-ci n'étant pas membre de cet organisme. Le 11 novembre, la première réunion au Comité se tient dans les locaux que Médecins sans Frontières met à sa disposition. Nous aurons le plaisir d'y travailler avec Rony Braumann. Il s'agit de ne pas laisser l'affaire sombrer dans l'oubli médiatique. Marek Halter intervient dans *Le Matin* ; Alain Chevalerias dans *Le Soir* de Bruxelles et *Le Journal* de Genève. Le 27 novembre, Kaboul accuse Guillo d'« espionnage ». Le lendemain, le chef de l'État afghan déclare que Guillo ne bénéficiera d'aucune visite tant que l'instruction est en cours, et qu'il est accusé d'« entrée illégale » et de recherche de « renseignements à caractère militaire ». Le Premier ministre, Jacques Chirac, demande au numéro deux soviétique, M. Ligatchev, que les « autorités soviétiques interviennent auprès des autorités afghanes pour obtenir la libération d'Alain Guillo ».

Entre-temps, les télévisions qui sont essentielles pour alerter les opinions publiques restent d'une grande discrétion. Le 15 novembre, TF 1 évoque très brièvement l'incarcération de notre ami. Le 20 novembre, le Quai d'Orsay reçoit une délégation du Comité : les hauts fonctionnaires s'occupant du dossier Guillo sont : M. Martin, direction de la section Asie, M. Lacombe, Alain Rauch et M. Émié, conseiller du ministre. Il est mutuellement admis que nous refusons, persuadés que nous sommes au Comité que ce serait la volonté d'Alain, « tout compromis politique pour obtenir sa libération ». L'essentiel pour l'instant, tandis que le Quai continue d'intervenir, étant de parvenir à une meilleure couverture médiatique.

Le 3 décembre, le Comité se structure de façon quasi définitive. Le président nommé est Gérard Chaliand, le trésorier Bruno Badiche, Pierre Issot-Sergent se charge de la coordination, bientôt Dominique Brizay assure le secrétariat, Olga de Nouvelle Résistance s'offre à multiplier les contacts. Nous apprenons, quelques jours plus tard, que Kaboul a relâché deux mille cinq cents prisonniers politiques. Mais aucune mention d'Alain Guillo. L'instruction se poursuit et aucune visite n'a été accordée malgré les demandes réitérées de l'ambassade de France à Kaboul.

Si le soutien des pouvoirs publics, et notamment du Quai d'Orsay, est effectif et suivi, la presse ne relance l'affaire Guillo qu'à l'occasion d'un fait nouveau provoquant entre-temps la frustration de ceux qui espèrent une campagne soutenue. Rien de comparable, dans le cas Guillo, à l'exceptionnelle solidarité manifestée pour Jacques Abouchar ou au rappel quotidien à la télévision du sort des otages français au Liban. C'est à nous, dans la mesure du possible, de créer l'événement, ou l'occasion permettant de relancer l'affaire. Des contacts multiples sont pris, parfois suggérant une action, parfois pour participer à une action déjà projetée par ailleurs. Une lettre est envoyée par le député socialiste Tavernier à l'ambassade soviétique revêtue de nombreuses signatures, en faveur de la libération de Guillo. Le 8 décembre, une conférence de presse est tenue au siège de la Ligue des Droits de l'Homme, conjointement par le Bureau international afghanistan (BIA) et Médecins sans Frontières (MSF), tous deux membres du Comité à laquelle Georges Sarre, sénateur, apporte son soutien.

Le 12 décembre, Yves Montand fait une brève allusion à Guillo au cours d'une émission télévisée. A l'Assemblée nationale, le groupe d'études sur l'Afghanistan, contacté, s'occupe de recueillir des signatures.

Parfois, de l'étranger parviennent des nouvelles réconfortantes. Les organisations combattantes afghanes ont fait savoir qu'elles étaient disposées, si cela était nécessaire, à procéder à un échange afin de libérer notre ami. Il est bien connu à Peshawar, puisqu'il est entré une quinzaine de fois en Afghanistan entre 1980 et 1987. Cette solution est écartée : Alain Guillo a été arrêté avec ses caméras en faisant son métier. Cent cinquante journalistes soviétiques, participant le 15 décembre 1987 à un séminaire non officiel sur les Droits de l'Homme, lancent un appel en faveur de la libération de Guillo. Parmi les signataires : Sergueï Grigoriantz, rédacteur en chef de la revue *Glasnost*.

Le 16 décembre, une délégation de personnalités se rend à l'ambassade d'URSS. Les députés Tavernier (PS) et Daillet (RPR) déposent les signatures de cent soixante députés réclamant la libération de notre ami. Le même jour, en fin d'après-midi, une manifestation a lieu sur les grands boulevards contre la guerre d'Afghanistan à laquelle se joint le Comité avec des panneaux réclamant la libération de Guillo. Y participent quatre députés, Yves Tavernier et Louis Le Pensec (PS) et Jean-Claude Delbos et Éric Raoult (RPR), Médecins sans Frontières, le Bureau international afghanistan, Médecins du Monde, Afrane, la Guilde européenne du Raid, etc. La télévision est présente. Claude Malhuret, Marek Halter, Yves Tavernier prennent la parole. Deux radios interviewent Jeanne Lesieur. Le matin même, au cours d'une conférence de presse, le sénateur Gollist, retour de la province du Paktia (Afghanistan), se joint au mouvement en faveur de Guillo. Le 17 décembre, la tenue prochaine du procès est annoncée par les autorités de Kaboul. *Le Monde* publie dans sa page 2 un « S.O.S. Alain Guillo », de Gérard Chaliand, destiné à mieux situer le cas Guillo et à lui gagner des sympathies.

Le 18 décembre, Claude Malhuret nous fait savoir qu'il va aider notre Comité par une subvention. Nous avons, outre les affiches, publié une série de cartes postales où ceux qui le désirent apposent leur signature pour la libération de Guillo. Au terme de la campagne, nous aurons douze mille signatures. Tandis que les signatures de journalistes français sont, du moins pendant les trois premiers mois, peu nombreuses, celles de l'étranger sont importantes : rien que pour le monde hispanique, près de cinquante signatures : tous les grands journaux espagnols : *El païs*, *Cambio 16*, *Avanguardia*, *ABC* ; les noms de Jorge Semprun, aujourd'hui ministre de la Culture ; d'Octavio Paz (Mexique), de F. Sabato (Argentine).

Enfin, pour la première fois, le 19 décembre, Alain bénéficiera du droit de visite : trois Français : Christian Lambert, Raymond Petit, de l'ambassade à Kaboul, et un médecin le rencontrent en présence de plusieur Afghans. Ils le trouvent « en bonne santé, le moral très ferme ».

Le Comité cherche des formes d'intervention relativement originales qui pourraient susciter l'intérêt de la part des médias. Olivier Roy propose d'organiser une manifestation devant l'ambassade d'URSS à l'occasion des fêtes, déguisés en Père Noël avec des cadeaux pour Guillo. Celle-ci, couverte par la télévision, a lieu le 23 décembre avec une demi-douzaine d'entre nous vêtus en Père Noël : la femme d'affaires Francine Gomez, Marek Halter, André Gluksmann, etc., apportent en cadeaux divers livres dont *Perestroïka* de Mikhaïl Gorbatchev. Nous ne serons pas reçus à l'ambassade où le mot d'ordre de transparence n'incite pas encore à l'humour.

Peu après, je propose de publier un album des photos d'Alain. Il est en effet accusé dans la *Komsomolskaya Pravda* qui l'interviewe à

Kaboul de n'être pas un photographe professionnel. La proposition est adoptée. Dans cette interview, Alain Guillo se défend contre l'accusation d'espionnage. Un communiqué du ministère des Affaires étrangères exprime, le même jour, sa « vive préoccupation ». Entre-temps, le procès est annoncé. Dès le 23, Maître Yves Jouffa, président de la Ligue des Droits de l'Homme chargé par le Comité de sa défense, demande son visa, en vain, aux autorités de Kaboul. Il réitérera sa demande plusieurs fois. Tout au long de l'incarcération, Jouffa intervient et participe à la campagne, et cela à titre gracieux.

Le 4 janvier, sans préavis, le procès a lieu. Une unique séance où Guillo assure lui-même sa défense. L'annonce du verdict : dix ans. Des images du procès apparaissent à la télévision. On y voit Alain considérablement amaigri, avec des lunettes qui ne sont pas les siennes. Nous apprendrons plus tard que les siennes ont été brisées lors de l'altercation suivant sa capture.

Dès le lendemain, Alain Guillo est à la une des journaux, dans *Libération*, dans *Le Monde*, entre autres, Claude Malhuret, Yves Jouffa sont interviewés. Le Quai d'Orsay exprime sa « surprise et sa réprobation ». Jean-Bernard Raimond, le ministre des Affaires étrangères, reçoit l'ambassadeur d'Union soviétique pour « demander que l'URSS use de son influence pour qu'Alain Guillo soit libéré dans les meilleurs délais ».

Le président de la République condamne une « injuste sanction ». Le Premier ministre déclare : « Cette condamnation ne peut être considérée que comme le préalable d'une mesure de grâce que je souhaite immédiate. »

Le 7 janvier, une délégation du Comité des Amis d'Alain Guillo, composée de Jeanne Lesieur, de Jean-José Puig, de Bertrand Gallet, d'Yves Jouffa et de Gérard Chaliand est reçue par le ministère des Affaires étrangères qui établit un bilan des actions entreprises et de celles qui sont envisagées. Il est toujours établi, par les deux parties, qu'aucun compromis politique n'est souhaité. La *Pravda* accuse François Mitterrand et Jacques Chirac d'avoir encouragé les journalistes à lancer une « campagne de pression » à l'encontre de l'URSS et de s'adresser à l'ambassade soviétique à Paris et non au représentant en France du gouvernement afghan.

Des manifestations pour la libération d'Alain Guillo se multiplient. La Fédération de l'Éducation nationale (FEN) apporte son soutien ainsi que M. Bérégovoy. Pendant ce temps, l'album des photos d'Alain est rapidement préparé. Sygma et Gamma y participent activement. Visite est rendue par Jeanne Lesieur, Jean-José Puig et Gérard Chaliand à l'attaché afghan à Paris afin de ne pas entièrement écarter le gouvernement de Kaboul qui détient Alain Guillo de la campagne pour sa libération.

Trois autres visites auront lieu par la suite sans autre résultat apparent qu'un dialogue courtois et sans issue.

Jacques Chaban-Delmas, président de l'Assemblée nationale, écrit une lettre à la mi-janvier au chef de l'État afghan afin d'obtenir la libération de notre ami. Le 23, le Parlement européen demande la « libération immédiate » d'Alain Guillo et exprime son « inquiétude » sur le sort de Fausto Biloslavo, journaliste italien capturé à la mi-novembre au Logar (nord-est de l'Afghanistan).

Le Comité reçoit deux mille, puis cinq mille signatures de soutien ; des comités provinciaux se manifestent, en Bretagne, dans l'Ouest, à Marseille où Guillo a longuement séjourné. Le « New York Committee to protect journalists » s'active tandis qu'un Comité pour Alain Guillo est formé en Nouvelle-Calédonie.

Le 25 janvier, Christian Lambert de l'ambassade de France à Kaboul rencontre Alain Guillo pour la seconde fois. Le moral de celui-ci est intact. Ses conditions de détention s'améliorent quelque peu. La période la plus dure, celle de la réclusion solitaire dans une cellule de 2 m × 2 m par huit degrés Celsius est révolue. Il reçoit un duvet que le Comité lui a fait parvenir et bientôt — seul livre qui ne peut lui être refusé — la Bible. Par contre, ironiquement, *Perestroïka* de Mikhaïl Gorbatchev ne lui est pas remis. Peu à peu, nous arrivons à lui faire parvenir médicaments et nourriture.

Le 3 février, grâce aux soins de Juliette Minces, une exposition des photos d'Alain Guillo est organisée à la FNAC-Étoile. Cette manifestation est un succès ; Claude Malhuret y prend la parole ; sont présents Georges Sarre, Jean-François Deniau qui propose son aide sans réserve aucune, qu'il s'agisse d'aller à Moscou ou à Kaboul ; Yves Tavernier, M. Devacquet, J.-M. Daillet, Yves Jouffa, Marek Halter ; Joëlle Kaufmann vient nous assurer de sa sympathie.

Le 5 février, *L'Express* consacre son éditorial au cas d'Alain Guillo ; au *Point*, Olivier Weber suit toutes les activités du Comité ; le *Nouvel Observateur*, *L'Événement*, *Le Monde*, *Libération*, *Le Figaro*, *Le Quotidien*, *Le Matin*, se font de temps en temps l'écho des péripéties de l'affaire Guillo. De bout en bout, l'AFP diffuse nos communiqués. Le Comité cependant continue à se poser le problème : comment faire réagir plus souvent les médias ?

Au Quai d'Orsay, à la mi-février, on évoque la possibilité d'une intervention possible du chef de l'État ou du Premier ministre. En effet, Jacques Chaban-Delmas, qui reçoit une délégation du Comité — Jeanne Lesieur, Bertrand Gallet, Christophe de Ponfilly —, annonce l'échec de son intervention écrite auprès du gouvernement afghan. L'entrevue est d'une grande cordialité.

Le 25 février, le ministre des Affaires étrangères, J.-B. Raimond, reçoit avec son habituelle courtoisie une délégation du Comité — Jeanne Lesieur, Yves Jouffa, Bertrand Gallet, Jean-José Puig, Gérard Chaliand — et évoque le souhait exprimé par le chef de l'État afghan de recevoir une demande de grâce émanant du président de la République. Il ne saurait, évidemment, être question que de suggérer une mesure de clémence. Deux jours plus tard, Jean-François Deniau rentre de Moscou où il a soulevé auprès de Youri Vorontsov, vice-ministre soviétique responsable du dossier afghan, la question de la libération d'Alain Guillo.

Des dissidents soviétiques publient à Moscou un communiqué en faveur de la libération de Guillo, le 9 mars. Décidément le climat politique change en URSS.

Grâce à la célérité de l'équipe qui s'est attelée à la fabrication de l'album d'Alain Guillo *Témoin en Afghanistan*, un premier exemplaire nous parvient par l'intermédiaire de Jean Rosenthal, patron de Stock. Il comprend une trentaine de textes et constitue un hommage au courage de notre ami.

Le 11 mars, une délégation de notre Comité — Jeanne Lesieur, Bertrand Gallet, Jean-José Puig, Gérard Chaliand — est reçue, grâce aux soins de Regis Debray et de M. Musitelli, à l'Élysée par le président de la République. Le premier exemplaire du livre d'Alain Guillo lui est offert. J'évoque brièvement le fait qu'Alain Guillo n'a pas consenti à déclarer ce que ses geôliers lui ont suggéré de dire au procès en faveur du gouvernement de Kaboul et contre la résistance afin de hâter sa libération, et que cette sorte de courage était suffisamment rare pour être saluée et lui demande, au nom du Comité, d'intervenir. Le Président nous fait part de son souci que cette intervention ne puisse en aucun cas être interprétée comme une reconnaissance indirecte des autorités de Kaboul mais nous assure qu'il accédera à notre demande.

Le 15 mars, grâce à Claude Estier, le Sénat nous est ouvert pour présenter dans un salon le livre d'Alain Guillo *Témoin en Afghanistan* (Stock). La presse et la télévision sont là. Le livre est également présenté les 17 et 18 mars à l'Assemblée nationale où le Bureau international Afghanistan (BIA) tient deux journées d'information. Nous apprenons que Fausto Biloslavo a été condamné à sept ans de réclusion. Le Comité publie un communiqué de solidarité. Le 21 mars, une réunion pour Alain Guillo se tient à Marseille. Malgré tous nos efforts la couverture médiatique reste assez mince. La Guilde européenne du Raid prend, avec notre accord, l'initiative d'une campagne médiatique avec dessins et affichettes à l'occasion du 200e jour d'incarcération de Guillo. Sur vingt-cinq médias contactés, dix donnent leur accord pour publier ou répercuter cette campagne : *Le Monde*, *Libération*, *Le Figaro*, *Le Quotidien de*

Paris, *France-Soir*, *Le Parisien*, *V.S.D.*, *L'Express*, TF 1 et Antenne 2.

Le 6 avril, Christian Lambert et Raymond Petit rencontrent Alain Guillo pour la quatrième fois. Celui-ci ne se plaint pas et conserve un moral intact. Le 7 avril, la Fédération protestante de France fait parvenir une lettre en faveur de Guillo au gouvernement de Kaboul. Le Comité cherche à rassembler un maximum de signatures — tâche à laquelle s'attachent Bruno Badiche et Trompaz —, preuve tangible du soutien de l'opinion publique. Nous cherchons à faire tous le maximum : Christophe de Ponfilly à l'occasion de la projection d'un de ses films sur l'Afghanistan parle d'Alain ; l'émission « Résistance » évoque son sort ; Jérôme Bony contacte les présidents des six chaînes de télévision afin qu'ils signent une pétition pour la libération : sans résultat. Pierre Issot Sergent parle une heure à Fréquence Réforme ; Bertrand Gallet une demi-heure à Canal +. Radio Solidarnosc évoque durant trois quarts d'heure le dossier Guillo. Des articles dans *Télérama* et dans le bulletin de Médecins sans Frontières provoquent la signature et l'envoi d'un bon nombre de cartes postales. Patrick Poivre d'Arvor évoque l'incarcération d'Alain Guillo. Mais l'intervention la plus remarquée est, à la télévision, celle de Michel Blanc, le 10 avril, qui lance un appel en faveur d'Alain Guillo. Un sondage indique que 74 pour 100 des téléspectateurs savent qui est Guillo. Deux mille cartes de soutien affluent au Comité dans les trois jours qui suivent.

Le 11 avril, Jeanne Lesieur et Gérard Chaliand rencontrent Raymond Petit de l'ambassade de France à Kaboul. Il nous donne enfin les détails vivants du comportement et les propos d'Alain lors de ses rencontres avec les représentants français. Ce qui ressort du portrait, c'est le courage, la détermination. Le temps pourtant doit commencer à être long. C'est le huitième mois maintenant. Regis Debray et Musitelli s'occupent de l'affaire de la missive. Afin qu'il n'y ait pas de malentendu, nous informons le Quai d'Orsay de notre démarche à l'Élysée. Les élections approchent marquant la fin de la cohabitation et pour nous, en cette affaire, l'important est que notre ami ne soit pas indirectement victime de cette compétition.

Le 13 avril, une vente-signature est organisée à la librairie Autrement Dit, boulevard Saint-Michel : nous y tenons une conférence de presse ; sont présents entre autres : André Gluksmann, Marek Halter, le général Georges Buis. Le lendemain, pour six jours se tient le Salon du Livre où nous avons obtenu d'avoir une place pour l'album Guillo auprès du stand de Stock. Malgré le fait que le nom d'Alain Guillo ne soit plus inconnu, le succès du livre est très limité. Quelques personnes seulement au cours de ces jours viennent chaleureusement exprimer leur sympathie. Jeanne Lesieur est présente, comme à toutes les réunions du

Comité et continue de conserver sa fermeté d'âme. Elle s'est par ailleurs refusée à toutes les interviews proposées qui lui auraient, de gré ou non, attribué le rôle de la compagne éplorée. Cependant l'attente n'en finit plus. Nous apprenons que l'Élysée ne fera rien avant le second tour des élections, le 8 mai, pour ne pas interférer avec la campagne. C'est un choix cohérent. Pour nous, pour Alain surtout, c'est trois semaines de plus à attendre. Le temps se fait pesant et Jeanne commence à manifester son impatience.

Le 2 mai, cinquante-deux journalistes de quatorze pays européens présents à Kaboul signent une lettre demandant au chef de l'État afghan de libérer Alain Guillo et Fausto Biloslavo. Le lendemain Alain Rauch nous informe, au Quai, que Guillo a refusé de demander sa grâce ne s'estimant pas coupable. Le 4 mai, nous avons douze mille cartes de soutien au Comité pour la libération d'Alain et nous envisageons de les confier à Christian Lambert.

Le lendemain, à trois jours du second tour des élections, grâce aux soins du ministre de l'Intérieur, Charles Pasqua, Jean-Paul Kaufmann et ses compagnons, otages depuis plus de deux ans au Liban, sont libérés. Cela nous fait très plaisir. Mais le lendemain la presse n'évoque que très rarement l'incarcération d'Alain Guillo. A Peshawar, un Comité norvégien qui s'y trouve en visite verse dix-sept mille roupies pour Alain Guillo. Le Comité décide que cette somme ira à la famille de l'interprète d'Alain, emprisonné à Kaboul.

Le 11 mai, Christian Lambert de l'ambassade de France à Kaboul vient rendre visite au Comité. Contrairement à ce qui s'est dit, Alain ne reçoit ni courrier, ni livres. Tout, maintenant, dépend de cette lettre du président de la République. Régis Debray et Musitelli demandent un peu de patience et assurent que tout a été fait pour assurer le succès discret de cette libération.

Les jours passent. Le 16 mai, Jeanne Lesieur, qui ronge son frein depuis quelques semaines, craque. A la radio et dans les journaux (Europe N° 1, *V.S.D.*), elle critique l'attitude des officiels et se déclare prête à entamer une grève de la faim.

Dès le lendemain, les médias annoncent la libération d'Alain Guillo comme imminente.

Le 22 mai, le chef de l'État afghan consent à la libération. Les jours se font de plus en plus longs.

Le 28 mai, le Quai d'Orsay appelle Jeanne Lesieur : c'est pour demain matin.

Gérard CHALIAND

Les associations liées à la campagne

Médecins sans Frontières
Médecins du Monde
Aide médicale internationale
Santé-Sud
Bureau international afghanistan
Amitié franco-afghane
La Guilde européenne du Raid
Solidarité-Afghanistan
La Liberté de la presse
Internationale de la Résistance

Les membres du Comité des Amis d'Alain Guillo

Gérard Chaliand
Juliette Minces
Bruno et Anne Badiche
Jean-José et Marie-Berthe Puig
Olivier Roy et Chantal Lobato
Dominique Brizay, Patrick Brizay
Bertrand Gallet
Rony Braumann
Gilbert Trompaz
Pierre et Laurence Issot-Sergent
Jérôme Bony
Christophe de Ponfilly et Ann Garcin
Alain Boinet
Michel Verron
Alain Chevalerias
Olga Swinzow
Bernard Dupaigne
Marianne et Patrice Franceschi
Assem Akram
Annette Montifroy
Jean-Paul Criton
Alain Minguan
Jeanne Lesieur
Adam Winkler

Annexe 3

« VOYAGE » DERRIÈRE LES BARREAUX

Une interview d'Alain Guillo par Mikhaïl Kojoukhov, parue dans la *Komsomolskaya Pravda*, le 3 janvier 1988 [1].

Des bougies de stéarine brûlaient dans une cellule de l'isolateur préventif du ministère de la Sécurité d'État d'Afghanistan, il y avait un petit gâteau sur la table. L'accusé Alain Jean Étienne Guillo, citoyen français, fêtait là, le 2 octobre, ses 45 ans... Quelques semaines plus tard, une fois l'instruction finie, la Procurature révolutionnaire spéciale d'Afghanistan donne l'autorisation pour cette interview.

« Msieur Guillo, puis-je vous appeler collègue ?

— Évidemment. Je travaille pour l'agence française « Sygma » : ma spécialité est les photos de presse et les films de télévision.

— Est-il vrai qu'il s'agit de votre 9ᵉ voyage en Afghanistan ?

— Oui. Depuis 1980, je suis venu ici, depuis le Pakistan, pratiquement chaque année, en règle générale l'été. Vous savez, l'été en Europe n'est pas le meilleur moment pour faire de la photo.

— Voyager dans un pays saisi par la guerre et sans visa en plus est un hobby dangereux, vous ne trouvez pas ?

— Sans doute. Mais j'aime ce pays, l'un des plus beaux pays du monde.

Je me permettrai de temps à autre de couper la parole à mon interlocuteur pour compléter ses réponses laconiques par certaines précisions contenues dans les documents qui m'ont été présentés par les collaborateurs de la procurature afghane.

1. Trois jours avant mon « procès ».

Français de nationalité, il est né au Viêt-nam, à Haifong, où son père était officier supérieur de l'armée française. Ayant terminé le collège dans son pays, Guillo a étudié la publicité à Marseille, puis il a passé deux ans en Angleterre, travaillé au Canada et vécu un certain temps aux USA. Revenu en France, d'après ses propres paroles, jusqu'en 1980 il « a trimé sans économiser ses forces » dans différentes agences de publicité et services de présentation de grosses typographies.

En janvier 1980, Alain Guillo a finalement décidé de se reposer de ce juste labeur. Il a pris des vacances et est parti pour l'Himalaya. Soit qu'il ne se trouvât pas de place pour lui dans les camps alpestres, soit qu'il eût changé de décision à mi-chemin — Guillo n'en dit rien dans sa déposition, au lieu des montagnes, il s'est retrouvé on ne sait pourquoi dans la ville pakistanaise de Peshawar où, d'après son récit, il a rencontré un reporter photographe américain, Steeve Maccary. Steeve a été l'homme qui a séduit la première fois son nouveau camarade français par une promenade dans la vallée afghane du Kunar. Rien de particulier si ce n'est que les « touristes » n'avaient pas de visa. Mais tout le hic est là : Guillo a fait illégalement aussi bien son premier voyage que tous ceux qui ont suivi.

— Comment avez-vous réussi à franchir la frontière ?

— Oh, ce n'est pas aussi difficile que ça peut le sembler. La seule chose qu'il faut c'est établir un contact avec les organisations des « mudjahiddin », à Peshawar. Bien sûr, on doit vous connaître ou, au moins, faut-il avoir des recommandations sur soi.

— Vous les aviez ?

— Oui, j'avais gardé des amis à Peshawar, après mon premier voyage fortuit en 1980.

— Mais comment font ceux qui n'ont pas d'amis au Pakistan ?

— Bon, je vais vous donner un nom : trouvez à Peshawar Kurt Lobeck, il vous arrangera tout. C'est un Américain, lui aussi journaliste. Vous pouvez faire référence à moi : cela suffira. Il me connaît bien : il serait difficile de trouver ne serait-ce qu'un reporter étranger qui ait fait plus de kilomètres en Afghanistan que moi.

Voilà, sans doute, le moment idéal pour vérifier Alain Guillo : outre le Kunar, il s'est rendu à Nangahar, à Kandahar, dans le Pandshir, à Balkh, dans le Hazaradjat. Ses voyages en Afghanistan duraient ce faisant de deux à trois mois. Il voyageait aussi bien seul qu'avec d'autres étrangers dont il a... « oublié » les noms. Il se souvient parfaitement, il est vrai, de ses itinéraires, jusqu'aux noms des petits kichliaks où s'arrêtaient les caravanes des duchmans avec lesquels il voyageait. Et puis le cercle des relations du photographe inconnu de Sygma était vraiment des plus vastes : pratiquement, toute la direction de la contre-révolution afghane.

On aurait tort, cependant, de penser que Guillo a submergé les pages des publications et les écrans de ce pays de photos et de documents filmés, rapportés d'Afghanistan. Le résultat de ces huit voyages, selon ses paroles, se ramène à deux dizaines de photos et à deux courts films vidéo de dix à quinze minutes... Avouez-le : ce n'est pas gros. Valait-il de risquer sa vie pour cela? Apparemment, Sygma n'était pas le seul commanditaire français du journaliste. Cette fois encore, Guillo avait l'intention de ne faire qu'un court film pour Sygma. Mais à qui alors étaient destinées les cassettes filmées pour plusieurs heures de temps d'écran?

— Vous connaissez beaucoup de ceux qu'on appelle en Occident « les Combattants de la Foi ». Que pensez-vous d'eux?

— Il y a parmi eux beaucoup de gens honnêtes qui veulent le bien pour leur pays. Ils ont une vie difficile : ils mènent leur lutte en n'ayant pratiquement pas les moyens de le faire, disposant d'un armement insignifiant. Ce sont des gens que je respecte.

— Msieur Guillo, les gens honnêtes que vous respectez, au cours des années qui ont suivi la révolution, ont détruit totalement ou en partie près de deux milles écoles, et des centaines de milliers d'enfants afghans ne peuvent aujourd'hui aller à l'école...

— Cela m'a fait un choc de l'apprendre! Mais, ensuite, j'ai compris : le gouvernement installe dans les bâtiments des écoles les administrations locales et des postes de sécurité.

— En deux ans de travail en Afghanistan, j'ai vu des dizaines d'écoles détruites. Je peux vous l'assurer : aucune d'elles n'abritait d'administration locale. Elles ont été détruites uniquement parce qu'aux yeux des douchmans, elles devenaient le symbole de changements haïssables pour eux... Mais ne pensez-vous pas que des gens honnêtes, préoccupés par le destin de leur pays, ont reçu une grande chance de faire beaucoup pour lui : d'arrêter la guerre? Pourquoi ne répondraient-ils pas à l'appel lancé par le gouvernement afghan pour la réconciliation nationale?

— Je n'ai entendu parler de cette politique qu'ici, en prison. Il me semble que c'est un pas très sage : la paix, voilà ce dont a besoin l'Afghanistan aujourd'hui.

Laissons sur la conscience d'Alain Guillo le fait qu'il n'ait appris, lui qui selon ce qu'il dit s'occupe de près des problèmes de l'Afghanistan, la mise en œuvre de la politique de réconciliation nationale seulement un an après quelle eut été annoncée.

Et, enfin, à propos des « petits moyens » avec lesquels « les honnêtes gens », les douchmans, luttent contre la révolution. La contre-révolution afghane a commencé à recevoir l'armement le plus moderne depuis au moins le début de 1979. Au total, l'aide financière accordée aux douchmans au cours de ces années a déjà dépassé 1,7 milliard de dollars.

— Msieur Guillo, le but de votre voyage en Afghanistan, cette fois, était Andkhoï, une petite ville près de la frontière soviéto-afghane, dans la province de Fariab. Comment s'explique cet intérêt ?

— C'est la province afghane. J'y suis déjà allé il y a cinq ans et je voulais voir les changements qui s'étaient produits à Andkhoï depuis. Je voulais faire un film sur ce sujet et, en plus, revoir de vieux amis. Mais l'essentiel, bien sûr, était un intérêt sociologique, plus exactement socio-politique.

— Cependant, vos carnets de bord... On n'y trouve ni sociologie, ni politique. Uniquement des noms de chefs de bande, la quantité numérique de ces bandes, les armes qu'ils possèdent, les positions des armées gouvernementales et soviétiques. Pour quoi faire ?

— Il s'agit d'intérêt d'ordre personnel. Voyez-vous, lorsque je me rends dans un pays, j'aime connaître les détails. Et d'autant plus quand il s'agit d'un pays divisé par la guerre.

Une nouvelle fois, je dois couper la parole à mon interlocuteur : il faut compléter ce qu'il dit par certaines précisions données par les dépositions de son interprète, l'Afghan Abdul Samad, qui a accompagné le Français depuis son premier jusqu'à son dernier pas sur la terre afghane.

Pendant son voyage à Andkhoï, a déclaré Abdul Samad, Guillo a eu plus d'un entretien avec les commandants des formations de bandits dans la province de Fariab. Ont fait l'objet d'un intérêt particulier de sa part : les renseignements sur les leaders, l'appartenance politique et le nombre des unités actives des extrémistes, les lieux d'implantation de leurs Q.G., ainsi que ceux des « comités islamiques » (cellules du pouvoir des douchmans sur le territoire afghan). Guillo a posé des questions détaillées sur les lieux d'implantation des postes de sécurité de l'armée afghane et des « tsarandoy », les sous-divisions des troupes soviétiques, les marquant ce faisant sur une carte. Il n'a pas oublié non plus l'objet de la coopération économique soviéto-afghane : le gazoduc et la conduite de pétrole de Chibirgan : il a posé des questions sur qui assurait leur sécurité et comment. Guillo a également manifesté un intérêt attentif pour l'armement et les types d'armes dont disposaient ses interlocuteurs. Surtout pour ce qui est de l'utilisation par eux des Stinger américains.

— On vous accuse d'agissements ayant pour but de porter préjudice aux intérêts de l'Afghanistan, un pays avec lequel la France entretient des relations diplomatiques. Qu'en pensez-vous ?

— *Je suis un observateur objectif et je ne peux orienter mon activité « pour » ou « contre » ce qui existe. Et le devoir d'un journaliste est justement de venir et de voir de ses propres yeux. Ma seule arme en Afghanistan était mon appareil photo et ma caméra vidéo. Y a-t-il du mal à cela ?*

Il y en a beaucoup. Ne serait-ce que parce qu'on ne peut aucunement qualifier le film vidéo, réalisé par Guillo, de document d'un témoin oculaire. On y trouve deux ou trois plans documentaires, tout le reste concerne les activités des douchmans, mises en scène par Guillo, dont on entend, derrière les images, les répliques approbatrices à propos des doubles réussis. Par exemple, une scène maintes fois répétée : les « combattants de la foi », épuisés par la traversée du désert, s'abreuvent goulûment d'eau. Dans ce film, non encore monté, on voit parfaitement comment les douchmans, ayant réussi un double, regardent avec satisfaction dans l'objectif. Voilà une « attaque » maintes fois répétée : des douchmans à cheval s'élancent vers la caméra aux cris de : « Allah est grand ! Tue les Soviétiques ! » Et voilà « le résultat d'un bombardement soviétique » : un kichliak détruit. Mais il suffit d'en parler avec l'interprète Abdul Samad et l'on apprend qu'en réalité le kichliak a souffert d'une bande descendue des montagnes... Et c'est cela, la réalité objective ?

Par une ironie du sort, le metteur en scène a été piégé par le héros principal du film non réalisé, le commandant de l'une des bandes, Rassul Pakhlavan. Rassul s'est réellement avéré être un homme non indifférent au sort de son pays. Saisissant la chance qu'offre à tout le monde en Afghanistan, aujourd'hui, la politique de réconciliation nationale, Pakhlavan est passé du côté du gouvernement, avec ses hommes et ses armes. Et il a décidé que ce serait mieux si les autorités afghanes faisaient elles aussi connaissance avec l'hôte de France.

— Msieur Guillo, excusez-moi de ma franchise, mais il y a une question délicate à propos de ceux qui vont illégalement en Afghanistan. Vous savez, bien sûr, que la guerre d'Afghanistan est la plus grosse opération de la CIA depuis la guerre du Viêt-nam. Et que la résidence pakistanaise est l'une des premières des services de renseignements américains. On sait aussi que les Américains, au Pakistan et en Afghanistan, travaillent de façon étroite avec leurs collègues européens. Est-il possible que pendant toutes ces années de vos voyages dans ce pays, les collaborateurs des services spéciaux n'ont pas essayé d'utiliser vos voyages dans leurs propres intérêts ?

— C'est parfaitement possible : c'est vrai que tous les services spéciaux du monde travaillent dans les régions frontalières du Pakistan. Mais moi, quand je viens de Peshawar, je préfère faire mon plein de sommeil à l'hôtel pour me préparer à mon voyage et je sors peu. Bien sûr, au cours de toutes ces années, j'ai quand même rencontré beaucoup de gens. Peut être qu'il s'agissait d'agents du KGB ou de la CIA : comment

pourrais-je le savoir ? Je n'ai jamais eu de raisons de cacher quoi que ce soit sur mes voyages en Afghanistan.

Mais moi, je pense quand même que ces raisons existaient. Autant qu'il existe des questions liées à ces voyages et qui, pour le moment, restent sans réponses. Comment le Français réussissait-il à passer les postes d'une police pakistanaise vigilante dans les régions frontalières avec l'Afghanistan[1] : peut-être, la police était-elle tout simplement prévenue de ces voyages ? Guillo affirme que tous ses voyages avaient un caractère privé : mais pourquoi alors prévenait-il à chaque fois qu'il partait l'ambassade de France au Pakistan ? Pourquoi un journaliste ayant l'intention de faire un film vidéo sur « les changements en Afghanistan » a-t-il besoin d'informations de caractère militaire aussi précises ?

La présence d'étrangers dans les bandes de la contre-révolution n'est pas un fait nouveau pour l'Afghanistan. Ne serait-ce que ces jours, dans les unités des « irréconciliables » qui continuent la guerre dans la province autonome de Khost, près de la frontière pakistanaise, il y a trente-six conseillers militaires étrangers : américains, français, arabes.

Quant aux visiteurs dans le genre de Guillo, pour la seule période de la mise en œuvre de la politique de réconciliation nationale, il y a eu les représentants de onze États qui ont visité vingt-trois provinces du pays, comme on me l'a dit au ministère de la Défense de l'Afghanistan. Comme le considèrent les militaires afghans, l'intérêt manifesté par la plupart de ces personnes pour l'Afghanistan est loin d'être « d'ordre personnel ». Ils développaient des activités terroristes, subversives, de renseignement sous le contrôle et sur l'ordre des services de renseignement occidentaux qui, aujourd'hui, font tout ce qu'ils peuvent pour réduire à zéro les tentatives du gouvernement afghan de mettre fin à la guerre, pour faire capoter le processus du règlement du problème afghan, pour rendre impossible le retour dans leur patrie des troupes soviétiques.

Bientôt, le « voyageur » comparaîtra devant un tribunal. Le tribunal, apparemment, répondra à la question principale dans cette affaire : qui est en réalité et dans quel but venait en Afghanistan cet homme, assis en ce moment devant moi, dans l'habit rayé des prisonniers, Alain Jean Étienne Guillo ?

1. Comme tout le monde, en me déguisant en Afghan. Il m'est d'ailleurs arrivé d'être retenu prisonnier par la police pakistanaise, pour contrôle.

Cet ouvrage a été composé
par Charente-Photogravure à Angoulême
Achevé d'imprimer par l'Imprimerie Hérissey
à Évreux (Eure)

Dépôt légal : Juin 1989
N° d'édition : 31784
N° d'impression : 48272